新雅 中國史八講

甘陽 侯旭東 主編

目錄

《新雅中國史八講》緣起

甘陽

《新雅中國史八講》脱胎於清華大學新雅書院一門三學分的本科生通識課。這門名為「閱讀中國文明」的課程由兩部分組成，一部分是學生的閱讀、寫作、討論，另一部分則是八次中國史的專家講座（即本書的八講）。説來有趣，正式選修此課亦即需要投入大量時間閱讀、寫作、討論的同學只有一個小班，但每次講座的受惠者則是多達數百人的聽眾。至今仍記得二〇一八年四月至六月，每週四晚上清華大學可容六百人的最大講堂人滿為患的情景，堪稱清華園的一道風景。

我一直希望，中國史，或中國文明史，應該成為中國大學通識教育的最基本核心課程。這個想法應該不會有太多人反對，但操作起來卻甚難。目前即使中國最好的大學例如清華、北大、復旦等，通識教育課的學分只有十二個左右，亦即本科期間一共四五門通識課，一般情況下非歷史系的本科生整個本科期間至多會選一門中國史的課。因此，從通識教育的角度，我們必須問，如果一個中國大學生整個本科期間只有一門中國史的課，這個課應該上什麼，怎麼上？理想狀態下，所有中國大學生在本科期間至少應該修過一門中國文明史，但實際情況是，目前中國大學中，大多數非歷史學專業的本科生很可能四年本科期間從未修過任何一門中國史或中國文明史的課。至少現在，不僅理工科院系，而且社會科學院系例如法學院和經濟學院等，從不認為中國史應該成為他們院系學生的必修課。這實際上表明，中國文明史在中國大學並沒有地位，不亦悲乎？

二〇一七年我全職任新雅書院院長後，常和歷史系侯旭東教授等商量如何為新雅學生開設「閱讀中國文明」課的問題。我希望這門課能達到兩個要求：一是涵蓋整個中國史而非斷代史，二是學生的閱讀材料不只是中國史學界的著述，而且包括域外例如日本和西方學界對中國文明史的研究，我覺得這在全球化時代尤為必要。但如此，這門課必然閱讀量要求甚大，課程壓力會很大。二〇一八年春季學期，我為新雅書院內設本科交叉專業「哲學政治學經濟學」開研討課，終於下決心來嘗試這樣一門「閱讀中國文明」的課程，因為這個交叉專業的學生大多會選擇社會科學作為他們的專業方向，而我認為中國的社會科學必須以中國史為基礎，否則大家叫了很多年的所謂「社會科學中國化」是根本不可能的。反覆考慮後，我決定把日本史學界在二十一世紀初出版的講談社「中國的歷史」叢書十種列為必讀材料，以與中國史學界的論述對照閱讀，同時邀請國內史學名家做系列講座幫助學生了解國內史學前沿。幸運的是，我這個有點瘋狂的想法得到了史學界侯旭東教授和劉志偉教授的大力支持，侯旭東教授與我一起策劃了八次系列講座，劉志偉教授則應我邀請和我共同主持了每週一次的學生研討課。我認為，單聽講座固然也可獲益，但對大學生來講，最重要的仍在引導他們自己去讀書思考，因此有大量閱讀、寫作、討論的課程安排與講座相結合才是最可取的方式。現將當時的課程進度安排原樣保存如下：

清華大學新雅書院二〇一八學年
「閱讀中國文明」課程海報

「閱讀中國文明」

主持：甘陽教授、劉志偉教授

一　課程目的

本研討課的教學目的是引導學生去思考「如何閱讀中國文明」的問題，從而自覺地培養「文明史」的問題意識與歷史視野。在全球化時代，「閱讀中國文明」的方式必然是多元的，這些對中國文明的不同閱讀和解釋之間既有互補長短的意義，但同時也存在深刻的分歧，從而有解釋學意義上所謂「解釋的衝突」的問題。「解釋的衝突」往往是刺激思想學術生長發展的因緣。本研討課在短短八週時間內，將比較集中地閱讀日本史學界對「中國文明」的閱讀和解釋，具體將以日本講談社在二十一世紀初出版的「中國的歷史」叢書十種及其他論文專著作為必讀材料，以與中國的史學研究相對照，同時邀請八位中國史學界的代表性中國學者與同學們分享他們各自在中國史研究領域的研究心得與研究方法，希望使學生可以初步了解中國學界與日本學界在「閱讀中國文明」方面的異同，以開闊學生「閱讀中國文明」的視野。學生應在講座前自己檢索八位中國歷史學家的主要論著作為基本閱讀。

本研討課的另一教學目的是提升學生的閱讀能力，特別是大量閱讀的能力。精讀與泛讀缺一不可，新雅書院多數課程以精讀為主，本課程則更強調泛讀即大量閱讀的能力，希望學生能夠達到每週閱讀五百至八百頁以上的閱讀速度。

考查方式：六次課堂討論（週二上午），六篇讀書報告（每篇兩千至三千字），佔百分之六十；期末論文（五千字），佔百分之四十。

二　進度安排

導論：「如何閱讀中國文明」

時　間：四月二十四日上午

課前必讀：

- 張光直：《美術、祭祀與神話》後記《連續與破裂：一個文明起源新說的草稿》，生活·讀書·新知三聯書店，二〇一三年
- 巴特菲爾德：《輝格黨式的歷史闡釋》，生活·讀書·新知三聯書店，二〇一三年
- 魏根深：《中國歷史研究手冊》第十二章《中國，「中國」及「中國人」》，第十三章《環境史》，第十四章《地圖，地理研究和地方誌》，北京大學出版社，二〇一六年
- 劉俊文主編：《日本學者研究中國史論著選譯》第二卷附錄《戰後日本的中國史論爭》，中華書局，一九九六年

鼏宅禹跡：夏代信史的考古學重建

時　間：四月二十六日晚，第一次講座

主　講：孫慶偉教授（北京大學考古文博學院教授）

課前必讀：

- 蘇秉琦：《中國文明起源新探》，生活·讀書·新知三聯書店，一九九九年
- 宮本一夫：《從神話到歷史：神話時代、夏王朝》，廣西師範大學出版社，二〇一四年
- 孫慶偉：《鼏宅禹跡：夏代信史的考古學重建》，生活·讀書·新知三聯書店，二〇一八年

奠基時代：秦漢

時　間：五月五日晚，第二次講座
　　　　五月八日上午，課堂討論

主　講：侯旭東教授（清華大學歷史系教授）

課前必讀：

- 平勢隆郎：《從城市國家到中華：殷周、春秋戰國》，廣西師範大學出版社，二〇一四年
- 鶴間和幸：《始皇帝的遺產：秦漢帝國》，廣西師範大學出版社，二〇一四年
- 閻步克：《波峰與波谷：秦漢魏晉南北朝的政治文明》相關章節，北京大學出版社，二〇一七年
- 侯旭東：《中國古代專制説的知識考古》，載《近觀中古史：侯旭東自選集》，中西書局，二〇一五年

參考閱讀：

- 許倬雲：《西周史》（增補二版），生活·讀書·新知三聯書店，二〇一八年
- 李峰：《西周的政體》，生活·讀書·新知三聯書店，二〇一〇年
- 羅泰：《宗子維城》，上海古籍出版社，二〇一七年
- Michael Loewe (ed.), *The Cambridge History of Ancient China*, Edward Shaughnessy, 1999
- 陳蘇鎮：《春秋與漢道：兩漢政治與政治文化研究》，中華書局，二〇一一年
- 羅維：《宇宙·神諭與人倫：中國古典信念》，遼寧教育出版社，一九九一年

變態與回歸：魏晉南北朝的政治歷程

時　　間：五月十日晚，第三次講座
　　　　　五月十五日上午，課堂討論

主　　講：閻步克教授（北京大學歷史系教授）

課前必讀：

- 金文京：《三國志的世界：後漢，三國時代》，廣西師範大學出版社，二〇一四年
- 川本芳昭：《中華的崩潰與擴大：魏晉南北朝》，廣西師範大學出版社，二〇一四年
- 川勝義雄：《六朝貴族制社會研究》，上海古籍出版社，二〇〇八年。（可參考選讀《戰後日本的中國史論爭》中村圭爾《六朝貴族制論》部分，明文書局，一九九六年）
- 閻步克：《波峰與波谷：秦漢魏晉南北朝的政治文明》相關章節，北京大學出版社，二〇一七年

選　　讀：

- 唐長孺：《魏晉南北朝隋唐史三論》，中華書局，二〇一一年（收入《唐長孺文集》，中華書局，二〇一一年）
- 萬繩楠：《陳寅恪魏晉南北朝史講演錄》，貴州人民出版社，二〇〇七年
- 田餘慶：《東晉門閥政治》，北京大學出版社，一九九六年
- 祝總斌：《兩漢魏晉南北朝宰相制度研究》，北京大學出版社，二〇一七年

或比較以下四篇文章，見諸家闡釋之異同：

- 陳寅恪：《述東晉王導之功業》，載《金明館叢稿初編》，生活・讀書・新知三聯書店，二〇〇一年
- 田餘慶：《釋「王與馬共天下」》，載《東晉門閥政治》，北京大學出版社，一九九六年
- 唐長孺：《王敦之亂與所謂「刻碎之政」》，載《魏晉南北朝史論拾遺》，中華書局，一九八三年
- 川勝義雄：《東晉貴族制的確立過程——與軍事基礎的問題關聯》，載《六朝貴族制社會研究》，上海古籍出版社，二〇〇七年

新近學術發展可參考：

- 侯旭東：《關於近年中國魏晉南北朝史研究的觀察與思考》，《社會科學戰線》二〇〇九年第二期
- 仇鹿鳴：《陳寅恪範式及其挑戰——以魏晉之際政治史研究為中心》，載《中國中古史研究：中國中古史青年學者聯誼會會刊》第二卷，中華書局，二〇一一年
- 魯西奇：《中國歷史的南方脈絡》，載《人群・聚落・地域：中古南方史地初探》，廈門大學出版社，二〇一二年
- 孫正軍：《魏晉南北朝史研究中的史料批判研究》，《文史哲》二〇一六年第一期
- 魏斌：《山中的六朝史》，《文史哲》二〇一七年第四期
- 胡鴻：《能夏則大與漸慕華風》，北京師範大學出版社，二〇一七年

時代變奏：大唐鼎盛與衰頹

時　　間：五月十七日晚，第四次講座
　　　　　五月二十二日上午，課堂討論

主　　講：張國剛教授（清華大學歷史系教授）

課前必讀：

- 氣賀澤保規：《絢爛的世界帝國：隋唐時代》，廣西師範大學出版社，二〇一五年
- 陳寅恪：《隋唐制度淵源略論稿·唐代政治史述論稿》，生活·讀書·新知三聯書店，二〇〇一年
- 陳寅恪：《論韓愈》，載《金明館叢稿初編》，生活·讀書·新知三聯書店，二〇〇一年
- 谷川道雄：《隋唐帝國形成史論》，上海古籍出版社，二〇一一年

選　　讀：

- 岑仲勉：《隋唐史》，河北教育出版社，二〇〇〇年
- 《劍橋中國隋唐史：589—906》，中國社會科學出版社，一九九〇年
- 李碧妍：《危機與重構》，北京師範大學出版社，二〇一五年

轉型時代：兩宋政治文化

時　間：五月二十四日晚，第五次講座
　　　　五月二十九日上午，課堂討論

主　講：鄧小南教授（北京大學歷史系教授）

課前必讀：

- 小島毅：《中國思想與宗教的奔流：宋朝》，廣西師範大學出版社，二〇一四年
- 包弼德：《斯文：唐宋思想的轉型》，江蘇人民出版社，二〇一七年
- 鄧小南：《祖宗之法》序引，第五、六章，結語，生活・讀書・新知三聯書店，二〇一四年
- 鄧小南：《論五代宋初「胡／漢」語境的消解》，《文史哲》二〇〇五年第五期

選　讀：

- 內藤湖南：《中國史通論》「中國近代史」部分，九州出版社，二〇一八年
- 寺地遵：《南宋初期政治史研究》，復旦大學出版社，二〇一〇年

「大中國」的形成：從蒙古帝國到元王朝

時　　間：五月三十一日晚，第六次講座

六月五日上午，課堂討論

主　　講：姚大力教授（復旦大學歷史系教授）

課前必讀：

- 杉山正明：《疾馳的草原征服者：遼西夏金元》，廣西師範大學出版社，二〇一四年
- 蕭啟慶：《內北國而外中國》上冊前三篇和最後一篇，下冊第二至六篇，中華書局，二〇〇七年
- 《劍橋中國遼西夏金元史：907—1368》第六章《元中期政治》，中國社會科學出版社，一九九八年

參考閱讀：

- 《劍橋中國遼西夏金元史：907—1368》，中國社會科學出版社，一九九八年
- 拉鐵摩爾：《中國的亞洲內陸邊疆》，江蘇人民出版社，二〇一七年
- 伊佩霞：《劍橋插圖中國史》元代部分，山東畫報出版社，二〇〇一年

白銀與明朝國家的轉型

時　間：六月七日晚，第七次講座

六月十二日上午，課堂討論

主　講：劉志偉教授（中山大學歷史系教授）

課前必讀：

- 上田信：《海與帝國：明清時代》，廣西師範大學出版社，二〇一四年
- 森正夫：《明代江南土地制度研究》，江蘇人民出版社，二〇一四年
- 劉志偉：《在國家與社會之間——明清廣東地區里甲賦役制度與鄉村社會》，中國人民大學出版社，二〇一〇年
- 科大衛：《明清社會和禮儀》中兩篇文章：《十六世紀禮儀革命與帝制晚期中國的國家》、《皇帝在村：國家在華南地區的體現》，北京師範大學出版社，二〇一六年
- 科大衛、劉志偉：《宗族與地方社會的國家認同》，《歷史研究》二〇〇〇年第三期；《標準化還是正統化：從民間信仰與禮儀看中國文化》，《歷史人類學學刊》第六卷第一——二期合刊

參考閱讀：

- 《劍橋中國明代史：1368—1644》，中國社會科學出版社，一九九二年
- 梁方仲：《梁方仲文集》，著重讀以下幾篇：導論、《一條鞭法》、《明代一條鞭法年表》（後記）、《明代一條鞭法的論戰》、《明代銀礦考》、《明代國際貿易與銀的輸出入》，中山大學出版社，二〇〇四年
- 全漢昇：《明代經濟史研究》，台北聯經出版事業有限公司，一九八七年

「大一統」的命運：從「康乾盛世」到「晚清變革」

時　間：六月十四日晚，第八次講座

六月十九日上午，課堂討論

主　講：楊念群教授（中國人民大學清史所教授）

課前必讀：

- 內藤湖南：《清朝史通論》第一至第五章，平凡社，一九九三年；《清朝衰亡論》第一、二章，弘遞館，一九一二年（參考菊池秀明：《末代王朝與近代中國》，廣西師範大學出版社，二〇一四年）
- 子安宣邦：《東亞論——日本現代思想批判》上編必讀，下編選讀，吉林人民出版社，二〇一一年
- 《清朝的國家認同——「新清史」研究與爭鳴》中羅友枝、何炳棣、柯嬌燕、歐立德、蓋博堅、岸本美緒所寫六篇必讀，中國人民大學出版社，二〇一〇年
- 歐立德：《乾隆帝》，中國社會科學出版社，二〇一四年
- 《殊方未遠》中汪榮祖與姚大力論戰（第二七〇—三七五頁），中華書局，二〇一六年
- 《歷史人類學學刊》第十五卷第二期蕭鳳霞、定宜莊、何翠萍、趙世瑜、羅新所寫五篇評論文章
- 《殊方未遠》中羅新、杉山正明、張帆所寫三篇，以及全書最後昝濤的《奧斯曼帝國崩潰了，中國卻沒有》一文，中華書局，二〇一六年
- 甘陽：《從民族—國家走向文明—國家》，載《文明·國家·大學》，生活·讀書·新知三聯書店，二〇一八年

三　學生必備書目

- 錢穆：《國史大綱》，商務印書館，二〇一三年
- 錢穆：《中國史學名著》，生活．讀書．新知三聯書店，二〇〇五年
- 譚其驤主編：《簡明中國歷史地圖集》，中國地圖出版社，一九九一年
- 萬國鼎：《中國歷史紀年表》，中華書局，二〇〇四年
- 方詩銘：《中國歷史紀年表》，上海人民出版社，二〇〇七年
- 魏根深：《中國歷史研究手冊》，北京大學出版社，二〇一六年
- 日本講談社「中國的歷史」叢書十種，廣西師範大學出版社，二〇一四年，包括：

　宮本一夫：《從神話到歷史：神話時代、夏王朝》
　平勢隆郎：《從城市國家到中華：殷周、春秋戰國》
　鶴間和幸：《始皇帝的遺產：秦漢帝國》
　金文京：《三國志的世界：後漢，三國時代》
　川本芳昭：《中華的崩潰與擴大：魏晉南北朝》
　氣賀澤保規：《絢爛的世界帝國：隋唐時代》
　小島毅：《中國思想與宗教的奔流：宋朝》
　杉山正明：《疾馳的草原征服者：遼西夏金元》
　上田信：《海與帝國：明清時代》
　菊池秀明：《末代王朝與近代中國》

- 內藤湖南：《中國史通論》，九州出版社，二〇一八年
- 宮崎市定：《中國史》，浙江人民出版社，二〇一五年
- 韓森：《開放的帝國：1600年前的中國史》，江蘇人民出版社，二〇〇九年
- 伊佩霞：《劍橋插圖中國史》，山東畫報出版社，二〇〇一年
- 包弼德：《斯文：唐宋思想的轉型》，江蘇人民出版社，二〇一七年
- 陳蘇鎮、張帆編：《中國古代史讀本》上下冊，北京大學出版社，二〇〇六年

（中國史學界的研究成果數不勝數，此地暫不備列，學生應在八週的閱讀過程中逐步形成自己的閱讀書目作為

培養自學能力的基本環節。課程結束前將交流每位同學的閱讀書目。學生須知，所有課程的根本目的是培養學生的自學能力。）

值此《新雅中國史八講》付梓之時，我要特別感謝參加研討課的所有新雅同學，由於這個研討課每週都要交作業並做課堂報告，他們投入了大量的時間精力，可謂相當辛苦，但他們作業的認真也常常得到劉志偉教授的高度讚揚（其中一位已決定以史學為業，跟隨沈衛榮教授研究藏學）。感謝侯旭東教授和劉志偉教授助我成此心願，感謝孫慶偉教授、閻步克教授、張國剛教授、鄧小南教授、姚大力教授和楊念群教授的大力支持，他們不僅給學生上課，而且還把講課錄音整理潤色成書稿，孫慶偉教授更是為了全書體例統一起見，重新撰寫了文章。此外，清華大學歷史系博士生陳韻青，北京大學歷史系博士生王四維、卜習晨，以及我的科研助理楊起予等擔任助教，對本課程助益良多，一併致謝。最後，願不久的將來，「中國文明史」能成為所有中國大學生的必修課程！

二〇二〇年元旦於清華園

第一講

從黃帝到大禹

中國文明的起源與早期發展

孫慶偉

一九七五年八月的一個酷暑天，久未上講台的北大考古專業創辦人蘇秉琦應邀給到訪的吉林大學考古專業師生講了一堂「學科的改造與建設」的課。也許是憋悶太久，也許是思考太深，蘇秉琦一上來就直指中國考古學的「發展方向是大問題」，「必須大幹快上」地加以解決，「不能留待後人」。蘇秉琦說，重材料、輕問題、缺思想是中國考古學的大隱患，他呼籲吉大師生們要關注那些中長期、帶有普遍性的課題，比如中國文化起源問題、原始社會解體和國家起源問題等。

數年之後，一九八三年三月十一日，蘇秉琦的同事、新中國考古掌門人夏鼐應日本廣播協會（NHK）的邀請，在日本大阪做了題為「中國文明的起源」的公開演講。夏鼐說，「中國的考古工作者，正在努力探索中國文明的起源」。一直以來，夏鼐就是新中國考古的代言人，他的此番表述和對演講話題的選擇，充分證明中國考古學者已經在思考文明起源這類宏大話題了。

蘇秉琦和夏鼐的共同思考是中國考古學發展的必然結果。新中國成立之後，在短短二十多年間就已經積累了海量的考古材料，如何最大限度地發揮這些材料的作用，或者說考古材料能夠解決哪些重大問題，是夏、蘇二人首先要思考的。正是在他們的帶動引領下，有關中國文明起源的研究一躍成為中國考古學長盛不衰的核心話題，特別是進入新世紀之後，伴隨著「中華文明探源工程」的啟動和實施，這一話題突破了考古學學科範疇，上升為國家文化建設的重要內涵。

一　「滿天星斗」與「多元一體」

在每個學科發展史上，都會有若干劃時代的經典性論述，夏鼐在一九七七年發表的《碳—十四測定年代與中國史前考古學》一文就屬此類。該文對中原、黃河上游甘青地區、黃河下游、長江中下游、閩粵沿海、西南川滇桂和東北地區等區域的史前文化及其碳十四年代進行了系統梳理和總結，第一次大範圍地構建了中國史前文化的譜系和年代框架，為此後的各種理論建構奠定了堅實的材料基礎。這一重大成果的取得，既離不開全國考古工作者的辛勤付出，也得益於夏鼐在上個世紀五十年代前瞻性地對碳十四測年技術的引進。

幾乎同時，蘇秉琦也在思考如何從整體上理解中國的史前文化。在給吉大師生授課時，蘇秉琦已經有了初步的答案，意識到史前中國可能存在著多個相對獨立的史前文化區，提出要特別注意史前考古學文化的「條條和塊塊」，注意中原和邊疆的關係，注意漢族和其他兄弟民族的民族文化等，並呼籲在「全國分區開展學術活動問題」。有了這些鋪墊，蘇秉琦在一九八一年提出了著名的考古學文化區系類型理論，指出：

> 過去有一種看法，認為黃河流域是中華民族的搖籃，我國的民族文化先從這裏發展起來，然後向四處擴展；其他地區的文化比較落後，只是在它的影響下才得以發展。這種看法是不全面的。在歷史上，黃河流域確曾起到重要的作用，特別是在文明時期，它常常居於主導的地位。但是，在同一時期內，其他地區的古代文化也以各自的特點和途徑在發展著。各地發現的考古材料越來越多地證明了這一點。同時，影響總是相互的，中原給各地以影響；各地也給中原以影響。

蘇秉琦概括出中國史前文化的六大區塊，即：（一）陝豫晉鄰近地區；（二）山東及鄰省一部分地區；（三）湖北和鄰近地區；（四）長江下游地區；（五）以鄱陽湖—珠江三角洲為中軸的南方地區；（六）以長城地帶為重心的北方地區。進一步分析，我們實際上可以把上述區塊歸納為三條「文明帶」，自北而南依次是長城沿線文明帶、黃河文明帶和長江文明帶。考古材料已經表明，這三個文明帶同時也是三個經濟帶——長城沿線的農牧交錯地帶、黃河流域以粟為主的旱作農業帶和長江流域的稻作農業帶。

蘇秉琦對區系類型理論極為看重，認為這是對「根深蒂固的中華大一統觀念」的打破和顛覆。二十世紀八十年代真可謂是一個考古大發現的時代，一大批距今四五千年的重要史前遺存如遼西紅山文化的祭壇、山西襄汾陶寺史前墓地、山東大汶口文化刻符陶器、良渚文化大型祭壇與大型墓葬相繼發現，有力地支持了區系類型理論，所以蘇秉琦感歎，「一時，中華大地文明火花，真如滿天星斗，星星之火已成燎原之勢」。從此，「滿天星斗」成為考古學界描述中國史前文化的「熱詞」。

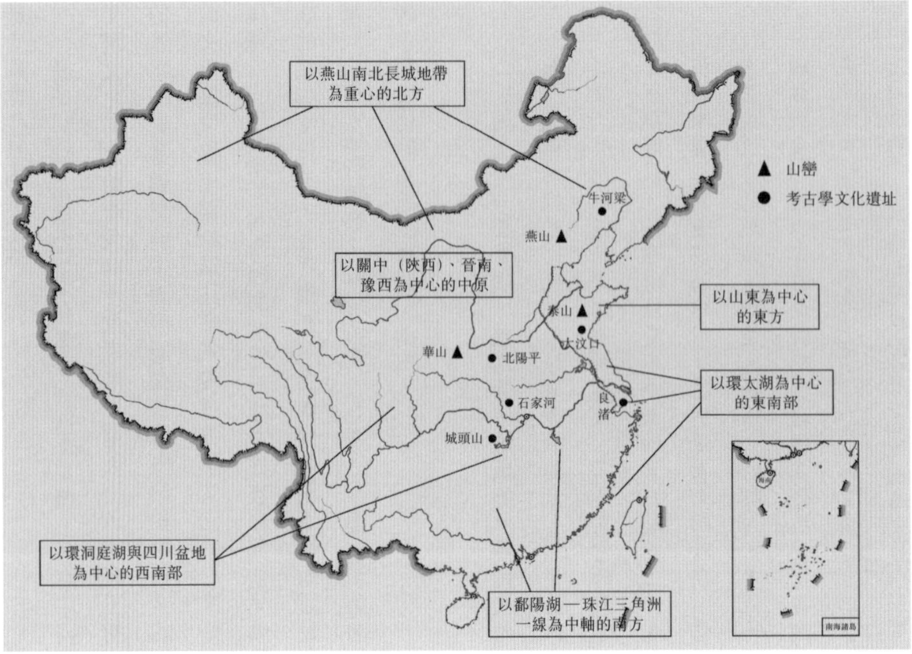

圖 1.1　六大考古文化區系示意圖

不過在當時，何為「文明」，區分「野蠻」和「文明」的標準何在，對中國考古界而言都是嶄新的話題。夏鼐的觀點很明確，認為「文明」是「指一個社會已由氏族制度解體而進入有了國家組織的階級社會的階段」，他並提出了城市、文字和金屬冶煉是「文明三要素」。蘇秉琦也是把文明起源等同於國家起源的，但他的性格素來不喜歡在概念上多費功夫，而是更多地把眼光聚焦在具體材料上，深入思考這些材料背後的文明內涵。

一九八五年，夏鼐遽然離世，帶領中國考古學界開展文明起源研究的重擔落在了蘇秉琦的身上，這對於年輕時代就有「興史救國、教育救國」理想的蘇秉琦來講，自是責無旁貸。而蘇秉琦也不負眾望，並沒有止步於「區系類型」理論的提出，而是開始審視不同文化區塊內部文明起源的模式是否相同，並歸納出三種不同的模式：

一是裂變，中原地區仰韶文化的分化是其代表。距今六千年前後，統一的仰韶文化裂變為半坡類型和廟底溝類型，其中廟底溝類型佔據主導地位，是這一時期仰韶文化的主體類型。仰韶文化裂變的同時，社會結構也在發生變化，通過對相關墓地的研究，發現氏族公共墓地開始式

圖 1.2　紅山文化的祭壇與墓葬（牛河梁第二地點全景鳥瞰）

（上）圖 1.3a　襄汾陶寺遺址地貌
（下）圖 1.3b　陶寺遺址成組窯洞 F319、F321 與天井（編號 F324）

（上）圖 1.4a　良渚古城整體結構圖
（下）圖 1.4b　良渚古城城內功能分區情況

微，以家族為基本單元的墓地出現，由此表明仰韶文化的裂變是與氏族公社的破壞相同步的，仰韶文化由此步入新的社會發展階段。

二是撞擊，以仰韶文化與紅山文化的相互碰撞最具代表性。在距今五六千年前，源於關中盆地的仰韶文化廟底溝類型向東北拓展，與源於西遼河流域和大淩河流域的紅山文化的紅山後類型在今天河北省西北部相遇，然後在遼西大淩河上游地區重合，產生了以龍紋（紅山文化傳統）與玫瑰花紋（廟底溝傳統）相結合的新的文化體，迸發出文明的火花——紅山文化的祭壇、神廟和積石塚。

三是融合，以河曲地帶的陶斝和陶甕的產生、山西裏汾陶寺遺址多種文化因素的匯聚為代表。按蘇秉琦的理解，距五千年前的仰韶文化典型陶器小口尖底瓶北上與河曲地區晚於五千年的袋足器相遇，它們在當地融合而誕生了新器形斝與甕。這兩種陶器非同尋常，天干中的「丙」字是三袋足器的象形，而地支中的「酉」字則源自小口尖底瓶的造型，說明兩類器物不是一般的日常器物，而和禮儀活動密切相關，蘊含著豐富的文明因素。特別是裏汾陶寺遺址，在距今四千多年前的大墓裏已經隨葬成套的禮

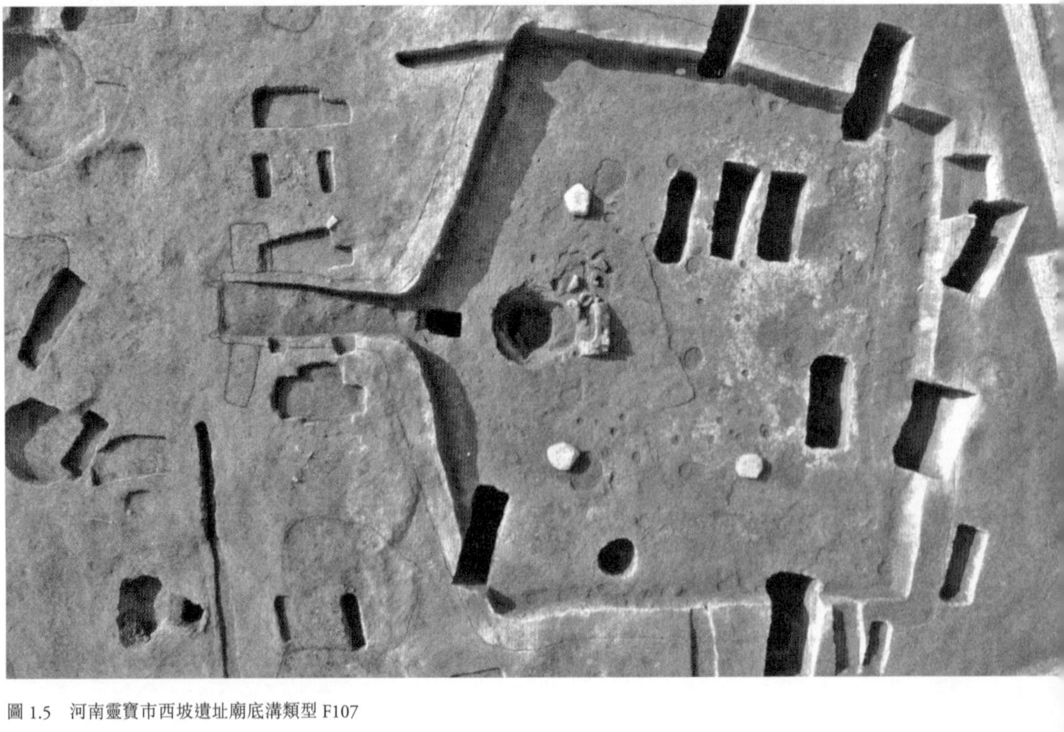

圖 1.5　河南靈寶市西坡遺址廟底溝類型 F107

圖 1.6　河南靈寶市西坡墓地 M8 部分出土器物

圖 1.7　仰韶文化廟底溝類型彩陶盆

器，如彩繪龍盤、鼉骨、石磬等物，禮樂文明的雛形已經形成，而且河曲地帶的三袋足器、山東大汶口文化的多種陶器、環太湖流域良渚文化的石俎刀以及長江中游石家河文化的玉器等多元文明因素也都在此交會融合。

值得注意的是，這三種文明起源的模式不是同時發生，而是先後遞進的。因裂變而撞擊，因撞擊而融合，大體反映了從距今六千年到距今四千年之間長城沿線地帶和中原腹心地帶的文化互動關係和文明演進路徑。後來蘇秉琦曾經作詩一首，將這一文明進程加以形象地描述：

華山玫瑰燕山龍，
大青山下斝與甕。
汾河灣旁磬與鼓，
夏商周及晉文公。

蘇秉琦解釋說，「以華山為中心的仰韶文化廟底溝類型的脫穎而出，標誌著華族的誕生，廟底溝彩陶所流行的玫瑰花就是華族得名的由來，『華』是尊稱，以區別於其他族群，是高人一等的具體表現。華山玫瑰—陶寺磬鼓—夏商周及晉文公一脈相承，構成了中國文化總根系的直根系」。一段時間以來，學術界在講「滿天星斗」的時候，都過分強調了「多元」，這其實是誤讀甚至違背蘇公本意的。蘇秉琦所說的「滿天星斗」並不是一盤散沙、不分主次的無序存在，在滿天星斗的史前文明中，以中原腹心地帶的仰韶文化廟底溝類型和陶寺文化最為光彩奪目。

後來，北京大學嚴文明教授進一步闡述了蘇秉琦的「滿天星斗」說，提出了「重瓣花朵式」的文明格局，這是迄今對我國史前文化統一性和多樣性最客觀形象的表述。與蘇秉琦類似，嚴文明也將我國新石器時代文化劃分為六個文化區，分別是：中原文化區、山東文化區、甘青文化區、燕遼文化區、長江中游文化區和江浙文化區。但他特別指出，這幾個文化區的發展是不平衡的、分層次的——中原文化區是花心，是第一個層次；其他五個文化區圍繞著中原文化區，是第二個層次，是花瓣；在這五個文化區之外還有很多其他文化，則屬於第三個層次。這樣，中國的史前文化就形成了一個以中原為核心，包括不同經濟文化類型和不同文化傳統的分層次聯繫的重瓣花朵式的格局。此種單核心、多層次的向心結構孕育了統一的多民族國家的基本底色，奠定了中國歷史上以中原華夏族為主體，同時凝聚周圍各民族、各部族的向心式超穩定文化與政治結構。

無獨有偶，一九八九年夏，社會學家費孝通在香港中文大學做了題為「中華民族的多元一體格局」的著名演講。費老自述對歷史學和考古學做了大量的「補課」功夫，旁徵博引，指出中華民族的多元一體格局導源於中國新石器時代文化的多元交融與匯集，他說：

> 中華民族多元一體格局存在著一個凝聚的核心。它在文明曙光時期，即從新石器時期發展到青銅器時期，已經在黃河中游形成它的前身華夏集團，在夏、商、周三代從東方和西方吸收新的成分，經春秋戰國的逐步融合，到秦統一了黃河和長江流域的平原地帶。漢承秦業，在多元的基礎上統一成為漢族。

費老的「多元一體」說一經提出，即刻風靡大江南北，並成為國家政治生活中的標準用語。從上面的分析可以看出，滿天星斗、重瓣花朵和多元一體，表述雖異，其實一也，都是強調中國史前文化的多元性和統一性，即在多元發展的基礎上，中原華夏文明脫穎而出，成長為居於主導地位的核心文明體，中華文明由此走上了以中原為中心的發展道路，並最終發展壯大為統一的多民族國家。

二　黃帝時代與最早的中國

「多元一體」文明格局的關鍵是「一體」，從「多元」走向「一體」，實際上就是以中原為中心文明格局的確立，也就是「中國」觀念的形成和發展。近年來，學術界有關「最早的中國」討論很多，爭議也很大，需要加以特別的分析。

所謂「最早的中國」，核心要素有三：一是國，二是中，三是最早。三者之中，某一遺址或文化是否已經進入「國」的階段，有具體可視的考古材料為依據；其年代是否為「最早」，這是考古學上的相對年代問題，都不難判斷。比如剛剛成為世界文化遺產的良渚古城遺址，就以豐

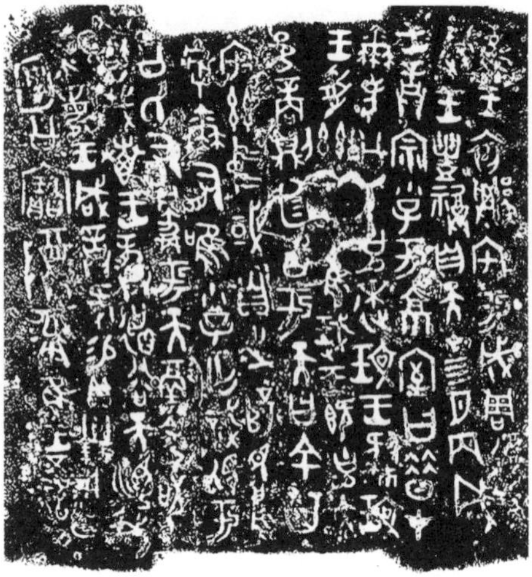

圖 1.8　何尊及其銘文

富的文化內涵實證了五千多年的中華文明史，得到了國際社會的廣泛承認。唯有是否為「中」，因為純屬觀念上的認同，未必一定見諸考古實物，因此最難識別。

眾所周知，西周初年青銅器何尊銘文中的「宅茲中國」是迄今所見最早的「中國」表述，這應該是我們討論「最早的中國」的出發點。目前對於「最早的中國」的爭論很多，其中很關鍵一點就是有的研究者脫離歷史語境，自我定義「中國」，造成不必要的困擾。那麼在何尊之前，有無「中國」觀念？答案是肯定的，這一點從西周初年周人對成周的稱呼上即可證明。在文獻中，除了稱成周為「中國」、「中土」，周人也稱成周為「東國」（《尚書·康誥》）和「東土」（《尚書·洛誥》）。既稱「中」，又稱「東」，豈不矛盾？其實並不——稱成周為「東國」和「東土」，這是地理概念，因為周人興起於關中，習慣上自稱其居地為「西土」（《尚書·牧誓》、《尚書·康誥》、《尚書·酒誥》），其人為「西土人」（《尚書·大誥》）或「西土之人」（《尚書·牧誓》），成周在東，自然是「東國」或「東土」。

成周稱「中國」和「中土」，則是文化概念，完全是因為這裏本是「有夏之居」（《逸周書．度邑解》），久有「中國」的成說。《史記．周本紀》說得很清楚，周公之所以選擇在此地營建洛邑，一是因為這裏曾經是「居九鼎」的故地，二是因為此乃「天下之中，四方入貢道里均」。我們都知道，「九鼎」是夏王朝奠定的政治正統的象徵物，而四方入貢的傳統也源自大禹的「任土作貢」。

因此，成周「中國」說，不是武王、周公兄弟的新發明，而是周人對夏商王朝政治傳統的認同和繼承，說明「中國」和「夏」是密不可分的，無「夏」則無所謂「中國」。成周「中國」說，標誌著「中國」是超越族屬的政治正統，是夏、商、周三族共同遵守的政治秩序，也是他們作為執政者對自身文明高度的自我標榜。正因為「中國」的這種政治和文化屬性，這一稱謂是可以隨著政治實力的增減而轉移的，原本力量弱小、被商人役使的「西土之人」——周人，在殷周鼎革之後，也每每以「中國」自詡，陶醉於「惠此中國，以綏四方」（《詩經．大雅．民勞》），主張「德以柔中國，刑以威四夷」（《左傳》僖公二十五年），鄙視「秦僻在雍州，不與中國諸侯之會盟，夷翟遇之」（《史記．秦本紀》）。到春秋之世，「中國」已經完全轉化為一個文化符號，成為「華夏」的異稱，是中原華夏諸國對自身文明程度的自矜，也是它們與四方戎狄的文化區隔。

現在學術界普遍相信二里頭遺址就是夏代晚期都邑，從而為「有夏之居」、「中國」說提供了關鍵性的考古學證據，這就更進一步證明我們在追溯「最早的中國」時，必須圍繞中原華夏文明這個核心來探討。所謂「最早的中國」，實際上就是中原華夏文明的最早凸顯和「多元一體」格局的形成。夏為「中國」，當然沒有問題，但是否就是「最早的中國」，仍是一個值得討論的話題。

要了解夏代以前的歷史，《史記．五帝本紀》是最重要的文獻材料。《史記》「述往事，思來者」，司馬遷以黃帝、顓頊、帝嚳、堯和舜為五帝，並以黃帝為中國古史的開篇，其中必有深意。《太史公自序》稱：「維昔黃帝，法天則地，四聖遵序，各成法度；唐堯遜位，虞舜不台；厥美帝功，萬世載之。作五帝本紀第一。」所以，司馬遷所寫的歷史不是一般意義的歷史，而是一部文明史。在司馬遷眼裏，相比於此前的伏羲、神農時代，五帝時代已經發展出相當高的文明，足以為「萬世載之」，故列為中國歷史的開端。《太史公自序》又稱：「維禹之功，九州攸同，光唐虞際，德流苗裔；夏桀淫驕，乃放鳴條。作夏本紀第二。」這是強調中國歷史上的第一王朝和之前的五帝時代是同一文明前後踵接的兩個階段，禹畫九州的歷史功績是「光唐虞際」，是對五帝時代開創的華夏文明的接續與發展。既然禹與五帝不可分割，那麼「最早的中國」必然要求之於五帝時代。

黃帝是「五帝」之首，據《五帝本紀》的記載，黃帝最顯赫的事跡，是伐蚩尤而贏得天下諸侯的擁戴。黃帝能勝蚩尤，首先是靠「治五氣，藝五種」，也就是通過發展農業來壯大自身實力。早在新石器時代早期，中原地區已經形成了穩定的以粟為主的旱作農業區，距今五千年左右，農業已經大發展，「五穀豐登」在中原地區已是生業常態。黃帝之勝，其次是靠「乃征師諸侯，與蚩尤戰於涿鹿之野」，也就是在內部整合力量以與蚩尤決戰。戰勝蚩尤，等於打敗了最強大的競爭對手，所以「天下有不順者，黃帝從而征之」，最終贏得和迫使「諸侯咸來賓從」，一躍而成為天下共主。相應地，黃帝時代已有初具規模的統治機構和統治方略，如「置左右大監，監於萬國」，又「舉風后、力牧、常先、大鴻以治民」。從這些記載來看，黃帝所統領的古國無疑就是「萬國」之中的「中國」。

《五帝本紀》對帝顓頊的記載極為簡略，遠不如黃帝詳備，但內涵豐富，特別是著重突出了帝顓頊在宗教領域對黃帝時代的超越，即「依鬼神以制義，治氣以教化，絜誠以祭祀」，這正與《國語．楚語下》所載帝顓頊命南正重、火正黎「絕地天通」相呼應。帝顓頊的時代，實際上就是華夏族首領對世俗權力與宗教權力壟斷的時代，實現了君、巫的有機統一，從而進一步鞏固了華夏族天下共主的地位，由此達到「動靜之物，大小之神，日月所照，莫不砥屬」之境界。顯然，帝顓頊時代的「中國」必然是指中原華夏古國。

帝嚳則幾乎是帝顓頊的翻版。在世俗權力方面，帝嚳「取地之財而節用之，撫教萬民而利誨之」；在宗教領域，則「曆日月而迎送之，明鬼神而敬事之」，其結果自然是「日月所照，風雨所至，莫不從服」。揣摩太史公文意，相比帝顓頊，帝嚳時代的進步主要表現為「德」的萌芽。如稱帝嚳「仁而威，惠而信，修身而天下服」，又稱「其色郁郁，其德嶷嶷」。由此觀之，帝嚳之國不僅兼具世俗權力和宗教力量，更有人文精神的滋生，必然是當時文明化程度最高的「中國」。

或許是去古未遠的緣故吧，相比黃帝、帝顓頊和帝嚳，帝堯事跡就充實鮮活很多。《五帝本紀》概括帝堯功績為：「能明馴（順）德，以親九族。九族既睦，便章百姓。百姓昭明，合和萬國。」所謂「親九族」是指宗族或部落內部關係和諧，「章百姓」則是妥善處理與異姓部族的關係，因為內部和外部關係都已「昭明」，帝堯自然能夠「合和萬國」，一統天下。值得注意的是，帝堯「親九族」和「章百姓」的基礎都是「馴（順）德」，表明萌芽於帝嚳時代的德之觀念在帝堯時代得到進一步發展。

最能反映堯為天下共主地位的證據是堯舜之間的禪讓，學術界普遍相信，堯舜禪讓的實質是上古時期的君位推選制。帝舜在接受禪讓之後，「之中國踐天子位」。以司馬遷的春秋筆法，這裏的「中國」必然不是隨筆而書，而是他襲用的歷史成說。也就是說，在「有夏之居」、「中國」說之前還曾經廣泛存在堯舜之都為「中國」的說法，只不過在夏王朝建立之後，隨著「中國」的轉移，堯舜之都「中國」說才逐漸湮滅。現在學術界普遍相信山西襄汾陶寺遺址就是堯都平陽，這是堯都「中國」說堅實的考古學證據。從文化內涵上講，陶寺文化「已具備從燕山以北到長江以南廣大地域的綜合體性質」，多種文化因素的匯聚，「很像車輻聚於車轂，而不像光、熱等向四周放射」，充分證明早期「中國」即具有極其強大的包容性和向心力。

與帝堯相比，因為帝舜任用禹、皋陶、契、后稷、伯夷、夔、龍、倕、益、彭祖等「二十有二人」，真可謂「五湖四海」，「兼容並包」，所以「四海之內咸戴帝舜之功」，「天下明德皆自虞帝始」，德政至此臻於完備，「以德服人」成為中原華夏文明的基本特徵。

因此，司馬遷的《五帝本紀》是一以貫之、不能分割的有機整體，通過五帝事跡概述了前王朝時期華夏文明演化的三個階段：黃帝，標誌著以生產力發展為基礎的軍事盟主的出現；帝顓頊和帝嚳，代表了世俗權力和宗教權力的整合，君巫合一的統治方式得以確立；帝堯和帝舜時期，「德」治觀念形成，國家統治形態進一步完善，華夏文明的人文底蘊基本奠定。在此文明鏈條中，黃帝及其部落的誕生代表了華夏文明的最初自覺，標誌著「中國」觀念的萌芽，是真正意義上的「最早的中國」。

三 何以中原

把「最早的中國」追溯到黃帝時代的文化自覺能否得到考古學的支持呢？北京大學趙輝教授曾經詳細論證過「以中原為中心」歷史趨勢的形成過程，認為先後經歷了三個發展階段：第一階段（公元前四千至前三千三百年），仰韶文化廟底溝期進入空前繁榮，同時期的長江中下游地區也呈現出同樣的態勢，其他地區則相對沉寂；第二階段（公元前三千三百至前二千五百年），長江中下游地區、海岱地區和遼河流域史前文化持續發展，並達到各自的文明高峰，中原地區則似乎陷入沉寂，呈現出文明「窪地」狀態；第三階段（公元前二千五百至前二千年），周邊地區相繼衰落，而中原地區呈現爆發之勢，中原中心一舉奠定。

黃帝時代大體上應該相當於上述第二階段的前段，在考古學文化序列上，也即相當於仰韶文化的最末期或廟底溝二期文化階段。令人尷尬的是，就目前材料而言，中原腹心地帶這一時期面積最大者如河南靈寶北陽平遺址不過一百萬平方米左右，不見面積在二百萬平方米以上的超大型遺址，尤其是缺乏諸如良渚古城、紅山祭壇這類能夠代表文明高度的標誌性遺存。簡言之，從考古材料上看，此時的中原絲毫看不出「中國氣象」來，所以趙輝認為這一階段的中原處於內部調整期，顯得比較低調。但是，這種現象究竟是因為考古發現的偶然性造成的暫時材料缺失，還是因為中原華夏文明走了一條獨特的發展道路，實在是一個值得思考的大問題。我個人認為，這兩種可能性現在恐怕都不能排除。一方面，在中原腹心地帶，特別是陝豫晉鄰近地區不見距今五千至四千五百年前後、面積在二百萬平方米左右的大遺址，始終是一件令人難以理解和接受的事情，因此在中原地區尋找「黃帝時代」超大型遺址和代表文明高度的標誌性遺存應該是未來考古工作的一個重點任務。另一方面，如果中原地區確實缺乏這一時期超大規模的都邑性遺址，則說明中原華夏文明有可能選擇了一條「共同進步」的多中心均衡發展的道路，與其他地區那種「寡頭」式單一中心模式形成鮮明對比。如果真是如此，中原地區這種「多中心」格局倒是很容易和五帝時代，特別是五帝後期的禪讓制聯繫起來。我們都知道，禪讓制絕對不是戰國儒家所美化的「尚賢」，而是一種君

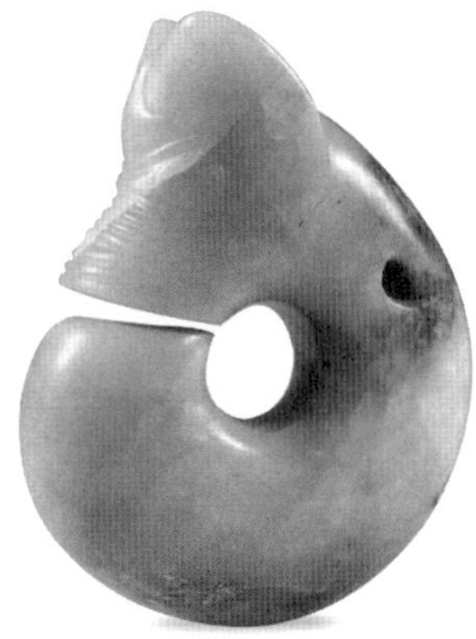

圖 1.10　紅山文化隨葬玉龍
（牛河梁 N2Z1M4 出土）

圖 1.9　良渚文化隨葬玉琮（反山 M20 出土）

圖 1.12　陶寺遺址出土石磬

圖 1.11　陶寺遺址出土鼉鼓鼓腔

主選拔制度，而且最有可能是夷夏之間的輪流執政制，禪讓制度盛行的背後其實正是權力制衡。或者說，禪讓產生的根源就在於該政治實體內部絕對權威的缺失，缺少一個實力超群的絕對力量，一旦這種勢力均衡的局面被打破，壟斷性的政治力量就得以產生，在考古學上就表現為在中原地區終於出現了諸如陶寺、二里頭這類都邑性的中心遺址。

我們要思考的另一個重大問題是，中國史前文明從多元走向一體，或者說中原華夏文明最終崛起的歷史動因是什麼？上文對《五帝本紀》的有關分析，至少已經揭示出值得重視的三個方面：其一，發展農業、壯大實力是部族崛起的根本保障；其二，通過征伐、聯姻和結盟等手段，在華夏集團內部以及和部分東夷族之間完成整合，這是形成更大政治實體的必由之路；其三，選擇了一條理性化、人文化的發展道路是決定華夏文明命運的又一關鍵舉措。

道路決定命運，中原華夏文明理性化的發展道路對於「一體」的凸顯具有決定性影響。「絕地天通」在本質上是一次宗教改革，從此以後「家為巫史」成為歷史，神權被世俗貴族階層所壟斷，「烝享無度」的宗教行為也畫上句號，溝通人神的祭祀活動變得理性而有序。這種理性化的文明之路在玉器和玉文化上表現得最為顯明，這一時期是玉器盛行的時代，有學者甚至稱之為「玉器時代」。在中國早期文明中，玉器確實扮演了極為特殊和關鍵的角色。如江浙文化區的良渚文化盛行祭壇，壇上再建大墓，墓中則以玉琮為核心禮器；無獨有偶，燕遼文化區的紅山文化也大建神廟和祭壇，壇上修築積石塚，塚內墓主也是「惟玉而葬」，玉器中又以玉龍最為尊崇。毋庸置疑，無論是良渚文化的玉琮，還是紅山文化的玉龍，它們的背後都是強大的神權集團和濃郁的宗教活動。反觀山西襄汾陶寺遺址，雖然也多出玉器，但最主要的玉禮器是彰顯王權的玉鉞。同一時期及稍後，黃河中下游地區還盛行多孔大玉刀和玄圭（牙璋）等玉器器類，這些大型玉禮器與彰顯神權的良渚玉琮和紅山玉龍在意蘊上大異其趣，正是中原華夏文明「絕地天通」以加強世俗王權的具體體現。玉器之外，陶寺遺址還出土了鼉鼓和石磬這樣獨具特色的禮器組合，開啟了夏商周三代禮樂文明的先河，具有鮮明的人文意向。

在華夏文明內部整合的同時，與其他文化區域文明體的衝突與回應也是促進文明進步的關鍵原因。現有的考古材料已經可以證明，與中原的「興」相伴的正是其他多個文明區域的「衰」。「中國」起來了，周邊則倒下了，形成鮮明對比。但正如張弛所描述的那樣，這些文化區的衰落過程是漸次出現的，最早發生衰退的是長江中下游地區，隨後是豫中以東的河南大部分地區以及海岱地區。上述區域內，在距今五千年前後，長江中下游地區屈家嶺—石家河文化、良渚文化都曾盛極一時，但最晚在距今四千年前，這兩個文化區都已急劇衰退，可謂哀鴻遍野。對於其中原因，現在一般認為是「禹征三苗」的結果，即中原華夏集團對長江中下游地區苗蠻集團進行了持續性、毀滅性的打擊，造成了該區域史前文明的徹底衰落。結合帝舜「道死蒼梧，葬於九嶷」，以及「禹致群神於會稽之山」和禹「至於會稽而崩」等文獻記載，這種解釋是有相當合理性的。「禹征三苗」在客觀上完成了黃河文明帶對長江文明帶的融合，為此後的秦漢大一統奠定了堅實的文明基礎。

張弛還指出，在長江中下游地區文明衰退和中原崛起的同時，燕遼地區—北方地區—西北地區—西南地區這一半月形地帶開始走向興盛，在從賀蘭山以東直到冀西北張家口的廣大區域從仰韶文化晚期開始逐漸出現大量人口和聚落，至龍山文化時期達到了頂峰。其中最典型的就是在距今四千三百年前後在河套地區形成了以神木石峁遺址為代表的石峁文化，建造了規模巨大的石城，並似乎南下對陶寺文化形成了強有力的衝擊。在寧夏甘青地區，幾乎在同一時期也興起了齊家文化，遺址眾多，且出現了規模巨大的中心聚落，如定西香泉鎮雲堡山遺址面積幾近二百萬平方米，足證齊家文化勢力之盛。

龍山時代後期長江中下游地區的衰退與上述半月形地帶的崛起，從根本上改變了中國史前文化的格局。基本以距今四千年為界，此前的文明衝突主要發生在黃河中下游地區的華夏集團與長江中下游地區的苗蠻集團之間；隨著苗蠻集團被壓服和半月形地帶的興起，華夏集團被迫轉身，開始直面來自北方和西北的「野蠻人」，這也是此後四千年間中華大地上文明衝突和文明交融的主旋律。也正是在這種「南征北戰」的錘煉下，中原華夏文明不斷吸收外來因素，不斷發展壯大，最終形成了以中原為中心的多元一體文明格局。

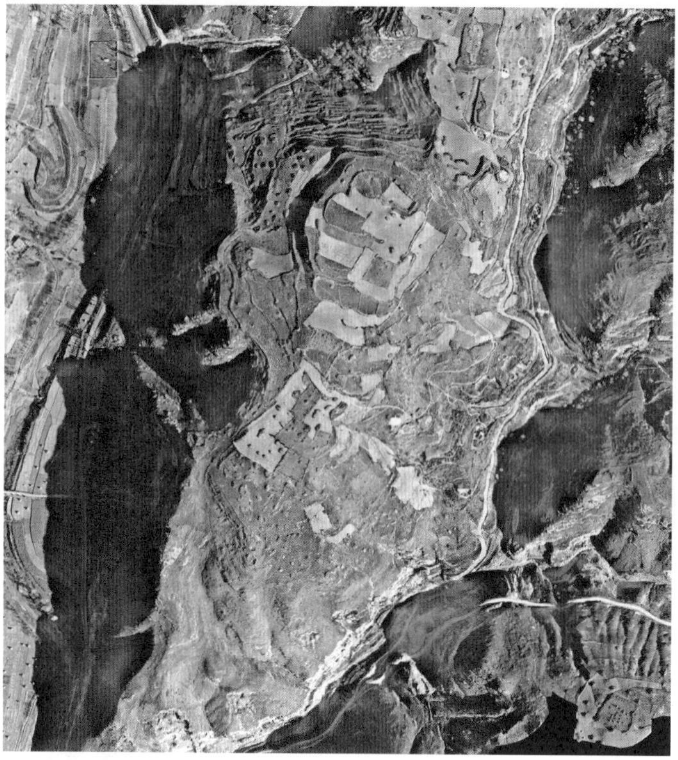

（上）圖 1.13　陝西石峁遺址皇城台俯視正射影像圖
（中）圖 1.14　陝西石峁遺址外城東門址二〇一三年度發掘後全景
（下）圖 1.15　陝西石峁遺址皇城台北牆西段第二級

四　禹之初興與夏之崛起

無論從哪個角度衡量，禹都是中國上古史研究中最為關鍵的一個人物，或者說，是一個無法迴避的話題。《史記．夏本紀》說，「禹者，黃帝之玄孫而帝顓頊之孫也」，這自然是後人偽託的結果。凡讀過《五帝本紀》的都知道五帝世系之錯亂，太史公焉能不知，但他依然採用此說，無非是要強調禹是出於以五帝為代表的華夏集團，所以我們大可不必因為這樣的記載就懷疑大禹作為真實歷史人物的可靠性。雖然《夏本紀》已經不能詳述禹的祖先世系，但他為古之聖王，則是確鑿無疑的，後代也無異說。到了上個世紀二十年代，以顧頡剛先生為代表，史學界興起了「疑古」思潮，禹究竟是人還是神，這才成了問題，並有很激烈的爭論。有爭論很正常，但是近些年有些人不明就裏，把爭論當結論，為疑而疑，不但懷疑禹的真實性，連夏代是否存在也起了疑心，給社會大眾造成了不必要的困擾。

了解學術史的都知道，在有關大禹屬性這個問題上，顧先生的看法是幾經反覆的。他最初的論證邏輯是：因為《詩經．商頌．長發》有「洪水芒芒，禹敷下土方。……帝立子生商」的記載，所以「禹是上帝派下來的神，不是人」；《說文》釋禹為蟲，說明「禹或是九鼎上鑄的一種動物」，後人因為禹（蟲）與鼎的這種組合關係，所以「就以為禹是最古的人，應做夏的始祖了」。不難看出，顧先生的這些看法最多只是一種推測，而且論證是很薄弱的，連他自己都沒有把握，並被魯迅揶揄為「大禹是條蟲」。所以顧先生很快就改口說：

> 我引《說文》的說禹為蟲，正與我引《魯語》和《呂覽》而說夔為獸類，引《左傳》和《楚辭》而說鯀為水族一樣。我只希望在這些材料之中能夠漏出一點神話時代的古史模樣的暗示，藉了這一點暗示去建立幾個假設，由了這幾個假設再去搜集材料作確實的證明。如果沒有確實的證明，假設終究是個假設。

事實上，當他「知道《說文》中的『禹』字的解釋並不足以代表古義，也便將這個假設丟掉了」。但顧先生非常執著，後來又做了更系統的研究，他的最終結論仍然是「禹頗有從天神變成偉人的可能」——也只是「可能」，而不是「一定」。

我十分崇拜顧先生，但在大禹屬性這個問題上，我並不同意顧先生的看法。因為要否定禹是真實的歷史人物，就需要全盤否定先秦文獻中大量存在的相關記載。包括顧先生在內，這個工作迄今無人能夠完成，因為這是一件無法完成的任務——道理很簡單，這些文獻記載是有史實依據的，大禹是人不是神。顧先生所做的，其實只是以「層累的」古史觀對文獻記載做了新的解讀，而並沒有能夠證明文獻中的相關記載是錯誤的。現在的情況則更草率，很多人說文獻不可信，大禹是神話，只是道聽途說，完全成了一種預設立場而沒有具體學術實踐。要證明某段古史或某件史事記載可疑，特別是在對待大禹和夏代信史地位這類重大問題時，對歷史要有起碼的尊重，切忌武斷，要「拿證據來」，光有「疑古」態度和立場是不夠的。

最近兩年，有關大禹和夏代信史地位問題，我和相關學者有過多次的交鋒，我的觀點不妨再陳述如下：

夏代的信史地位涉及對傳世文獻的理解以及對歷史和歷史敘述的認知。從傳世文獻來講，除了《史記·夏本紀》的系統敘述之外，在《尚書》、《左傳》、《國語》和《詩經》等先秦文獻中都有大量關於大禹或夏代的記載。在出土文獻方面，早在上個世紀二十年代，王國維就已舉出秦公簋和叔夷鐘的銘文來證明「春秋之世東西二大國無不信禹為古之帝王，且先湯而有天下也」。北京保利藝術博物館收藏的著名青銅器豳公盨，銘文開首即說「天命禹敷土，隨山浚川」，證明最晚在西周中期，《尚書·禹貢》裏的相關內容已經廣為流傳。

雖然這些材料均屬兩周時期，距離夏代尚遠，但這恰恰是歷史敘述的正常形態。所有的歷史敘述都是對過往歷史的「追憶」，其中必然包含豐富的歷史記憶。這些記憶既可以是真實的，也難免有想象的成分。神話和傳說，從本質上講，其實就是包含有較多歷史想象的歷史記憶。特別是大禹這類歷史英雄人物，更容易被「想象」，被神話，這是人類歷史的共同特徵，如果因為這些想象和神話成分就否定大禹作為真實歷史人物的存在，無疑是不合適的。實際上，史料甄別是古往今來所有歷史學者都必須面對的首要問題，司馬遷也曾困惑於百家言黃帝的「不雅馴之言」，但太史公並沒有因噎廢食，斷然否定黃帝，而是善於裁斷，「擇其言尤雅者」而著成了《五帝本紀》。對於治中國上古史的學者而言，最需要的是一雙能夠鑒別「歷史想象」和「歷史記憶」的慧眼，努力區分神話、傳說和史實，尋找神話和傳說中的「真實素地」。如果以當時的文字證據為信史的唯一標準，看似嚴謹科學，實際上是混淆了歷史和歷史敘述，貶低了歷史文獻的應有價值，也失去了對中國史學傳統的應有尊重。

對於「古史辨」派學者在研究方法上的不足，其實徐旭生早就犀利地指出來了，主要有四點：第一，太無限度地使用默證，「因某書或今存某時代之書無某史事之稱述，遂斷定某時代無此觀念」。第二，武斷地對待反證，「看見了不合他們意見的論證，並不能常常地審慎處理，有不少次悍然決然宣佈反對論證的偽造，可是他們的理由是脆弱的、不能成立的」。第三，過度強調古籍中的不同記載而忽視其共同點，「在春秋和戰國的各學派中間所稱述的古史，固然有不少歧異、矛盾，可是相同的地方實在更多，……可疑古學派的極端派卻誇張它們的歧異、矛盾，對於很多沒有爭論的點卻熟視無睹、不屑注意」。第四，混淆神話與傳說，「對於摻雜神話的傳說和純粹神話的界限似乎不能分辨，或者是不願意去分辨。在古帝的傳說中間，除帝顓頊因為有特別原因之外，炎帝、黃帝、蚩尤、堯、舜、禹的傳說裏面所摻雜的神話並不算太多，可是極端的疑古派都漫無別擇，一股腦兒把它們送到神話的保險櫃中封鎖起來，不許歷史的工作人再去染指」。

應該說，徐先生羅列的以上四點真是一針見血，招招致命。我們今天從事上古史研究，一方面要充分吸取和尊重「古史辨」學者的成就，但也要注意到他們研究上的不足，特別是「疑古」過甚的地方，尤其是不能以訛傳訛，曲解了「古史辨」學者的本意。目前關於夏代史和夏代考古的首要任務，不是去考證大禹究竟是人還是神，這個問題在實際上來講已經不復存在了，我們的研究重點應該是

圖 1.16　武梁祠大禹像

要探討為什麼夏人能夠在「天下萬邦」中脱穎而出，建立了中國歷史上的第一王朝，要把其中的歷史必然性揭示出來。

至少從司馬遷的《夏本紀》以來，就強調大禹治水對於夏王朝建立的關鍵作用，這應該是「多難興邦」的最佳例證了。治水對於夏王朝的誕生當然至關重要，但問題又隨之而來，為什麼在此之前共工和崇伯鯀治水都失敗了，而大禹卻取得成功呢？難道真的是因為共工和鯀只會一味壅堵，而大禹的制勝法寶真在於他善於疏導？很顯然，歷史絕對不會如此簡單。

大禹成功的關鍵顯然不在疏導，而是在德，大禹是「以德治水」。比如豳公盨的銘文雖然從大禹治水切入，但核心訴求是講「德」，所以在銘文中「德」字出現六次之多。那麼，大禹究竟何「德」之有？我梳理了一下，至少包括以下幾點：

一是技術環節。大禹治水確實注重疏導，但他並不是一般意義上的疏導，而是大範圍、因地制宜式的疏導。治水是個系統工程，尤其是堯舜時期這種異常大洪水，小範圍的疏堵不但無法根治，而且帶來的必然結果就是以鄰為壑，反而阻礙了治水的實施。因此，此時的疏堵必須是廣大區域內集體行動才可以奏效，通過設立分洪區，主動淹沒一些區域，形成新的泄洪道，才能真正根治洪水。

二是社會資源調配能力。洪水肆虐給生民帶來的最大困擾顯然是吃飯問題，而設置泄洪區疏導洪水就會加劇該地區的災情。在禹的一系列舉措中，最關鍵的一點就是「命后稷予眾庶難得之食。食少，調有餘相給，以均諸侯」。只有在這種大範圍的糧食調配、排除分洪區民眾後顧之憂的前提下，大禹才有可能動員天下諸侯「捨小家，顧大家」，齊心協力，「開九州，通九道，陂九澤，度九山」，從而徹底疏導洪水。

三是大禹忘我的治水精神。很多先秦文獻都記載大禹常年奔走在治水第一線，「親自操橐耜，而九雜天下之川；腓無胈，脛無毛，沐甚雨，櫛疾風，置萬國」。大禹這一辛勞形象可謂深入人心並傳於後世，直到漢代畫像石中，大禹依然是頭戴斗笠、手執木耒、奔走在山川之間的勤勞造型。

四是禹能團結天下諸侯。史載禹娶於塗山，這是典型的政治聯姻，目的就是和淮河流域廣佈的淮夷集團結盟。有了這樣的婚姻基礎，才可能出現「禹合諸侯於塗山，執玉帛者萬國」的盛況。也正是有了會諸侯於塗山的經歷，才會有後來禹「會諸侯於會稽」，計功江南而崩的最終歸屬。

概言之，禹之興，既是五帝時代以來中原華夏集團崛起的必然結果，也與禹作為歷史英雄人物超邁的個人魅力相關。作為前王朝階段的五帝時代，在經歷千年發展之後，尤其是在擊潰長江流域的苗蠻集團之後，文明發展已經到了需要突破的門檻。時勢造英雄，大禹把握住了歷史機遇，應運而生，建立夏王朝，華夏文明由此邁進了王朝文明階段，中國歷史翻開了新篇章。

五　何處尋找夏文化

通過考古學的方法來最終解決夏文化的問題，這是學術界的共識。上個世紀三十年代，顧頡剛先生一邊疑古，一邊也在思考：

> 夏的存在是無可疑的，而夏的歷史從來就少給人談起。銅器出了許多，誰是夏的東西呢？古文字發現得不少，哪一件是夏人寫的呢？沒有銅器，是不是他們尚在新石器時代？沒見夏的文字，是不是那時尚未有文字？還是這些東西尚沒有給我們發現？

所以他呼籲：「好在夏代都邑在傳說中不在少數，奉勸諸君，還是到這些遺址中做發掘的工作，檢出真實的證據給我們罷！」他的老師胡適，雖然一度號稱「在東周以前的歷史，是沒有一字可以信的」，但在目睹了殷墟發掘的巨大成就後，也不得不承認，「夏朝一代自為實在史實，而非虛構」，並且提議「似應從古地理入手，擇定幾處為夏代城邑之可能者，加以發掘」。

但直到一九五九年徐旭生先生的「夏墟」調查，真正意義上的夏文化考古學探索才算開始。從方法層面而言，過去六十多年來夏文化探索主要有兩種方法：一種是「夏都法」，另一種是「夏墟法」。

「夏都法」的代表人物是河南省文物考古研究所的安金槐先生。上個世紀五十年代，他通過對鄭州二里崗、鄭州商城以及鄭州洛達廟等遺址的發掘，構建了完整的商代前期文化序列，於是開始考慮夏文化的問題。安先生反對漫無目的地到處尋找夏文化，主張把重點「放在夏王朝奴隸制國家統治的核心區域，特別是應當首先放在文獻記載和傳說指出的夏王朝都邑所在地以及夏人的重要活動區域」。按照這個思路，他在上個世紀七十年代重點發掘了登封王城崗遺址，在這裏不但發現了河南龍山文化的城址，而且發現了多件帶有「陽城倉器」戳記的戰國陶器，據此得出了王城崗遺址就是禹都陽城的結論，這也就是說，以王城崗遺址為代表的河南龍山文化晚期遺存就是夏文化遺存。

毋庸置疑，「夏都法」有相當的合理性，所以在夏文化探索過程中一直處於主導地位。除了禹都陽城說，其

圖 1.17　二里頭航拍圖

他諸如陶寺遺址堯都説、瓦店遺址陽翟説、新砦遺址鈞台説、二里頭遺址斟尋説，以及二里頭或偃師商城西亳説，在本質上其實都是夏都法的翻版。考古工作者之所以偏愛「夏都法」，最主要是受了殷墟發掘的影響，在潛意識裏希望能夠找到一處「殷墟」般的「夏墟」，從而一勞永逸地解決夏文化問題。但問題是，如何證明某處遺址是夏代的某處都邑呢？現在有些學者，尤其是一般讀者，都是以殷墟為樣板來要求「夏墟」的，要求必須發現王陵、文字這一類「鐵證」，否則免提夏都，甚至連夏文化都不能提。表面上看，對「鐵證」的期待是在追求堅實可信的科學依據，但殊不知，對於此類證據的刻意追求早已偏離了考古學的軌道——因為考古學從來就不是，也不應該把這類遺跡遺物作為自己的研究主體。鄒衡先生早就説過，有人之所以「懷疑遺址中常見的陶片能據以斷定文化遺跡的年代和文化性質」，那是「因為他們對現代科學的考古工作還不十分了解的緣故」。

「夏墟法」的倡導者是徐旭生，他的研究邏輯很清晰，即「從它活動範圍以內去研究夏文化有什麼樣的相同的或相類的特徵，再到離它活動中心較遠的地方看看這些地方的文化同前一種有什麼樣的差異。用文化間的同異來作比較，就漸漸地可以找出來夏氏族或部落的文化的特點」。乍看起來，徐旭生的方法與「夏都法」似乎沒有差別，都是通過對特定區域考古遺存的研究來判斷夏文化，但實際上兩者有本質區別。徐先生的重點是「文化間的同異」，也就是把「夏墟」的考古學文化與「較遠的地方」的考古學文化進行比較，根據它們之間的差異「比較出」夏文化。因此，「夏墟法」能否成功的關鍵有兩點：一是對「夏墟」的正確判斷，二是對「夏墟」及其以外區域考古學文化的全面認識。

徐旭生提出了正確的研究方法，但這種方法的完成者則是鄒衡教授。鄒先生的研究可謂步步為營，穩紮穩打。上個世紀五十年代初，鄒衡和安金槐一起參加了鄭州二里崗遺址的發掘工作，對二里崗期商文化進行過系統研究；後來他又在學術界首次對殷墟商文化進行了分期研究，又在豫北冀南地區鑒別出先商文化，因此對商文化年代序列有著完整理解。

以商文化的研究為基礎，鄒衡開始了夏文化探索之旅。他首先梳理了文獻中有關夏人傳說的地望，基本界定

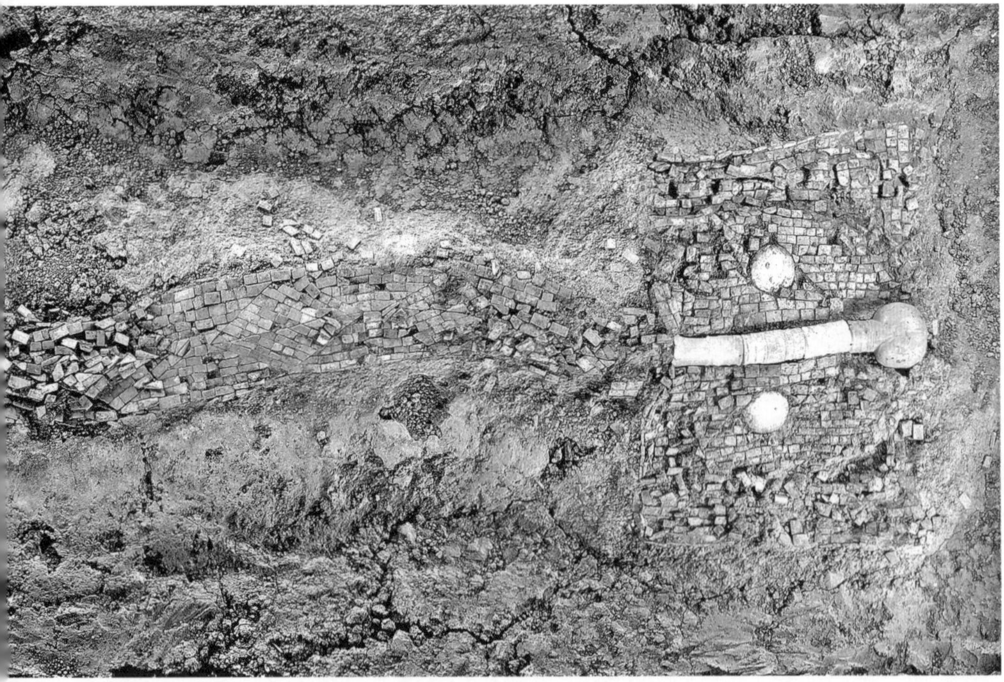

（上）圖 1.18　二〇〇二年二里頭宮殿區東部建築群發掘現場
（下）圖 1.19　二里頭出土綠松石龍

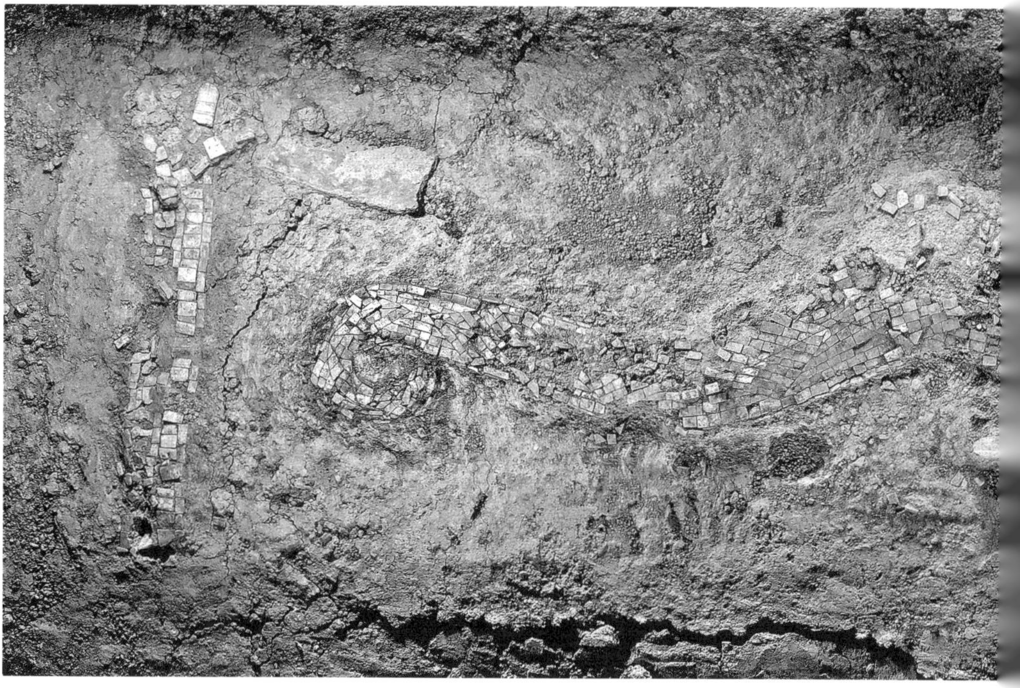

了「夏墟」的範圍，即豫西、晉南和豫東；然後系統比較了「夏墟」範圍內二里頭文化與二里崗文化、殷墟商文化的異同，掌握了二里頭文化與殷商文化的顯著差別；最後又對夏商時期北方地區其他考古學文化做了全盤分析，考察了「夏墟」以外諸考古學文化的特徵。最終在一九七七年，鄒衡先生得出了二里頭文化一至四期是夏文化的結論，從而第一次在考古學意義上完成了對夏文化的完整論述。

當然，學術研究沒有終點，鄒先生對夏文化的認識也不會是最終結論，需要且可以進一步發揮乃至修正。我之所以要寫《鼏宅禹跡——夏代信史的考古學重建》這本書，也是想在鄒先生研究的基礎上，更好地論證夏文化問題。在書裏，我提出要在歷史語境下開展考古學研究，強調要帶著具體的歷史問題來處理考古材料，並在歷史背景下理解考古材料。

具體到夏文化探索的歷史語境，至少應該包括王世與積年、都邑、族氏、重大史事等幾個方面。其中王世與積年旨在解決夏代的年代問題，這是從考古學上探索夏文化的基本前提；對夏代都邑的考訂，則是以都邑為核心，確定「夏墟」的基本範圍；對夏人同姓和異姓族氏的考察，則有雙重意圖——既可以通過族氏的分佈進一步確定夏王朝版圖，也可以通過族氏間的相互關係來了解夏代的社會結構；對夏代重大史事的研究也可以有多重效果——在宏觀上可以探求導致考古學文化變遷的歷史動因，在微觀層面也可以為理解某些具體遺存的屬性提供必要的背景。

實踐證明，這種方法是行之有效的。我在該書的結語中，提出了對夏代歷史和夏文化的一些新認識，可以轉錄如下。

> （一）關於夏代歷史
>
> 1. 大禹治水包含了傳說和神話的內容，但其核心是歷史事實；大禹治水成功的關鍵不是技術的改進，而是以「德」政為基礎構建了治水所需的社會組織機制；大禹因治水成功而獲「賜姓」，成為姒姓部族的首領，同時被確定為禪讓體系中的法定繼承人。
>
> 2. 禪讓是大禹嗣位和夏王朝建立的制度保障，發生在堯—舜—禹—皋陶（伯益）之間的禪讓實際

上是君長推選制的一種特殊形態——夷夏聯盟下的輪流執政；啟攻益而自取君位，禪讓制崩潰，世襲制確立；啟、益之爭是純粹的權力爭奪，卻被戰國儒家刻意曲解為特殊意義上的「尚賢」，這實際上反映了戰國知識階層企圖通過和平方式攫取權力的心聲。

3.「賜姓」和「命氏」相結合是夏代社會的一個顯著特徵，「姓是血緣關係，氏是地緣關係」，夏王朝正處於從血緣社會向地緣社會過渡的關鍵時期。通過「命氏」方式建立的氏族國家是夏王朝最主要的政治單元，這些氏族國家的首領在血緣上又分屬若干大的部族集團，並通過「賜姓」的方式確立部族首領；部族聯盟是夏王朝統治的基本模式，夷夏聯盟則是其政治基礎；在這個聯盟中，夏后氏是華夏集團的代表，皋陶、伯益所屬的少皞氏則是東夷等泛東方集團的代表；有夏一代，東夷劇烈分化，部分夷人華夏化，與夏后氏結成政治同盟，這是理解夏代歷史和夏文化的關鍵所在。

4. 夏后氏是夏王朝最高統治集團中的核心部分，夏代都邑的變遷，實際上反映了該族勢力的消長。大體而言，在少康中興之前，該部族的控制區主要是豫西的潁河上游地區和洛陽盆地，可能涉及晉南的局部地區；少康後期到帝廑時期，不僅鞏固了豫西、晉南等傳統勢力範圍，更向東拓展到豫東、豫北和魯西地區；孔甲之後，夏后氏則退守豫西，廣大的東方被以商族為代表的東方集團所佔據。

5. 在夏代都邑中，以陽翟（夏邑）最為重要，夏都屢遷，但陽翟始終存在，堪稱夏代的聖都；由於夏王朝的統治模式是部族聯盟，導致夏代都邑居民成分複雜，文化多元，這也是正確認識夏代都邑遺址考古學遺存的重要前提。

6.《史記·夏本紀》所載夏后世系基本可信，古本《紀年》記載的夏代積年四七一（四七二）年說不容輕易否定。依此積年數，則夏代始年至少應在公元前二十一世紀；研究者對於夏代世系及積年的質疑，必須以全面系統的文獻研究為基礎，而不能為「疑古」而「疑古」。

（二）關於考古學上的夏文化

1. 考古學上的夏文化應有廣狹二義：廣義夏文

化實際上就是夏王朝文化，而狹義夏文化則是指夏后氏的文化。在當前的夏文化研究中，研究者常常忽視和模糊了夏文化的族屬主體，混淆了廣義和狹義層面的夏文化，由此造成了概念和認識上的混亂。

2. 從時間、空間和文化面貌三方面綜合分析，河南龍山文化的王灣類型和煤山類型的晚期階段可以理解為狹義的夏文化——即以夏后氏為主體創造的文化；而造律台類型、後岡類型、三里橋類型、陶寺文化和花家寺類型的晚期階段則可歸入廣義夏文化範疇。

3. 考古學上的夏文化是指夏王朝這一特定時間範疇內的文化，但考古學研究的局限性決定了它無法準確區分夏王朝建立之前和覆亡之後的物質文化，因此，需要將夏王朝的始終轉換為某些可視的考古學現象。充當這種「轉換器」的是那些在夏王朝建立和滅亡等關鍵時間節點附近，能夠觸發物質遺存發生變化的特殊歷史事件。

4.「禹征三苗」是夏王朝建立前夜發生的重大歷史事件，豫西南、豫南和江漢平原普遍出現的河南龍山文化對石家河文化的替代是這一事件在物質文化上的直觀反映，這是證明河南龍山文化晚期遺存為早期夏文化的關鍵證據。

5.「禹賜玄圭」是夏王朝建立、夏代禮制確立的標誌性事件，而學術界所習稱的「牙璋」正是夏王朝的核心禮器——玄圭。河南龍山文化晚期階段玄圭在中原腹心地區的興起並大幅擴張，其背後的歷史動因就是夏王朝的文明輸出，因此，玄圭的出現是證明河南龍山文化晚期階段進入夏紀年的又一關鍵證據。

6. 在有文字證據之前，企圖以成湯亳都來界定早商文化，從而確立夏商分界的做法會不可避免地陷入無窮的紛爭之中，夏商文化的區別只能通過文化的比較來獲得；偃師商城西亳說在研究方法上存在明顯瑕疵，嚴格上講，偃師商城的始建年代只是確定了夏商分界的年代下限，因此，偃師商城是不準確的界標，更不是夏商分界的唯一界標。

7. 器類統計表明，二里頭文化一至四期和二里崗下層文化是一個連續發展、逐漸演變的過程，其中不存在物質文化上的突變；在此過程中，可以觀察到

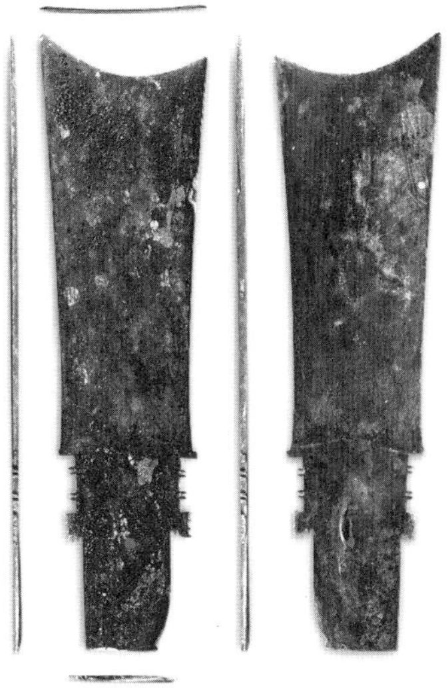

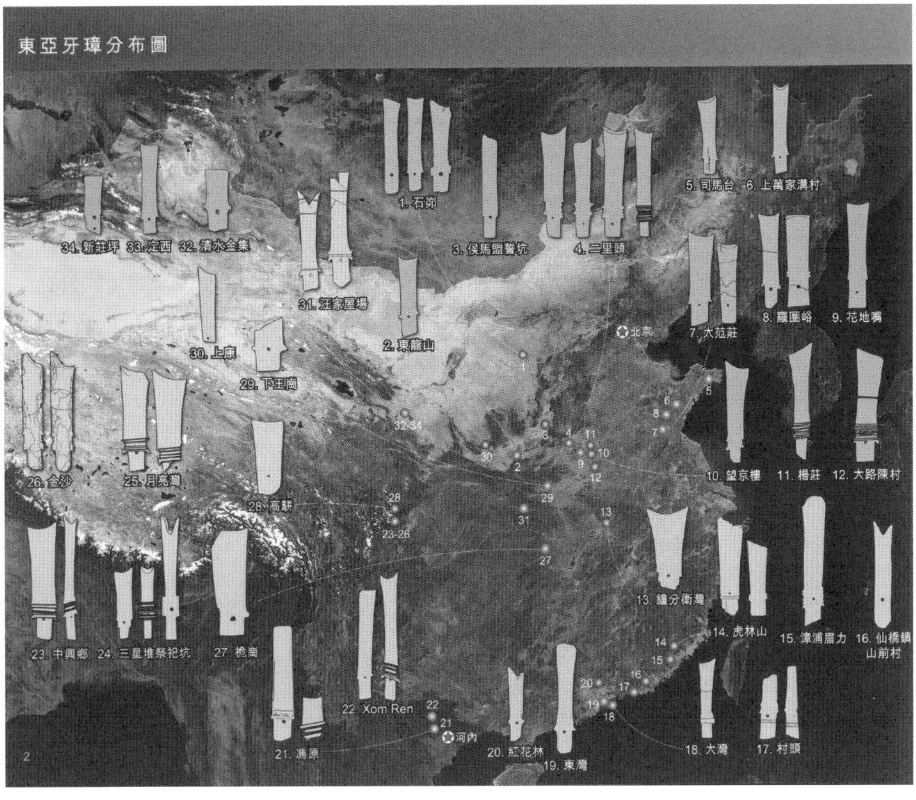

（上）圖 1.20　二里頭遺址 V M3 出土的玄圭

（下）圖 1.21　東亞牙璋擴張態勢

的、比較明顯的變化分別發生在二里頭文化二、三期之間以及二里頭文化四期和二里崗下層文化之間，但物質文化上的變化並不能直接解釋為王朝更替的結果。豫西地區河南龍山文化、二里頭文化和二里崗文化所表現出的一脈相承、漸進式演變特徵反而促使我們反思上述考古學文化的劃分是否更多地是因為它們最早發現在不同遺址而被分別命名，而非文化面貌實際上的涇渭分明。因此，以此種考古學文化序列去對應虞夏商周等歷史王朝，是需要極其慎重的。

8. 二里崗文化下層階段，鄭洛地區最大的變化並非物質文化，而是鄭州商城和偃師商城的始建，以及大師姑和望京樓城址的改建。在二里崗下層階段這個關鍵的時間節點上，商人同時興建兩座大型城址並對兩座二里頭文化城址進行改建，我們認為造成這種城市建設異動的最大可能就是在此時間段內完成了王朝的更替，換言之，夏商分界應該就在二里頭文化四期晚段和二里崗文化下層階段（不排除兩者略有重疊）這一時間節點上，二里頭文化在主體上應屬於夏文化。由此，河南龍山文化的煤山類型、王灣類型和二里頭文化一至四期共同組成了完整的狹義夏文化。

我非常清楚，上面這些對夏文化的描述還是過於「考古學」了，對於一般讀者來講，河南龍山文化、二里頭文化、二里崗文化這些考古學概念太過抽象，這些考古學文化賴以表述的物質遺存——特別是那些只有考古學者自己才熟悉的陶器器類，普通讀者很難把它們與夏商歷史聯繫起來，歷史的距離感和陌生感也由此而生。作為一個專業研究者，我深深地體會到學科的局限性和「無力感」，考古學研究的主要對象——遺跡和遺物，並不是歷史本身，而只是歷史素材，考古學者不能只提供素材，而不重建活的歷史。曾幾何時，「透物見人」、「透物見史」就已是中國考古學的初心和使命，但夏文化探索所折射出的學科現狀，依然是任重而道遠。

• 傅斯年：《歷史語言研究所工作之旨趣》，《傅斯年全集》第三卷，湖南教育出版社，二〇〇三年

一九二八年，傅斯年「無中生有」地創辦了中研院史語所，但對於這一新機構的定位、使命及工作目標究竟如何規劃，並無可以借鑒之處。傅斯年按照他對科學史學的理解，創造性地提出「史學就是史料學」，號召史語所諸同仁「擴充材料、擴充工具」，為「科學的東方學之正統在中國」而奮鬥。《歷史語言研究所工作之旨趣》是近代考古學在中國誕生的標誌，在很長時間內指導和規範了中國考古學的發展方向與工作方法。

• 李濟：《安陽》，《李濟文集》卷二，上海人民出版社，二〇〇六年

一九二八年冬，李濟應傅斯年之邀出任中研院史語所考古組組長，領銜發掘殷墟。一九二八至一九三七年史語所在殷墟的十五次發掘，不僅為中國考古學贏得了世界聲譽，也奠定了李濟「中國考古學之父」的尊崇地位。發掘殷墟伊始，李濟即有建設「殷商末年小小的新史」之願望，而《安陽》就是他交出的答案。《安陽》一書分前後兩大部分，前半部分實際上是中國考古學的早期發展史，而後半部分則是李濟運用考古材料所撰寫的「殷商新史」。作為親歷者，李濟的表述自然最能反映那個時代中國考古學的真實面貌，因此，《安陽》是治中國考古學者不可不讀的名著。

• 徐旭生：《中國古史的傳說時代》，廣西師範大學出版社，二〇〇三年

作為北平研究院考古組的組長，徐旭生歷來主張歷史研究不能「專在斗室故紙堆中繞彎子」，因此他著手組建陝西考古會，親自前往關中開展考古調查，探尋周秦兩民族文化。抗戰期間，徐旭生「立意拿我國古史上的傳說材料予以通盤的整理」，完成了名著《中國古史的傳說時代》。這是一部與當時籠罩在中國史學界的「疑古」風潮相論爭的著作，概括而言，

此書目的有二：一是鞏固國人對於古史的信心，二是尋找正確的古史研究方法。尤其是在後一點上，徐旭生著墨尤多，體現了良好的學術素養。此書是治中國上古史者的必讀書目。

- **顧頡剛：《中國上古史研究講義》，《顧頡剛古史論文集》，中華書局，二〇一一年**

一九二九年九月，顧頡剛應燕京大學之邀，任該校國學研究所研究員兼歷史學系教授，主講「中國上古史研究」課，為此著手編撰《中國上古史研究講義》。顧先生自述「這份講義的宗旨，期於一反前人的成法，不說哪一個是，哪一個非，而只就它們的發生時代先後尋出它們的承前啟後的痕跡來，又就它們的發生時代背景求出它們的異軍突起的原因來」。所以，這部講義實際上是對「層累地造成的中國古史」觀的具體論證。講義對三十四種文獻材料進行了分析講述，在內容上涵蓋了顧先生所提出的三種古史觀，即戰國以前的古史觀、戰國時的古史觀以及戰國以後的古史觀。該書是正確理解顧頡剛先生及「古史辨」派學術思想的主要著作。

- **蘇秉琦：《中國文明起源新探》，生活·讀書·新知三聯書店，二〇一九年**

作為考古學「中國學派」的奠基人，蘇秉琦很長時間內在思考考古學的「見物見人」問題，特別是在他的晚年，他再三呼籲重建中國古史，並身體力行，主編了《中國通史》的「遠古時代」，明確提出「重建中國古史的遠古時代是當代考古學者的重大使命」。而《中國文明起源新探》則是他晚年留給普通讀者的一部博大精深而又簡明扼要的巨著，強調打破「根深蒂固的中華大一統觀念」和「把馬克思提出的社會發展規律看成是歷史本身」這兩大怪圈，提出中國國家起源的「三部曲」和「三類型」，真正實現為恩格斯《家庭、私有制和國家的起源》完成中國續篇。

- 鄒衡：《夏商周考古學論文集》，文物出版社，一九八〇年

該書是鄒衡先生構建夏商周考古學術體系的經典之作，全書共七篇論文，以《論鄭州》、《論殷墟》、《論夏文化》和《試論先周文化》四篇為核心，從考古學上釐清了夏、商、周三族文化的來源與發展。此書的出版奠定了學科體系，迄今夏商周考古仍未超出這一體系。同時，此書也是如何運用考古材料來研究重大歷史問題的典範之作，值得每一個考古研究者學習體會。

- 孫慶偉：《追跡三代》，上海古籍出版社，二〇一五年

這是一部關於夏商周考古學術史的著作。作者以重大學術問題為綱，通過分析代表性學者的學術背景及學術主張，系統分析夏商周考古的發展歷程，並對當前研究中存在的問題和方法進行了反思。此書體例完整，表述清通，尤其便於初學者了解夏商周考古的發展及其在古史重建上的貢獻。

第二講

奠基時代

秦漢

侯旭東

今天，我要從解釋性的角度去講為什麼秦漢時代是中國歷史上的奠基時代，並從這樣一個角度去分析秦漢時代在中國歷史上的意義。

一　如何看待秦漢時代？

我們先從對秦漢時代的認識開始，這種認識並不是從今天才開始的，從漢代開始，已經不斷地有當時的士大夫討論對秦漢時代特別是秦朝的認識。一直到後代，到現代，我們都不斷地在追問這樣一個問題。圖 2.1 — 2.3 為譚其驤先生在《中國歷史地圖集》中繪製的三幅秦漢時期疆域圖。

從秦時期全圖可以看到，秦朝的疆域大概也就相當於中國現在疆域的三分之一，主要是今天中國農耕地區的範圍，今天中國疆域的奠定實際上是在清朝。西漢時期全圖中，西漢的疆域和秦朝相比最大的不同之處就是西半部分，主要是新疆和河西走廊一帶，西域地區納入了西漢王朝的統治範圍，是和秦相比最大的變化；另外一個不同之

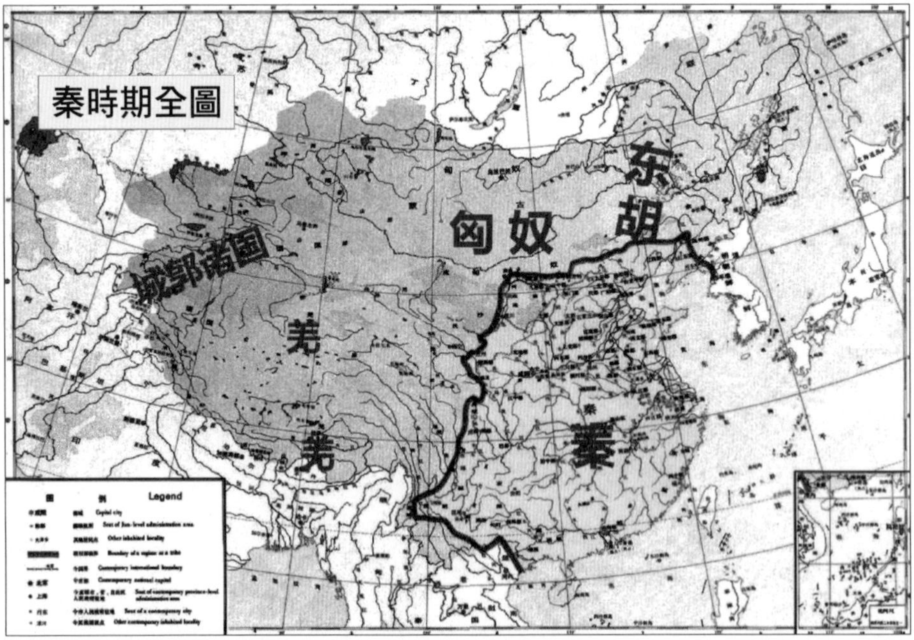

圖 2.1　秦時期全圖（譚其驤主編：《中國歷史地圖集》第二冊，中國地圖出版社，一九九六年）

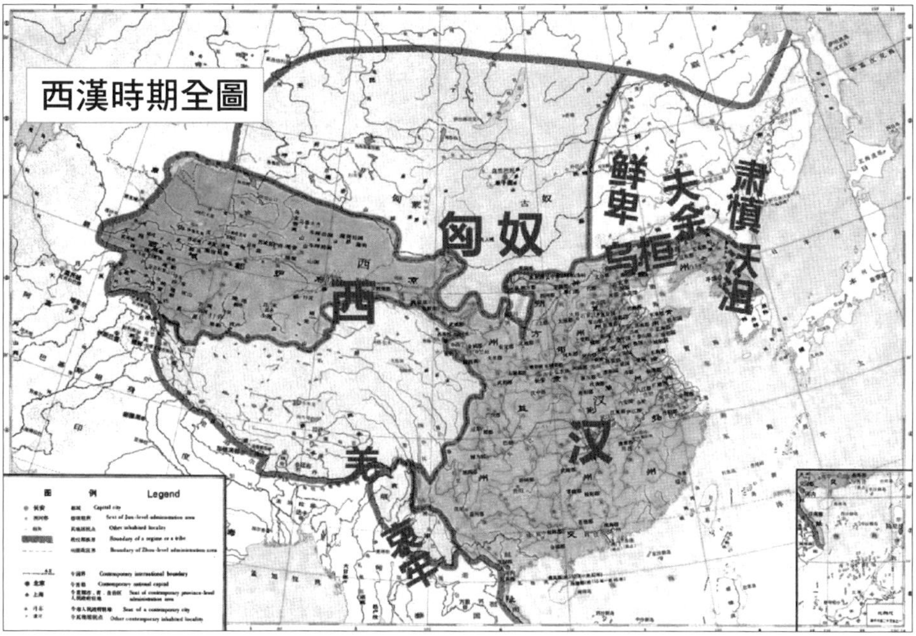

圖 2.2　西漢時期全圖（譚其驤主編：《中國歷史地圖集》第二冊，中國地圖出版社，一九九六年）

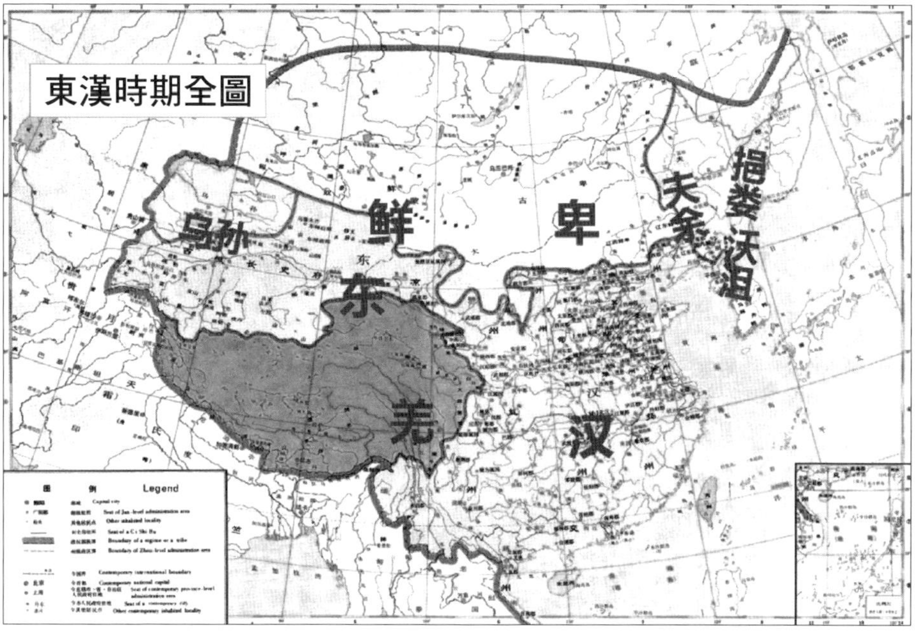

圖 2.3　東漢時期全圖（譚其驤主編：《中國歷史地圖集》第二冊，中國地圖出版社，一九九六年）

處是在南方，除了一直控制到今天的一些區域，越南的北部地區當時也都納入了西漢王朝的控制。東漢的情況和西漢差不多，疆域面積有一些小的出入，但總的領土範圍幾乎沒有什麼變化。

那麼如何去看秦漢時代？我們先去看一看司馬遷怎麼說。司馬遷生活在西漢前期，大概是在武帝的晚年去世（約前一四五至前九十年），更具體的年代現在還無法確定。他在《史記》裏對秦的歷史，對由秦變漢的歷史有好幾段表述：

> 秦之德義不如魯衛之暴戾者，量秦之兵不如三晉之強也，然卒併天下，非必險固便形埶（勢）利也，蓋若天所助焉。
>
> 太史公讀秦楚之際，曰：初作難，發於陳涉；虐戾滅秦，自項氏；撥亂誅暴，平定海內，卒踐帝祚，成於漢家。五年之間，號令三嬗。自生民以來，未始有受命若斯之亟也。……秦起襄公，章於文、繆，獻、孝之後，稍以蠶食六國，百有餘載，至始皇乃能併冠帶之倫。以德若彼，用力如此，蓋一統若斯之難也。……然（劉氏）王跡之興，起於閭巷，合從討伐，軼於三代……此乃《傳》之所謂大聖乎？豈非天哉，豈非天哉！非大聖孰能當此受命而帝者乎？❶

對秦如何崛起感到不解，歸之於天助。更令他驚奇的是，秦漢之間的轉機為什麼這麼快，五年之中就發生了天翻地覆的變化。秦國崛起花了相當長的時間，經歷了一百多年的時間，才慢慢地發展起來，統一了天下。但是劉邦這樣一個無賴式的人物，怎麼就能突然從民間崛起？且劉邦最終在幾年內帶領著眾多義軍推翻秦朝，建立了漢朝。這實際上是一個非常偉大的，也很難以理解的變化。在司馬遷看來，這好像不是人力能決定的，所以他就發了兩句感慨：「豈非天哉，豈非天哉！」他的結論說明，這些歷史現象已經超出他的想象力，他只好說劉邦就是個大聖一樣的人物。我們從中可以看出，司馬遷這樣一位史家，生活在西漢前期，對於秦朝，還有漢的興起，還是頗感困惑的。

我們再把目光推後將近兩千年，看看清人及其後的觀點。趙翼（一七二七至一八一四年）是乾嘉時期很有名的學者，他說：

> 蓋秦、漢同為天地一大變局。❷

趙翼認為秦漢時期在中國兩千年歷史上是一個非常大的轉折。他以後的很多學者都贊同這一看法。錢穆先生（一八九五至一九九〇年）上個世紀三十年代在北大講《秦漢史》，講義後來在一九五七年出版，裏面就有類似的表述：

> 秦自始皇二十六年併天下，至二世三年而亡，前後僅十五年。然開後世一統之局，定郡縣之制。其設官定律，均為漢所因襲。其在政治上之設施，關係可謂極大。……對於文教上之影響，亦復匪淺。……物質上之種種建設，亦至偉大。

又說，漢興：

> 此誠中國歷史上一絕大變局也。❸

他一方面對秦的統一給予了非常高的評價，另一方面說漢興也是中國歷史上一個非常大的變局。毛澤東（一八九三至一九七六年）在《中國革命和中國共產黨》裏，對秦的作用做了一個高度的評價：

> 如果說，秦以前的一個時代是諸侯割據稱雄的封建國家，那末，自秦始皇統一中國以後，就建立了專制主義的中央集權的封建國家。❹

❶《史記》卷一六《秦楚之際月表序》，點校本，中華書局，一九五九年，第七五九—七六〇頁。
❷趙翼：《廿二史劄記》卷二「漢初布衣將相之局」，王樹民校注，中華書局，一九八四年，第三六頁。
❸錢穆：《秦漢史》，一九五七年初刊，生活·讀書·新知三聯書店，二〇〇五年，第三五、三九頁。
❹毛澤東：《中國革命和中國共產黨》，《毛澤東選集》，人民出版社，一九六六年，第六一八頁。

這篇文章是他在一九三八年抗日戰爭的時候完成的重要著作，其中對中國歷史做了一些非常概括性的論斷，這些論斷依然是目前為止中學歷史教材裏的基本看法，我們很多人了解的歷史的基本結論其實都是在這篇文章裏提出來的。一九七三年八月，毛澤東還寫了一首詠史詩：《七律·讀〈封建論〉呈郭老》，這大概是他去世之前寫的最後一首詠史詩。詩裏有一句「百代都行秦政法，十批不是好文章」，也概括了秦朝的歷史影響，這其實在批評郭沫若的《十批判書》，認為其中的一些評價有問題。

不光中國學者、政治家高度評價秦漢時代，日本學者西嶋定生在他的《秦漢史》裏也有如下表述：

> （秦漢帝國）的意義在於因統一國家的建立而形成的國家構造基本形態，與這一時代造就的精神文化基本形態，一同跨越並規範了其後中國兩千年的漫漫歷史。[5]

在他看來，中國的秦漢時代不僅在中國歷史上很重要，而且對日本歷史發展也是非常重要的。這是日本學者一貫的看法，他們一方面認為秦漢時代是一個變局，另一方面認為秦漢時代對中國後來大概兩千年的歷史有非常深遠的影響。當然這不是因為他們的研究方向問題，不是因為西嶋先生主要研究秦漢史，所以抬高自己研究的時代的歷史意義。我原來研究魏晉南北朝史，現在主要研究秦漢，站在後代，乃至今天的角度觀察，同樣認為秦漢時代是中國歷史上一個奠基時代。這當然屬於「後見之明」，用錢穆先生的話表達，屬於「時代意見」[6]。

為什麼清代以來越來越多的人會認為秦漢時期是中國歷史上極其重要的轉折時代？這就是我今天要講的主題。

二　秦國統一的秘密

我們首先要從秦統一講起。大家知道，消滅六國的大業實際上是在秦王嬴政統治的短短十年間完成的。為什麼最終會是秦國完成統一？這個問題是中國學術傳統中不太注意的，而我們都會覺得這是歷史的必然。為什麼是歷史的必然？為什麼戰國時期那麼多國家，至少有戰國七雄，最後是秦完成了統一，而不是齊國或楚國？齊楚的文明都非常發達，大家可以看看湖北省博物館，陳列著那麼多楚地出土的精美器物，秦國墓葬出土的遺物就相去甚遠。但為什麼最後是當時人們看不起的秦國完成了歷史大業？這其實是一個很大的問題。可惜在中國的學術傳統裏，在必然性的籠罩下，這些問題都消失了，反而日本學者很關心這些問題。答案要從大的背景即持續的戰爭講起，持續戰爭是變革的引擎。這一點我們過去不會注意到，實際上卻非常重要。

首先，從春秋到戰國非常重要卻又不太為人留意的變化，就是當時戰爭的方式發生了變化。一個最明顯的表現就是春秋時期的史書講的都是一個國家有戰車幾百乘、千乘，車戰為主時，動用的兵力很少。而戰國文獻記載的都是動輒發兵十萬、數十萬，戰國末年秦趙的長平之戰坑殺幾十萬人。計量戰爭的單位從車變成了人，斬首常常過萬，甚至數十萬。顧炎武很早就注意到這一變化，他在《日知錄》卷三「小人所腓」條指出：

> 終春秋二百四十二年，車戰之時，未有斬首至於累萬者。車戰廢而首功興矣。先王之用兵，服之而已，不期於多殺也。

顧炎武對變化原因的解釋，今天很難認同。這是一個外在形式上的變化，對其意義的理解則是到了晚近才有越來越多的學者注意到。以前史學家強調經濟基礎，說那時候鐵製工具普及、農耕發展等，其實戰爭才是直接的火車

❺ 西嶋定生：《秦漢帝國：中國古代帝國之興亡》，一九九七年日文增補版，中譯本，社會科學文獻出版社，二〇一七年，第四頁。

❻ 見錢穆：《中國歷代政治得失》第二版，生活·讀書·新知三聯書店，二〇〇五年，第三頁。與「時代意見」相對的是「歷史意見」，指的是在那制度實施時代的人們從切身感受而發出的意見。

頭。戰爭形式的變化會帶來一系列的深遠影響，對戰國時期的各國來講非常重要。春秋時期講「千乘之國」時，打仗的人實際上主要是貴族，戰車兵器都是他們自己裝備；而到了戰國時期動輒上萬、幾十萬的軍人，大部分都是庶民當兵，他們的武器裝備都要由國家來提供。而且戰爭不是一場戰役定勝負，前後持續了二百多年，對當時各個國家的財政負擔和管理方式都提出了非常嚴峻的挑戰，為生存下去，只能尋找新辦法。

整個戰國時期國家管理方式發生變化，一系列的變革、變法都和持續的戰爭狀態有關。如果一戰決勝負，就不需要這些了。關鍵是誰也打不贏，拉鋸戰綿延了二百多年。為了不被打敗，只能去變法富強，想辦法在這樣殘酷的競爭中獲勝。各國都需要新的統治方式，首先要能控制住人，才有足夠的人當兵。故而君主控制百姓的方式發生了變化，設置郡縣、開始建立戶籍制度就是要直接控制民眾。原本對老百姓的管理是依靠分封，國君之下有卿大夫，卿大夫下面還有士，國君自己直接控制的人口很有限。但現在國君要想控制兵源，就不能再分封，而要設置郡縣，通過戶籍制控制所有的百姓。所以從《史記·秦本紀》的記載可以看到，秦獻公十年（前三七五年）開始「為戶籍相伍」，在秦的全國範圍內設立戶籍制度，這是一個劃時代的變化。戶籍從那時候出現，一直到現在還在用，這是那個時代的遺產。

除此之外，持續戰爭導致開支增加。因為打仗要鑄造兵器、維持軍隊給養等，國家要保持穩定的收入，就要有持續的賦稅。春秋時期開始有初稅畝等徵收項目，常態化的稅收開始出現，這些是國家持續存在的物質基礎。把老百姓塑造成農民也很重要，農民的特點是能夠年復一年地持續耕作，不斷地為國家提供糧食作物，使國家能夠有糧食儲備。有了足夠的戰爭儲備，才能夠持續作戰，這些都是戰國時期為了應付持續的戰爭逐漸出現的一些歷史性變化。

和上述因素密切相關的還有國君權力的擴張。國君為了實現這些目的，開始任命官吏，不再使用世卿世祿的貴族。他選拔有能力的士人做官員，從外國來的遊士中任用人才輔佐自己，職位也開始逐漸固定下來，俸祿開始出現，還有包括上計在內的監督檢查方式。官僚制開始在戰國時期出現。

這一切的出現都是和持續的戰爭直接聯繫在一起的。許倬雲先生在《萬古江河》裏講過：「促使編戶齊民的國家組織形態發生的最大動力，是戰爭。」❼很多學者都有類似的看法，包括馬克斯·韋伯在《儒家與道教》中也強調過這一點。浙江大學的趙鼎新教授寫過一本《東周戰爭與儒法國家的誕生》，講戰爭和儒法國家的成立。這些研究都注意到了戰爭與時代變革和新的制度出現的密切關係。戰爭其實是一個形式，為什麼會出現這麼多戰爭？為什麼西周時期各國都還算相安無事，到了春秋時期就開始戰爭增多，到戰國愈演愈烈，最後發展出以大吞小，大國之間互相殘殺，由秦國統一的局面？

直接的背景就是禮崩樂壞，正如孔子所說，由「禮樂征伐自天子出」到「禮樂征伐自諸侯出」。原本制禮作樂、打仗由周天子發號施令，後來諸侯國的力量慢慢強大，自己就開始做這些事。所以就有了春秋時代楚昭王問鼎中原的故事。他在洛陽附近問九鼎的大小輕重，周卿大夫王孫滿說在德不在鼎，意思是說周有天命，楚國作為蠻夷戎狄還是不能問鼎。可以看出春秋時代諸侯國已經蠢蠢欲動，想動搖周天子的統治秩序。不光國君開始膨脹，國君之下的卿大夫隨著自身力量的壯大也向上僭越，像魯國有三桓，八佾舞於庭之事，就出自三桓之一的季孫氏；三家分晉，晉國被韓、趙、魏肢解；還有田氏代齊等，都表明卿大夫力量崛起。春秋時期開始，可以看到整個國家力量自下而上地發展，背後歸根結底還是經濟的發展，是西周分封制下幾百年積累的結果。經濟發展之後引發人們（主要是統治者）觀念的變化，觀念是人類歷史上非常重要的一個因素。

隨之而來的一個問題是，為什麼是秦國完成統一，而不是齊、楚這樣的大國？當時人們認為秦國是戎狄，是西陲欠發達地區的小國，對他們的文化和統治者充滿敵視，

❼ 許倬雲：《萬古江河》，上海文藝出版社，二〇〇六年，第六二頁。

常用「虎狼」來形容他們。北京大學歷史學系的何晉教授專門寫過一篇文章，叫《秦稱「虎狼」考》（《文博》一九九九年第五期），梳理出很多有相關描述的史料，概括而言秦統一天下在當時多數人看來完全是意外。究竟為什麼這樣一個落後的國家最後戰勝了東方六個大國？很重要的因素就是商鞅變法的作用。

秦統一前夕，少數幾位有遠見卓識的人就預料到秦國會統一天下。一位是大儒荀子（約前三四〇至前二四五年）。他曾到秦國做過一番實地調查，然後對秦國做了一番描述，講到秦國百姓、官吏和朝廷的情況：

> 入境，觀其風俗，其百姓樸，其聲樂不流污，其服不佻，甚畏有司而順，古之民也！及都邑官府，其百吏肅然，莫不恭儉、敦敬、忠信而不楛，古之吏也！入其國，觀其士大夫，出於其門，入於公門；出於公門，歸於其家，無有私事也；不比周，不朋黨，倜然莫不明通而公也，古之士大夫也！觀其朝廷，其朝閒，聽決百事不留，恬然如無治者，古之朝也！故四世有勝，非幸也，數也。（《荀子．強國》）

「楛」的意思是態度惡劣。荀子根據他的親身觀察，認為秦國四代人連連取得勝利，不是僥幸，而是自然的、確定性的。他沒有追溯原因，但是覺得秦國未來恐怕是會統一天下的。荀子不愧為大思想家，目光犀利。另一位是蔡澤，秦昭王（前三〇六至前二五一年在位）末年，他也去過秦國實地調查，之後對秦國的丞相范雎說：

> 商君為秦孝公明法令，禁奸本，尊爵必賞，有罪必罰，平權衡，正度量，調輕重，決裂阡陌，以靜生民之業而一其俗，勸民耕農利土，一室無二事，力田蓄積，習戰陳之事，是以兵動而地廣，兵休而國富。[8]

正因為有了商鞅這些措施，秦國才能無敵於天下。他非常敏銳地察覺到一百年前的商鞅變法對秦國強大的作用，我們需要順著他的觀察去重新注意商鞅變法。

商鞅變法的內容很多，核心是圍繞二十等爵建立的獎勵耕戰體制。簡單說來，這一體制將百姓的利益和秦國緊緊綑綁在一起，極大地調動了百姓的積極性，影響中國兩千年。與其說這套體系是秦始皇的遺產，不如直接說是商鞅的遺產。雖然有很多變化，其基本機制一直延續到現在。秦始皇不過是繼承了商鞅遺產，逐一掃平六國，在公元前二二一年也就是秦始皇二十六年完成了統一大業。秦始皇希望秦朝能二世三世至於萬世，傳之無窮，實際上秦朝的統治時間卻很短，總共十五年，二世而亡。雖然很短，但在中國歷史上有非常重要的影響。

三　秦始皇每天累不累？

西漢人對秦始皇沒什麼好印象，所以《史記》還有當時其他很多著作對秦始皇有很多批判。司馬遷借儒生之口說：「天下之事，無小大皆決於上，上至以衡石量書，日夜有呈（程），不中呈不得休息。」用現在話講就是獨裁專制。所以秦始皇每天要看的簡牘文書很多，著名秦漢史學者王子今教授專門寫過一篇文章來算秦始皇每天閱讀量約多少，結果是每天要看三十一萬八千字。❾他的工作很辛苦，相當於每天讀一本挺厚的書。我自己後來又算了一下，大概十四萬字。無論如何，司馬遷的意思是說，秦始皇每天工作量很大，他的獨裁造成秦朝很快崩潰。那麼他為什麼這麼累？秦朝，包括後來漢朝到底是怎麼管理的？這都是很大的問題。是不是皇帝只要日理萬機，一個人就能把所有事情處理好？

我們先看一下秦朝建立的國家體制。這個體制實際上是一個金字塔形，從上到下，我把它簡單地稱為「君眾臣萬民體制」。這完全是個描述性的說法，因我不太滿意過去常說的「專制主義」、「中央集權」，暫時又找不到什麼更

❽《史記》卷七九《蔡澤列傳》，第二四二二頁。

❾王子今：《秦始皇的閱讀速度》，載《秦漢聞人肖像》，社會科學文獻出版社，二〇一一年，第二八——二九頁。

合適的術語。秦帝國的架構，最上面是皇帝，其次是朝廷，下面是郡，然後是縣和道。道相當於我們現在的旗或自治縣，就是下轄有少數民族的行政機構，和縣同級。當時一共有九百多個縣和道，其下又有鄉、里。

兩漢基本繼承了這個架構，只不過稍有變化。數量上郡由五十多個增加到一百出頭，另外漢代部分地恢復了分封制，有國。後來發展成虛封，那些諸侯王實際上只有衣食租稅，沒有行政權力。所以總的來講還是郡縣體制。縣道、鄉里，在漢代也延續下來，只不過數量增加，西漢縣的數量有一千五百多個，東漢有一千一百多個。另外一個變化是州的出現，這是武帝時候出現的一個監察性的機構，到東漢末年才變為一級地方行政區劃。朝廷是三公九卿制，從秦代開始到東漢後期一直如此。任官制度方面，西周、春秋到戰國的世卿世祿的世襲制度變成了流官制度，縣、道長吏以上的主要官員由皇帝任命，而且不能在本人籍貫所屬地做官，這樣的傳統至少從漢代開始，一直延續到現在。據現代學者推算，秦朝的人口大概是四千萬。以上是對秦朝的一個簡單描述。

從秦漢的制度演變，我們可以看到這些制度在歷史上的延續性。要提醒大家的是，這個基本架構實際上一直延續到清代，某種程度上也延續到了今天。制度是變和不變的統一：縣級機構現在還在，只是數量增加到兩千多個；另外管轄少數民族的機構不再叫道，現在叫旗、自治縣。鄉也還有，台灣地區至今還有里長。過去官員稱縣長或縣令的，現在仍稱為縣長。這些等於兩千多年只有數量的增減，而實質一直沿用，構成不變的一面。郡這一層級幾百年要變一次，從郡到州、郡，再到後代的道、路、省，這些機構存續超越了朝代。朝廷設置變化是最頻繁的，十幾年就一變。整體觀察，官僚機構最上層變化最快，下層反而是最穩定的，像火山一樣，下層是凝固的，火山口不斷噴發流動，變化最快。但我們過去往往會忽略這些不變的因素。古代史家也很有意思，正史中的《百官志》、《職官志》一類的主要記述朝廷的機構與職掌，地方制度寫得很簡單，他們大概是注意到這部分幾百年甚至更長時間也沒什麼變化，到現在幾千年變化也不多。

大家對作為個人的皇帝，相對比較熟悉，但從制度層面，可能就比較陌生，我舉幾個例子來講。譬如皇帝的信物：璽。某種意義上來說皇帝本人還不如這些璽重要，拿著這些璽綬才能被認可是皇帝。縱使不是皇帝，擁有璽綬，別人也不敢冒犯。西漢哀帝臨終前將帝璽給了寵臣董賢，讓他不要輕易給人。董賢手捧帝璽，別人無可奈何，只能哄他交出來。一旦帝璽脱手，董賢立刻淪為任人宰割的魚肉，被迫自殺。

圖 2.4 是廣州南越王墓出土的「文帝行璽」，圖 2.5 是清代乾隆時期的玉璽。早期的玉璽要隨身攜帶，且要蓋在簡牘上，大小不過方寸，邊長二點三厘米左右，規格很小。

圖 2.6 是秦代發兵用的虎符，戰國時期就出現了信陵君竊符救趙。上面有文字，國君（皇帝）與郡守各持一半，需左右「合符」，才能發兵，這是「符合」一詞的來源。圖 2.7 是西漢時期「皇帝信璽」封泥，蓋在當時封文

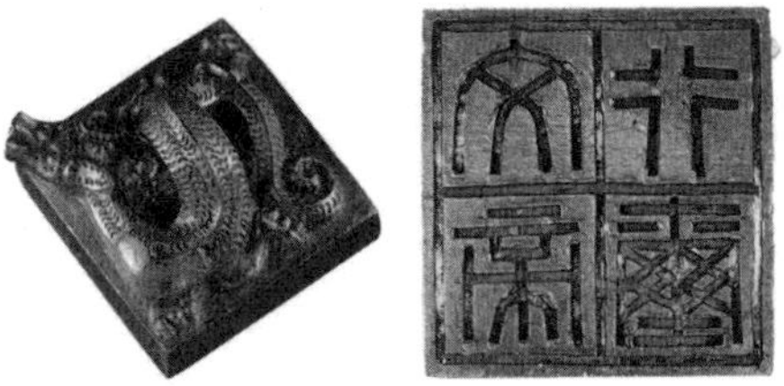

圖 2.4　漢文帝行璽，廣州南越王墓出土

圖 2.5　乾隆皇帝玉璽

圖 2.6　秦代虎符

圖 2.7　西漢時期「皇帝信璽」封泥

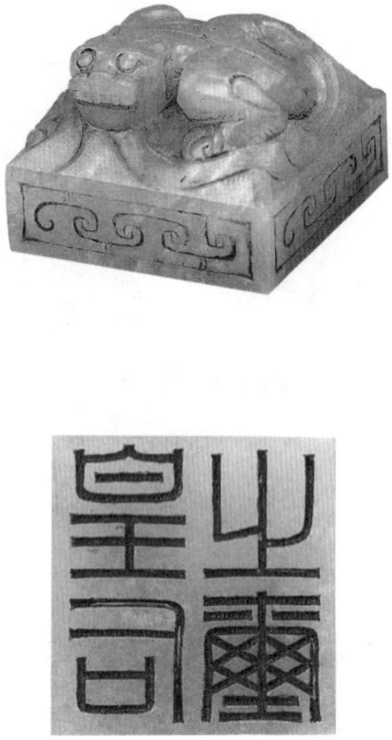

圖 2.8　漢代皇后玉璽

圖 2.9　皇帝頒給使用、代表自己權威的節

書的泥上，現保存在日本東京的國立博物館裏。

圖 2.8 是漢代皇后的玉璽，有人認為是呂后的璽。陝西出土，邊長只有二點三厘米。圖 2.9 是節，蘇武牧羊時手裏拿著的東西，是皇帝頒給使者的，代表皇帝的權威。這是今人的想象圖。

要講秦始皇到底累不累，不能不考慮約四千萬人口、三百萬平方公里的大帝國，靠秦始皇每天看十四萬字，能不能管理好？《史記》的描述肯定是誇大其詞，獨木難成林，秦始皇少不了需要眾多臣下來幫助他，以前是靠世卿世祿的貴族，戰國以後開始使用流官來統治。更要注意的是，秦國統一了東方六國，各國風俗語言都不相同。至今中國還有七大方言（或說十大），很多南方方言北方人聽不懂，歷史上更是如此。《禮記》講「五方之民，言語不通，嗜慾不同」。西漢末年揚雄撰寫的《方言》一書記錄了各地的語言資料，詞彙不同之外，也涉及發音上的差別。如卷一：

嫁、逝、徂、適：往也。自家而出謂之嫁，由女而出為嫁也。逝，秦晉語也。徂，齊語也。適，宋魯語也。往，凡語也。

上面記錄的主要是各地詞彙上的區別。又如卷三：

庸謂之倯，轉語也。

這一條講的是發音上的不同。由此不難發現當時各地在語言文字上有相當大的差別。為了解決語言不通的問題，順利地讓政令下達，只能依靠文字。

一九七五至一九七六年，在湖北雲夢縣睡虎地秦墓出土的秦律中，有一篇名為「內史雜」，有這樣的規定：

有事請也，必以書，毋口請，毋羈請。

意思是說，有事情一定要用文字形式向上級請示，不能口頭請示，也不能託人找關係。這一規定就是為了適應跨越熟人社會的需要而做出的，強調使用書面文字作為溝通工具。這條律令非常重要，將秦的統治奠定在文字的基礎上，適應了廣土眾民、語言難通的現實。這是個劃時代的變化，以前並非如此。西周時期不需這麼多文書，分封制下層層受封，封君管理自己的屬民，數量有限，君臣世代居於一地，語言上無隔閡，事務亦有限。秦統一後，面對龐大的人口與廣袤的疆域，文字開始發揮作用。到東漢，王充在《論衡·別通篇》中說：「蕭何入秦，收拾文書，見蕭何世家。漢所以能制九州者，文書之力也。以文書御天下，天下之富，孰與家人之財？」這是一個歷史性的變化，影響直至當下，到現在我們也常要做書面報告，機構之間要靠文書上行下達。

湖南龍山縣的里耶鎮地處湖北、湖南、重慶交界，今天仍是個非常偏僻的地方。二〇〇二年，在里耶古城的一口井裏面發現了一大批簡牘，是我們第一次見到的秦朝地方行政文書，現在已經公佈了一部分。這批資料是司馬遷沒見過的，某種意義上我們可以超越司馬遷，從而對秦朝有更真切的了解。這批簡牘主要是秦代洞庭郡遷陵縣的文書，因出土地現屬里耶鎮，故稱里耶秦簡。

秦簡之外，我們現在能看到的漢簡很多，包括出土於各類遺址的，如甘肅內蒙古長城烽燧沿線出土的居延漢簡、甘肅敦煌東北懸泉置出土的漢代文書、湖南長沙五一廣場出土的簡牘、北大漢簡，等等，還有不少發現於墓葬。除墓葬出土的簡牘以外，遺址（包括古井）出土的基本是文書，數量最多。簡牘出土時往往已散亂，甚至殘斷、破碎，並非簡牘的原貌。當時大多文書簡牘應該是編連成冊的。漢代文書中，我們見到最長的一份是七十七枚簡編連在一起的冊書（圖 2.11），實際是由五個冊書編連起來的東漢時期的文書。

這些秦漢簡牘有助於我們重新認識秦漢史。僅舉一例，北大漢簡中的《趙正書》，其內容表明秦二世是合法繼位。司馬遷認為秦二世是和趙高、李斯合謀篡位，《趙正書》的出土，對傳統說法構成挑戰，衍生出很多新的問題。總之，秦漢時代各類官府文書很多，大家可以參考學者整理後的成果，比如李均明的《秦漢簡牘文書分類輯解》（文物出版社，二〇〇九年）、李天虹的《居延漢簡簿籍分類研究》（科學出版社，二〇〇三年），還有富谷至的《木簡竹簡述說的古代中國》（人民出版社，二〇〇七年）等，進一步了解秦漢簡牘文書的基本內容。

秦漢時代要用文書統治天下，前提就是大家會寫字。通過書同文，秦國用小篆統一了六國的文字。以前只有貴族會寫字，現在則需要大量的人員處理文書，所以秦帝國乃至更早的戰國時期，就慢慢開始有意培養會寫字、寫文書的人。湖北荊州張家山漢墓出土的西漢初年《二年律令》（一般認為是呂后二年，前一八六年）裏，就有專門的《史律》。《史律》有如下具體規定：

> 史、卜子年十七歲學。史、卜、祝學童學三歲，學佴將詣大史、大卜、大祝，郡史學童詣其守，皆會八月朔日試之。（J474）
>
> [試]史學童以十五篇，能風（諷）書五千字以上，乃得為史。有（又）以八體（體）試之，郡移其八體（體）課大史，大史誦課，取冣（最）一人以為其縣令（J475）史，殿者勿以為史。三歲壹並課，取冣（最）一人以為尚書卒史。（J476）

「史」的角色是書記官，史、卜的孩子從十七歲開始學習。經過三年，史學童要能背誦默寫五千個單字，另外每個字要會八種寫法。漢代無法像今天這樣推廣普通話，各地小吏說話發音不同，但書寫要一致。他們要參加考

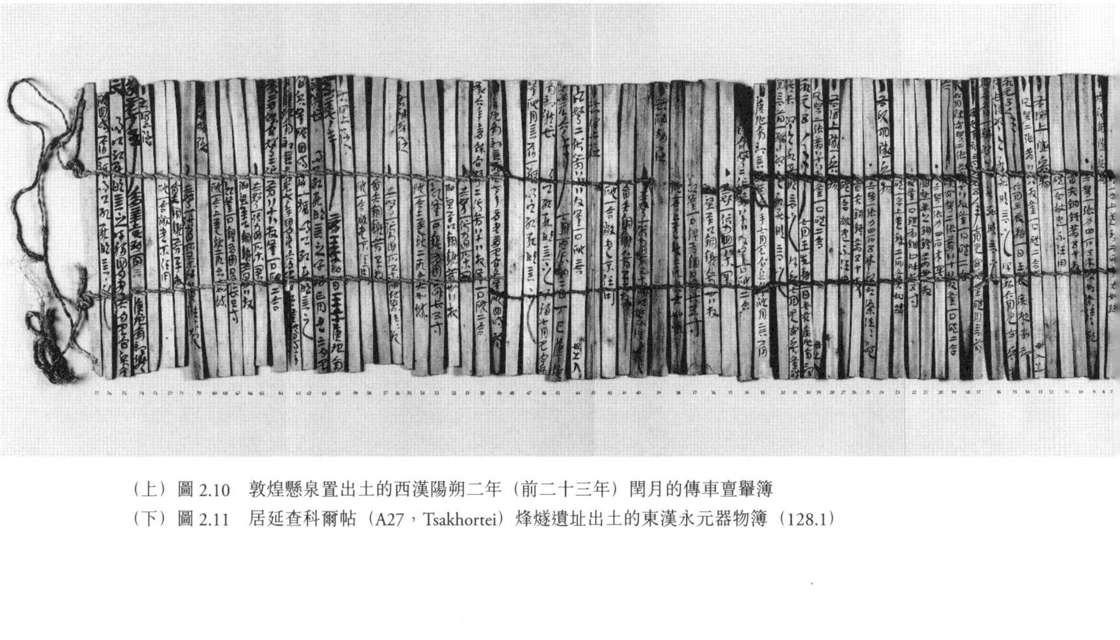

（上）圖 2.10　敦煌懸泉置出土的西漢陽朔二年（前二十三年）閏月的傳車亶轝簿
（下）圖 2.11　居延查科爾帖（A27，Tsakhortei）烽燧遺址出土的東漢永元器物簿（128.1）

試，在郡裏考第一名才可以做縣級的小史（縣令史）。此後三年小史們再經過考試，第一名才能成為尚書卒史，也就是郡府裏的小吏。這是西漢初年的法律規定，秦朝也一定有類似的要求。經過這樣的嚴格訓練和選拔，才能培養出一支幹部隊伍，幫助秦漢統治天下。到東漢時期，要求學童背誦默寫的字增多至九千，字體則減少一些，因為很多字體已經不用了。無論如何，要成為官吏，認字是必需的要求。相關研究可以參考邢義田的《漢代〈倉頡〉、〈急就〉、八體和「史書」問題——再論秦漢官吏如何學習文字》。

圖 2.12 是北大漢簡的字書《倉頡篇》，小篆。對大家來講已經不太好認。圖 2.13 是居延漢簡的習字簡，習字的人是在張掖郡邊塞服役的士兵，以及軍隊裏的小吏，他們要學習寫字、掌握文書。這些習字簡可以幫助我們理解這個國家如何培養官吏和維持統治。這類材料相當多，除了習字簡，還有關於算術的材料，這也是當時處理文書必備的技能。

要實現對秦朝四千萬人口或是漢代六千萬人口的管理，有了文字與文書還不夠。實際上從戰國開始，隨著官

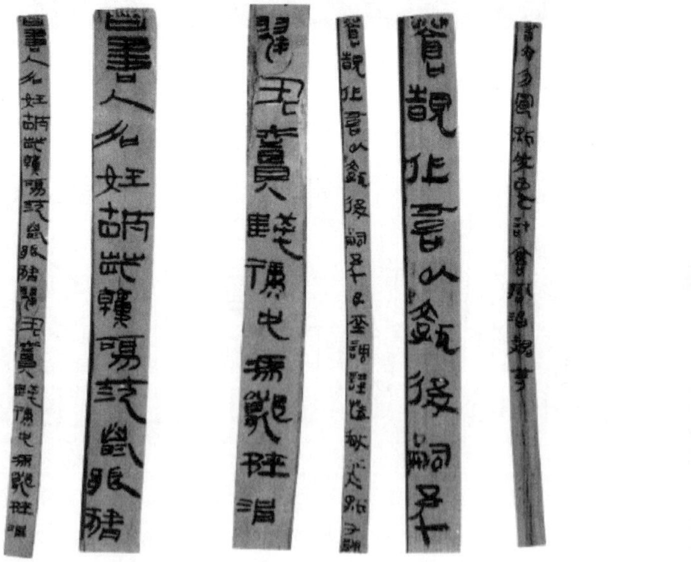

圖 2.12　北京大學藏西漢竹書《倉頡篇》（部分）

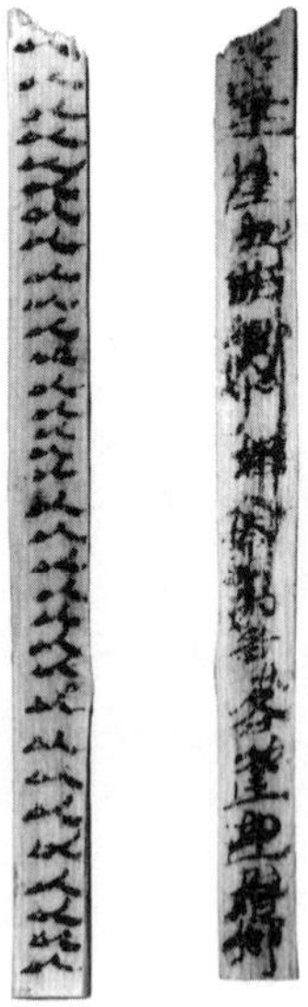

圖 2.13　居延漢簡中的習字簡

僚制國家的建立，就開始制定律令。睡虎地秦簡中已經出現了十八種秦律，《秦律雜抄》中也有很多秦律名目；此外嶽麓秦簡中，還可以見到許多律和令。那些反覆出現的事務多可以根據律令來進行管理。

睡虎地秦簡所見秦律篇目	湖南大學嶽麓書院藏秦簡律令篇目
《秦律十八種》：田律、廄苑律、倉律、金布律、關市、工律、工人程、均工、傜律、司空、軍爵律、置吏律、效、傳食律、行書、內史雜、尉雜、屬邦	田律、倉律、金布律、關市律、賊律、傜律、置吏律、行書律、雜律、內史亡律、尉卒律、傅律、戍律、獄校律、奔敬（警）律、興律、具律、索律等，見《嶽麓秦簡（肆）》（上海辭書出版社，二〇一五年）
《秦律雜抄》：除吏律、遊士律、除弟子律、中勞律、藏律、公車司馬獵律、牛羊課、傅律、敦表律、捕盜律、戍律	卒令、廷卒令、廷令、內史倉曹令、內史旁金布令、遷吏令等，見《嶽麓秦簡（伍）》（上海辭書出版社，二〇一七年）

大家來看一條很重要的律令，四川青川縣秦墓裏發現的秦國《為田律》木牘（秦武王二年，前三〇九年）。《為田律》準確的名稱是《更修為田律》，商鞅變法的時候有一條措施是為田開阡陌，那大概是第一次制定《為田律》，這一份是對此加以修改的新律。具體內容如下：

> 二年十一月己酉朔朔日，王命丞相戊、內史匽民、臂更修《為田律》：田廣一步、袤八則，為畛，畝二畛，一百（陌）道。百畝為頃，一千（阡）道，道廣三步。封高四尺，大稱其高。捋（埒）高尺，下厚二尺。以秋八月修封捋，正彊畔，及發千百之大草。九月大除道及阪險，十月為橋，修波隄，利津梁，鮮草離。非除道之時而有陷敗不可行，輒為之。
>
> （以上為正面）

其中講到田寬多少、長多少，一畝有多少田壟，道路設置在什麼位置，道路多寬，每個月要做什麼，等等，對百姓圍繞田的活動做了一些規定。這些規定和商鞅變法有密切關係，從前我們認為它們開創了私有制，現在看來應該是授田制，如果非要用公有私有的視角來看，稱為公有（國有）制更合適。

秦國《為田律》木牘（武王二年，前三〇九年）	二年十一月己酉朔朔日，王命丞相戊、內史匽民、臂更修《為田律》：田廣一步、袤八則，為畛，畝二畛，一百（陌）道。百畝為頃，一千（阡）道，道廣三步。封高四尺，大稱其高。捋（埒）高尺，下厚二尺。以秋八月修封捋，正彊畔，及發千百之大草。九月大除道及阪險，十月為橋，修波隄，利津梁，鮮草離。非除道之時而有陷敗不可行，輒為之。（以上為正面）
西漢初年《二年律令·田律》（湖北江陵張家山二四七號漢墓出土）	田廣一步，袤二百卌步，為畛，畝二畛，一百（陌）道；百畝為頃，十頃一千（阡）道，道廣二丈。恆以秋七月除千（阡）百（陌）之大草；九月大除道□阪險；十月為橋；修波（陂）堤，利津梁。雖非除道之時而有陷敗不可行，輒為之。鄉部主邑中道，田主田道。道有陷敗不可行者，罰其嗇夫、吏主者黃金各二兩。□□□□□□及□土，罰金二兩。（J246—248）

這份寫在木牘上的文書就形制而言，一開始有年月日、官職與官員的名，形式上還是文書。與之對照，我們再看一看西漢初年《二年律令》中的《田律》，可以發現內容上雖然做了一些修改，但都不是原則性的，漢代的田律大部分還是沿用秦代的。我們經常講漢承秦制，從律令上看確實有很多這樣的情況，上述不過是個例子。只是開頭的年月日沒有了，律文形式化，原來文書的格式被取消了。

律令的發展演變是不斷前行的，從戰國到秦到西漢如此，西漢到東漢也是如此。大家再來看賊律的演變，賊律是刑事犯罪處理的關鍵。對比《二年律令·賊律》和張家界市城西古人堤遺址出土的東漢時期的《賊律》，後代的律文根據現實情況較之前進行了增補：

上。我們看到呂后二年的材料已經有二十七種律，一種令，《晉書．刑法志》的記載卻並非如此，所以唐人說法恐怕有很大的問題，現在需要利用出土材料重新認識西漢時期的律令發展演變問題。另外值得注意的是，傳統上認為中國的「律」涉及的都是刑事問題，「令」涉及的是行政問題。其實在漢代，《戶律》、《田律》都是民政方面的，還有很多「律」是行政方面的，包括《傳食律》、《均輸律》、《置吏律》等都涉及行政管理。「律」主司法刑事案件，「令」管行政是魏晉以後才出現的區分。

應如何看待秦漢乃至整個中國古代律令治國的體制？關於這個問題，古人有自己的描述。西晉惠帝（二九〇至三〇六年在位）時，三公尚書劉頌上書說：

> 又君臣之分，各有所司。法欲必奉，故令主者守文；理有窮塞，故使大臣釋滯；事有時宜，故人主權斷。主者守文，若（張）釋之執犯蹕之平也；大臣釋滯，若公孫弘斷郭解之獄也；人主權斷，若漢祖戮丁公之為也。天下萬事，自非斯格重為，故不近似此類，不得出以意妄議，其餘皆以律令從事。然後法信

西漢初年《二年律令．賊律》的規定	東漢時期的規定（湖南省張家界市城西的古人堤遺址發現，該遺址出土的第十四號木牘正面分欄抄錄《賊律》正文。參《中國歷史文物》二〇〇三年二月）
偽寫皇帝信璽（璽）、皇帝行璽（璽），要（腰）斬以勻（徇）。偽寫徹侯印，棄市；小官印，完為城旦舂☒	賊律曰：偽寫皇帝信璽、皇帝行璽，要（腰）斬以□。偽寫漢使節、皇大子、諸侯、三列侯及通官印，棄市。小官印，完為城旦舂。敢盜之及私假人者若盜，充重以封及用偽印皆各以偽寫論

這樣的增補一定很多，可惜東漢有關律令的材料不多，能像這樣進行直接對比的例子很少。

《晉書．刑法志》對律令演變有一系列描述，是唐人眼中的西漢律令發展史，卻和我們現在出土的材料對應不

> 於下，人聽不惑，吏不容奸，可以言政。人主執斯格以責群下，大臣小吏各守其局，則法一矣。[10]

前人包括研究法制史的學者很少引用這段話，我覺得它非常重要。這段話討論的是對刑事案件的處理，實際上我們可以把它推廣到對律令在管理國家中的作用，以及不同的人和律令關係的理解。劉頌講到君臣分工，具體分為三類：一是小吏，作為負責人一定要嚴守條文（主者守文）；二是大臣，如果條文內部有矛盾，要由大臣進行疏通解釋，決定適用哪一條（大臣釋滯）；三是人主，事有時宜，皇帝可以超越具體律令根據實際情況斟酌裁斷（人主權斷）。後面各舉了一個例子：一是「主者守文」的例子，西漢文帝出行的時候有人藏在橋下，驚動車馬，文帝很生氣，要嚴肅處理，但廷尉張釋之主張嚴格按照法律處理。二是「大臣釋滯」的例子，即郭解本不知殺人事，更未參與，御史大夫公孫弘議斷「（郭）解雖弗知，此罪甚於解殺之。當大逆不道」而受族誅，見《史記》卷一二四《遊俠列傳》。三是「人主權斷」的例子，丁公是季布同母異父的弟弟，本是項羽將領，曾在楚漢戰爭中陣前放劉邦一馬，項羽被滅後丁公來謁見劉邦，劉邦以丁公對項羽不忠為由殺之，見《史記》卷一〇〇《季布列傳》。通常投誠當予以表彰，但人主權斷如此。後代也有許多例子，證明皇帝經常有超越律令的決斷空間。上述三分大致對應於傳統司法中的法、理與情三者。

法針對不同的人有不同的處置，所以上述三種情況都是合法的。所謂「人主執斯格以責群下，大臣小吏各守其局，則法一矣」，這是古人的理解。其實它有自身內在的邏輯，但和今天我們一般人理解的「依法治國」不太一樣。此處還涉及一個問題，很多日本學者講中國隋唐時期是律令制國家。在我看來，自秦代開始，中國就已經是律令制國家，只不過律和令的關係到魏晉以後才明確化，法典編制也是在魏晉以後才出現。律令本身的創立很早就有，只是隨著現實需要不斷積累，魏晉以前未有意識地進行體系化的編纂。

四　製造「農民」：帝國的舞台誰來撐？

文書、官員培養和律令只是管理的運作方式，國家管理的基礎又是什麼呢？答案是把百姓改造成農民。農民是生產者、賦税勞役的提供者，支撐著帝國的舞台。農民雖然很早就出現，但真正把臣民主體改造成農民實際上是比較晚近的事情，我個人的看法是在戰國才普遍開始這樣的進程。如前所説，這個進程和戰爭有密切關係。當時的百姓可以選擇種地作為生計，但也有其他的活路，特別是在南方。現在南方是魚米之鄉，但在兩千年前的司馬遷眼中，那裏還是頗為落後的地區，他在《史記．貨殖列傳》中講過一段頗為有名的話：

> 楚越之地，地廣人希，飯稻羹魚，或火耕而水耨，果隋蠃（螺）蛤，不待賈而足，地埶（勢）饒食，無饑饉之患，以故呰窳偷生，無積聚而多貧。是故江淮以南，無凍餓之人，亦無千金之家。

相當於今天長江中下游地區，自然資源豐富，人們謀生的方式多樣，因而苟且偷生，活路很多，耕種也頗為粗放。其實不止南方如此，北方有一些地區漁獵也頗為興盛，甚至影響到農耕。《漢書．地理志》説：「潁川、南陽，……其俗誇奢，上氣力，好商賈漁獵，藏匿難制御也。」南陽是東漢光武帝劉秀的龍興之地，那裏也並非全是安心耕種的農民。要讓百姓放棄其他生計一心農耕，只有靠強制。

東漢明帝時下詔，不允許百姓從事漁獵等農耕之外的第二職業（「禁民二業」）。有宗室劉般上言：「今濱江湖郡率少蠶桑，民資漁採以助口實，且以冬春閒月，不妨農事。夫漁獵之利，為田除害，有助穀食，無關二業也。」⓫

❿《晉書》卷三〇《刑法志》，點校本，中華書局，一九七四年，第九三六頁。

⓫《後漢書》卷三九《劉般傳》，點校本，中華書局，一九六五年，第一三〇五頁。

講述江湖沿岸地區保持漁獵的必要性，明帝從之。不難想見當時江湖沿岸地區從事二業的情況很普遍。漢代畫像石上有很多捕魚、狩獵場景，當然反映農耕的畫像石也有很多。描繪各種生計的畫像石並存，昭示了當時社會百姓謀生方式的多樣。

製造農民的背景和自然的賜予大有關係。莫說南方，當時的北京一帶也是自然資源豐富。《戰國策·燕策》載蘇秦遊說燕文侯：「燕……南有碣石、雁門之利，北有棗粟（栗）之利，民雖不由田作，棗粟（栗）之實，足食於民矣。此所謂天府也。」今天不會有人將北京比作天府，可戰國時期就有人敢以此來忽悠燕國的國君，如果沒有點事實依據，不可能產生效果，畢竟燕文侯就是這一帶的統治者。燕國一帶資源豐富，不靠田作就能維持，應該與實情相去不遠。北京尚且如此，往南的其他地區自然資源狀況應該更好。這種情況下，老百姓可以有多種的生存方式，不耕種也不太愁食物，對農耕也就沒有那麼強的興趣，投入自然打折扣。把他們改造成農民，持續為國家提供賦稅，就需要有政策，有法律。這實際上是一段血淚史，要靠胡蘿蔔加大棒的威逼和利誘，經歷了相當長的時間。

還要回到商鞅變法。變法規定：「僇力本業耕織，致粟、帛多者復其身，時末利及怠而貧者，舉以為收孥。」[12] 耕織結合，生產的粟米與布帛多的，就可以免本人的徭役；如果從事末業，或者因為懶惰而貧窮，國家就會把其妻與子女收為奴隸。貧窮成為原罪，人們必須努力致富。執行程度怎麼樣我們不知道，但至少規定得很嚴厲。商鞅變法所建立的主要機制是二十等爵制，鼓勵百姓在戰場上殺敵立功，平時則努力耕織。這種威逼利誘政策施行一百多年，把秦國的百姓打造成了戰無不勝的將士。不光秦國如此，其他國家也應有類似的措施，否則秦國統一之路可能會更順利。戰爭持續二百年，是因為其他國家也在採取相近的辦法。我們在睡虎地秦簡裏看到的魏國律文，可能是秦國承襲的魏律，秦簡「為吏之道」後所附的「魏奔命律」規定：

> ·廿五年閏再十二月丙午朔辛亥，○告將軍：叚（假）門逆閭（旅），贅婿後父，或衛（率）民不作，不治室屋，寡人弗欲。且殺之，不忍其宗族昆弟。今

遣從軍，將軍勿恤視。享（烹）牛食士，賜之參飯而勿鼠（予）殺。攻城用其不足，將軍以堙豪（壕）。

軍隊中一些人因為是倒插門的贅婿，還有不好好耕作或不修房子被派去當兵的，將軍不必照顧這樣的人，煮牛肉給將士時不必給予這些人，攻城用他們來填城牆前面的城壕，讓將士們攻到城下。多麼血腥的律文！然而魏國還是遭到滅亡，勝者的規定恐怕更嚴酷。當然，魏國覆滅還與地理位置有關，秦國無西顧之憂，魏國地處中原，四面受敵。

各國百姓都被改造成了農民及士兵，這一過程相當漫長，一直到唐代初年才完成。為什麼漢代朝廷重視循吏，很重要的一點就是循吏熱心鼓勵農耕、興修水利，其實就是在地方上改造百姓，把他們馴化成農民。但這不是件容易的事，老百姓也會抗拒，許多人逃亡山川藪澤之地去漁採狩獵，跑去城市從事末業，甚至偷渡到境外。史書中記載下來的往往只有最大規模的反抗——農民起義，不過隔很長時間才會出現，這類日常的反抗更為頻繁。概括說來，製造支撐帝國舞台的農民，經過了一個長時段的反覆拉鋸才實現。

五　龐大帝國何以長存

秦帝國只存在短短的十五年，二世而亡；但兩漢加起來前後有四百年，原因何在？我們剛才已經提到了很多因素，包括律令、皇帝、官吏和帝國的日常統治，以及它們之間密切的互動，國家能維持運轉是這些因素相互作用的結果。現在我要給大家講一個具體的例子，通過「傳舍」看看帝國是如何管理與運轉的。「傳舍」用現代話講

⑫ 《史記》卷六八《商君列傳》，第二二三〇頁。

就是官方設立的招待所。這種機構戰國就開始存在，在秦和兩漢叫傳舍，後代則有不同名稱，如客館、館驛、驛站（站赤）和今天的招待所。當時全國範圍內，縣以上的機構都會設立。如果兩縣之間距離太遠，也會在交通線上設置。根據我之前的統計，西漢末年，全國有兩千零五十七個這樣的機構。傳舍由官方設置，它所提供的吃飯、住宿、車馬等服務都是免費的，但使用「傳舍」，需要獲得官方簽發的「傳」文書，用今天的話講，就是介紹信。用這個東西證明你的身份，才可以免費吃住和使用車馬。傳舍提供的飲食叫傳食，車馬叫傳車、傳馬。傳舍在傳世文獻和出土材料裏都曾出現，不過，《漢書·百官公卿表》和《續漢書·百官志》中幾乎沒有正面提到，根據出土材料可以就個別傳舍講得更清楚一些，我們現在可以對它進行比較系統的研究。

一九八七年，考古工作者在今天甘肅敦煌東北方向發現了懸泉置遺址，一九九〇至一九九二年進行發掘，出土了大量簡牘。懸泉置是河西走廊上一個綜合性的後勤保障機構，有提供馬的懸泉廄、負責做飯的懸泉廚、提供住宿的懸泉傳舍、傳遞普通文書的懸泉驛，以及負責速遞的懸泉騎置，這些都是圍繞統治運轉而設置的機構。這個地方周邊是戈壁，供給比較困難，所以把五個機構放在了一處，在內地應該都是分開的。此外，一九九三年，在江蘇東海縣，也就是今天的連雲港附近的一座西漢末年的墓葬裏出土了一批簡牘。墓主人叫施饒，是當時東海郡的功曹，也就是人事廳廳長。在他元延二年（前十一年）的日記裏發現，這一年他有三十八天夜宿傳舍，傳舍是該年他外出住宿時利用得最為頻繁的機構。管中窺豹，帝國官員出差最常住的，應該就是傳舍。

為了維持統治的運轉，官員出差十分常見，使用傳舍也一定十分頻繁。管理傳舍顯然不能依靠皇帝親力親為，需要制度化的辦法。秦漢帝國於是通過律令來管理傳舍，我們現在可以看到的秦漢律令中有很多規定和傳舍的使用有關。從什麼人可以使用傳舍，到具體的招待規格，如一頓飯吃多少鹽、能在傳舍吃多少天；從隨從數量到能不能發兵，從動用當地車馬的規格到馬匹如何管理，規定十分細密。一般情況下涉及傳舍使用，都可以依據律令來處理，但皇帝可以給本來沒有資格使用的人下詔書，賦予他們使用傳舍的資格。只是皇帝批示文書未必及時，一些應該由他批准才能簽發的「傳」文書未必能按時獲准，後來也允許在向皇帝報告而未獲批准的情況下簽發「傳」文書（在當時「傳」文書上注明「有請詔」）。此處可以看到皇帝不同的側面，既可以超越律令，其職權也可以被臣下預支。

這一日常事務亦成為皇帝與官吏圍繞律令相互博弈的空間。其中，皇帝可以說是個失敗者。法網嚴密，但官員們未必都會嚴格遵守。我們在敦煌懸泉置出土的簡牘中就可以看到當時傳舍的出米記錄，說明官府的免費口糧花費在了哪些人身上。除了外國使者和出差官員，還有縣長夫人：

> 出米一斗二升，十月乙亥，以食金城枝陽長張君夫人、奴婢三人，人一食，東。[13]

西漢的金城郡枝陽縣在今天甘肅蘭州市西北不遠處，並非官吏的枝陽縣長夫人與奴婢同樣享受傳舍提供的免費口糧，這等於佔國家的便宜。從枝陽一路走到敦煌，相當於從今天的蘭州走到敦煌，往返兩次的開銷可以計算出來：

30處 × 1食 × 0.12石 × 2次 = 7.2石

一次額外的招待花銷有限，全國一共有兩千零五十七個這樣的機構，如果到處都有這樣的佔便宜、搭便車，積少成多，加在一起對國家來講就不是個小負擔，會成為朝廷財政的巨大包袱。皇帝對此並非毫無覺察，而是高度注意，卻無法解決。

西漢時，每年年底，各地郡國都要派遣官吏向朝廷匯

---

[13] 編號II 90DXT 0213②：112，收入胡平生、張德芳編：《敦煌懸泉漢簡釋粹》八六，上海古籍出版社，二〇〇一年，第七四頁。

報全年的工作，稱為「上計」。上計完畢，發遣返回前，丞相都要令人重複宣讀同樣的敕，其中就包括：「詔書無飾廚傳增養食，至今未變。」就是要求各地官吏遵守傳舍與飲食的接待及供給標準。最早大概在宣帝時候，就已經有這樣的詔書。元康二年（前六十四年）五月詔，其中提到：「或擅興徭役，飾廚傳，稱過使客，越職逾法，以取名譽，譬猶踐薄冰以待白日，豈不殆哉！」[14] 詔書年年讀，表明問題年年得不到解決。其中不難看出皇帝的無奈與無力。這類現象歷朝歷代均會遭遇到，積年累月也可能成為使國家走向崩潰的最後一根稻草。王莽時期許多機構已無法正常運營，《漢書．王莽傳下》「地皇元年」提到：

> 乘傳使者經歷郡國，日且十輩，倉無見穀以給，傳車馬不能足，賦取道中車馬，取辦於民。

不久，翼平連率田況在上言中甚至建議王莽：

> 宜盡徵還乘傳諸使者，以休息郡縣。

居延新簡EPF22:304：「□東部五威率言：廚傳食者眾，費用多，諸以法食者皆自齋費，不可許」，云云。無論文獻還是簡牘，都在抱怨傳舍供應負擔沉重，難以承受。東漢初就因為財政無法供應，只好大量裁減這些機構。《晉書》卷三〇《刑法志》引《魏律序》稱：

> 秦世舊有廄置、乘傳、副車、食廚，漢初承秦不改，後以費廣稍省，故後漢但設騎置而無車馬，而律猶著其文，則為虛設，故除《廄律》，取其可用合科者，以為《郵驛令》。

這裏雖是從律令角度來描述，「費廣稍省」已經點出制度變化的核心背景。

以上是以傳舍的使用作為一個例子來討論律令、皇帝、官吏之間的互動，傳舍既幫助維持了國家運轉，也掏空了國家。前期正面意義大，後來逐漸朽壞。

除了剛才提到的律令、皇帝、官吏之間的互動，國家管理還有很多其他的機制。一個是年度的層層匯報，從鄉里開始，到縣郡、朝廷，自下而上每年都要進行，國家要掌握全國的統計數字，包括人口、田地、財政收支、官吏與機構設置，乃至司法案件數量等。除了民政系統，軍事系統也一樣要層層上報，以使國家了解「國情」。因為帝國對統計的需求，數學作為統治術的一部分獲得發展。除了下對上的匯報，還有上對下派出的使者，包括刺史也是使者的一部分。皇帝不放心，所以時不時要派一些身邊的臣下到郡國視察工作，皇帝自己也會出去巡視，對下面的工作進行檢查。定期的統計與臨時的監察兩相結合，管理國家。秦代有監御史，漢代武帝後設刺史，名稱不一樣，但功能差不多。需要注意的是，除了皇帝，丞相、九卿也都可以派使者去地方檢查工作。西北漢簡中就不時可以看到「丞相使者」的身影。

我們今天可以看到出土材料裏有上報用的各種統計報表。朝鮮平壤出土過的樂浪郡戶口簿，整個敘述方式和中國出土的文書完全一致。前面提到過的江蘇連雲港東海縣的尹灣漢墓出土材料中，有西漢成帝末某年東海郡向朝廷上計用的「集簿」抄件，內容很豐富，郡國的基本數據都包含其中。具體如下：

> 行政機構設置（縣邑侯國、鄉里、亭郵數量，一至三行）、郡界（四行）、縣鄉三老、孝、悌、力田數量（五行）、編內官吏數量（六行）、不同性質的官員分類統計（七至九行）、戶口數量與增量（十行）、土地面積（十一行）、各類耕地面積（十二行）、種麥子面積（十三行）、人口統計（十四至十六行）、春種樹數量（十七行）、成戶數（十八行）、錢穀收入與支出（十九至二十一行）。

很有意思的是，這裏面也不乏虛假數字。根據這份抄件，東海郡當時總人口不到一百四十萬人，九十歲以上的

⑭《漢書》卷八《宣帝紀》，點校本，中華書局，一九六二年，第二五六頁。

就有一萬一千六百七十人，這個高齡人口比例到現在也達不到。造假原因大概是當時仁者壽觀念的流行，以此來暗示太守的統治乃德政。

國家掌握了郡國的年度基礎數據之後，如何實施管理呢？我們來看看財政管理是如何運作的，東漢的一條材料非常重要。《續漢書．百官志三》「大司農」條：

> 郡國四時上月旦見錢穀簿，其逋未畢，各具別之。邊郡、諸官請調度者，皆為報給，損多益寡，取相給足。

大司農相當於今天的財政部長。這條材料講到的財政運作方式是通過文書來管理數據，根據數據安排實物轉運。各郡國每三個月要向大司農匯報一次錢、穀的基本賬目，由大司農根據各郡國錢、穀的盈缺需求進行調撥，原則是「損多益寡，取相給足」。全國一盤棋，實際就是古代的計劃經濟，然後再根據大司農的指令，郡國之間進行調劑與錢穀的轉運，這種行政調撥是很常見的，具體體現為百姓承擔的各種運役。當時人們還不會計算 GDP 增長率，只是進行多與少的比較而已。而且當時受天災等多重因素的影響，生產無法計劃，所以和現代計劃經濟的管理程度相差甚遠，但也是數目字管理。調度與損多益寡，類似今天的轉移支付和物資調撥。

結合其他資料，可以了解漢代財政管理的最基本運行方式大致如下：農民生產物資，交給縣，縣收納物資，並將物資記錄在冊，變為統計數字，層層上報，最終匯總於大司農。大司農根據各郡國的供求情況安排調劑，最後落實為郡國之間的物資調運，以及最終的分配與消費。這一機制對於維持國家運轉非常重要。

除了上計等制度化安排，國家運轉還有很多隨機性的因素。一是請，二是議。請就是下對上提建議。皇帝不可能事事皆能預見，許多具體事務他也未必能意識到，臣下乃至百姓可以提出各種各樣的建議，便是「請」。小到個人乞求田地，大到立太子、立皇后這些重大事情都可以提建議。張家山漢簡《二年律令．置吏律》規定：

> 縣道官有請而當為律令者，各請屬所二千石官，二千石官上相國、御史，相國、御史案致，當請，請

之，毋得徑請。徑請者者（後一「者」字衍），罰金四兩。（J219、220）

制定律令也可以由臣下提建議，經過層層篩選，最後如果獲皇帝批准，便可以變成律令。直接向皇帝建議，也只是受到罰金四兩的行政處罰。總之，提建議（「請」）在漢代是有制度規定的。

「請」之外還有「議」。從朝廷到郡縣，都存在各種各樣的商議。有皇帝親臨的議，也有皇帝不在場由丞相主持的議。東漢以後三府、公府主持的議很多，各種形式的議到六朝以後也有很多。《通典．禮典》中有很多議，因為很多禮儀問題皇帝不懂，就讓大夫、博士一起去商議。議也會記錄某種意見有多少人同意，另外一種意見有多少人同意，由皇帝最後裁決，最終結果取決於皇帝的意願。舉個例子，西漢元帝時珠崖郡（海南島）不斷反叛，元帝與有司議大發軍，賈捐之（賈誼曾孫）認為不當擊。接到建議後，朝臣又是一番討論，意見亦不一致：

對奏，上以問丞相御史。御史大夫陳萬年以為當擊；丞相于定國以為：「前日興兵擊之連年，護軍都尉、校尉及丞凡十一人，還者二人，卒士及轉輸死者萬人以上，費用三萬萬餘，尚未能盡降。今關東困乏，民難搖動，捐之議是。」上乃從之。⓯

最後聽從了賈捐之的建議，放棄發兵，且放棄了珠崖郡。這裏面有元帝的個性因素在，元帝不是個性很強的人，容易聽取別人的建議，但亦是朝廷處理政務中的一種通行的辦法。類似的例子還有很多，時間關係不多舉。不唯朝廷如此，地方也是如此。湖南長沙五一廣場出土的東漢中期長沙郡臨湘縣的司法文書簡，有不少記錄了縣丞與掾就某個案件「議請××」，商議、建議如何處理。後來郡縣官府有議曹，主要工作就是議。議與請，從不同角度

⓯ 《漢書》卷六四《賈捐之傳》，第二八三〇——二八三五頁。

體現了政務處理中君與臣或府主與僚屬的互動。

概括而言，我們不能把秦漢王朝的統治簡單地理解為獨裁專制，裏面實際有很多複雜的互動過程，既有按照律令執行的日常事務，無須皇帝或府主出面，這應佔多數，不過，史書中保留下來的反而不多；若需要皇帝或府主裁決，最終的結果是以皇帝或府主命令的形式下達，但裁決本身包含了很多人的智慧。

此外，我們也應注意，皇帝和府主還有其他辦法來駕馭群臣和下屬，這就是寵的機制，即利用身邊的熟人統御外圍的群臣和下屬。王朝歷史中反覆上演的求寵→爭寵→得寵→失寵→再求寵的循環往復，不僅見於皇帝身邊，不止於後宮，亦普遍見於前朝（信—任型君臣關係的循環往復）。各個官府中均在反覆上演，銜接成一個不斷發生的機制，構成歷史變化（波動，並非發展）的直接動力。

寵的機制在王朝時代一直存在，它的作用也體現在多方面。當國家由分封制進入郡縣制，形成廣土眾民的帝國之後，面臨龐大的官僚隊伍，如何和他們打交道是讓皇帝感到不安的事，寵的機制便是幫助皇帝克服不安、恐懼維持統治的重要武器。皇帝既是強者，也是弱者，是矛盾聚集體。中國是一個廣土眾民的國家，內部有不同的地域文化差別，人們成長於熟人社會。這些基本情況兩千年一直都存在，寵的機制本身是對抗這樣一種狀態的武器。大家有興趣可以看看我二〇一八年出版的小書《寵：信—任型君臣關係與西漢歷史的展開》。

六　儒生的崛起：得君行道路漫漫

秦代以法治天下，西漢前期用黃老之道，武帝之後儒生登上歷史舞台，這在中國歷史上是一個劃時代的變革。儒生怎樣走上歷史舞台？其中有很多偶然性，和武帝個人的愛好等因素有關。儒生走上歷史舞台之後便開始落實為制度，這很關鍵，是儒生後來逐步控制政局的要害。《漢書．儒林傳》：

> 公孫弘請曰：「……謹與太常臧、博士平等議曰：……為博士官置弟子五十人，復其身。太常擇民年十八以上儀狀端正者，補博士弟子。郡國縣官有

> 好文學，敬長上，肅政教，順鄉里，出入不悖……詣太常得受業如弟子。……請著功令，它如律令。」制曰「可」。

公孫弘向武帝請，建議給博士弟子編制，規定什麼人通過什麼程序可以進入這個序列，給他什麼待遇，並將這些變成制度。武帝同意了。有了制度保障，後代儒生便可以循制魚貫而入。這個制度的起點很重要，公孫弘的確很有眼光。他深知在這樣一個大帝國裏，儒生要走上政治舞台不能只靠個人關係和個人好惡，一定要有制度保障。班固說：「自此以來，公卿大夫士吏彬彬多文學之士矣。」此處文學是經學的意思，以後儒生們就循此進入官僚隊伍，坐至公卿。

當然，班固的描述忽略了具體的歷程。事實上到了元帝（前四十九年）以後，朝廷裏最頂層的公卿才變為儒生出身的大臣為主，此前多數還是文吏出身，經過長時間努力逐級升遷到御史大夫與丞相，如丙吉、于定國之類。儒生們完成這個過程，花費了八九十年時間。他們上台以後要做什麼？用宋人的話就是「得君行道」，希望改造皇帝，利用皇帝實現他們的王道理想。他們發現明主很少，聖人沒有，大部分皇帝都是可上可下的平庸之輩。近朱者赤，近墨者黑，所以要有人好好輔佐皇帝。

儒家既有理想，也有對現實的把握。他們為什麼這麼看重皇帝？有一段很重要的材料，是董仲舒最為系統地表達出來的。他在武帝對策第一策中說：

> 故為人君者，正心以正朝廷，正朝廷以正百官，正百官以正萬民，正萬民以正四方。四方正，遠近莫敢不壹於正，而亡有邪氣奸其間者。是以陰陽調而風雨時，群生和而萬民殖，五穀孰（熟）而草木茂，天地之間被潤澤而大豐美，四海之內聞盛德而皆徠臣，諸福之物，可致之祥，莫不畢至，而王道終矣。[16]

[16] 《漢書》卷五六《董仲舒傳》，第二五〇二——二五〇三頁。

過去思想史或政治思想史很少注意這段話，而更專注研究漢代對災異的重視，其實那些都是契機性的東西，根本的考慮還是在這裏。由正人君之心始，逐步外推，最終便可實現王道。這套想法在戰國已經出現，在董仲舒這裏獲得了充分的表白。在我看來，這也是中國古代政治哲學裏最為核心的部分。正是為了得君行道，儒生們才要不斷地和宦官、外戚等各種試圖爭奪、利用皇帝的勢力（集團）做鬥爭，去爭取控制皇帝，進而引導皇帝去實現王道理想。

七　天朝體制的雙刃劍

我們前面講到，秦漢統治少數民族，對內設置道，對外靠修築長城防禦匈奴等活躍在蒙古高原上的遊牧部落。秦、兩漢與匈奴戰爭結束，北匈奴北遁，南匈奴附塞並接受監管、互市朝貢，加上西域諸國接受漢廷監管並朝貢，西南地區政治體接受冊封，出現了被後人稱為「天朝體制」的天下秩序。

一七八四年日本九州福岡市東區的志賀島出土過一個漢委奴國王印，現收藏在福岡市博物館。剛出土時日本學界就真偽問題爭論了很長時間，直到二十世紀中期以後中國出土了若干形制一樣的王印，譬如滇王之印、廣陵王璽，爭論方平息，才開始確認這就是《後漢書》記載中的原物。從中可以看到東漢時期對周邊政治體的冊封，這是西漢以後很常見的一種方式，包括對匈奴、西南地區等周邊政治體的冊封，由此形成「天朝體制」。

東漢以後每年的元會上，朝臣和諸侯王要參加，蠻夷、戎狄都來朝貢，一起參與盛會。除了臣下進貢獻禮，還要一起酒食歡宴，宴席上演出的是雜技，還有西域來的各種戲法、舞蹈。漢代畫像石裏類似雜技的內容很多，倒立、繩舞，如此種種，娛樂活動很豐富，都是吸引少數民族很重要的一些方式。《續漢書．禮儀志中》注引蔡質《漢儀》有具體的描述：

> 正月旦，天子御德陽殿（洛陽北宮正殿），臨軒。公、卿、大夫、百官各陪位朝賀。蠻貊胡羌朝貢，畢，見屬郡計吏，皆陛覲庭燎。宗室諸劉〔親〕會，萬人以上，立西面。位既定，上壽。〔群〕計吏

> 中庭北面立，太官上食，賜群臣酒食，〔西入東出〕。（貢事）御史四人執法殿下，虎賁、羽林〔張〕弓〔挾〕矢，陛戟左右，戎頭逼脛陪前向後，左右中郎將〔位〕東〔南〕，羽林、虎賁將〔位〕東北，五官將〔位〕中央，悉坐就賜。作九賓〔散〕樂。舍利〔獸〕從西方來，戲於庭極，乃畢入殿前，激水化為比目魚，跳躍嗽水，作霧鄣日。畢，化成黃龍，長八丈，出水遨戲於庭，炫耀日光。以兩大絲繩繫兩柱（中頭）間，相去數丈，兩倡女對舞，行於繩上，對面道逢，切肩不傾，又蹋局出身，藏形於斗中。鐘磬並作，〔倡〕樂畢，作魚龍曼延。[17]

每年舉辦的這一次盛會，是為了讓蠻夷、戎狄體會到天朝的威嚴與德化。此外，單于等蠻夷首領還要把他們的兒子送到長安、洛陽做人質。先秦以來就有這套做法，秦始皇的父親就被送去趙國做質子，秦始皇在趙國出生，因而也叫趙政。這是很常見的古代政治體之間的交往方式。質子們在天朝都城耳濡目染、潛移默化，會萌生建立國家的想法，十六國時期最早建國的就是南匈奴的劉淵。因為匈奴和漢庭的交往已經有三百年的歷史，除戰爭外，漢宣帝時候呼韓邪單于第一次入朝，到長安朝見漢宣帝。最初單于只是不定期地朝見，後來每年參加朝會，三百年間了解了很多中原王朝的威儀和國家構成。到了天下大亂，他們最早開始模仿建國。所以我說天朝體制是把雙刃劍，一方面可以宣示天朝大國的威嚴，另一方面也讓周邊政治體追慕並學習怎樣建立國家，中原王綱解紐則給他們提供了創立基業的契機。這套儀式成了十六國時期非華夏的諸族建立政權的背景。

[17] 參考渡邊信一郎：《元會的建構》，收入《中國的思維世界》，江蘇人民出版社，二〇〇六年，第三七二—三七六頁。

這樣的天下秩序是內中國而外夷狄的，具體而言，內臣—外臣（通過冊封接受中原王朝印綬、封號，稱臣）表示賓服，定時朝貢；盟約（和親，始於漢—匈奴）；互市三種方式構成「天朝體制」，建立穩固的秩序，從漢代持續到清代。這是日本學者檀上寬的概括[18]，我看還是比較全面準確的。

最後簡單歸納一下為什麼說秦漢是奠基時代，原因有如下五點：

其一，從諸侯爭霸到統一王朝，奠定了兩千年的基本制度格局。

其二，這個時代孕育出了皇帝制度、等級官僚制、郡縣鄉里制，還有律令、文書等制度運作方式，以及運作中的伴生問題和在此基礎上萌生的官場文化。

其三，以這個時代為起點，確立了農耕為本的方針、耕織結合與重農抑商的傳統，出現了百姓的日常抵抗。

其四，強調思想統一，儒家制度化。

其五，中外關係上天朝體制的初步形成與東亞核心地位的奠定。

日本學者西嶋定生認為，日本國家的形成就是對秦漢的模仿。基於以上五點，我認為秦漢時代可以稱為中國歷史上的奠基時代。

我們應該如何看待這樣一個時代？有很多種說法，最常見的比如專制國家，黑格爾、馬克思、西嶋定生等日本學者以及林劍鳴等很多中國學者都這樣認為。毛澤東講的專制主義中央集權的封建國家某種意義上也屬於這種說法。錢穆的講法與眾人不同，他反對專制論，認為秦朝是最後一個貴族政府，漢朝是第一個平民政府，秦漢是一個轉換。最近看到一個新提出來的說法，保育式政體。[19]這些看法都展現了秦漢時代的一個側面。

我自己更贊成馬克斯．韋伯的說法，即家產官僚制。[20]按照韋伯對理想的支配類型劃分，官僚制屬於理性社會、法理型社會的支配方式，對應於資本主義社會，但在中國實際上很早就已經出現並長期存在。但它又不是徹底的官僚制，而是在家產制之下，在皇帝以天下為一家的前提下，利用官僚進行統治。原因是秦漢廣土眾民，無法僅僅依靠家臣來實現統治，需要藉助非親非故的官僚，通過律令和形式化的規定來管理國家，因而構成了矛盾性的存在。為什麼之前講到皇帝可以超越律令和官僚制？因為這是他家的事務。韋伯的家產官僚制之說較好地把握了中國的矛盾性：一方面是發達的官僚制，另一方面皇帝又淩駕於官僚制之上。雖然皇帝在鬥爭中也經常失敗，但他在形式上是超越的。有些學者就沒有注意到這種矛盾性，像弗朗西斯·福山寫的《政治秩序的起源》，就完全忽略了皇帝的作用，認為秦代就是現代國家。我們傳統的制度研究也常常偏重皇帝或官僚兩者中的某一方，而不能把兩者結合起來全面把握。恰恰是二者的統一，才體現了中國秦漢以來國家的特點。

⑱ 檀上寬：《明清時代の天朝體制と華夷秩序》，收入《明代海禁＝朝貢システムと華夷秩序》，京都大學出版會，二〇一三年。

⑲ 見閻小波：《保育式政體——試論帝制中國的政體形態》，《文史哲》二〇一七年第六期，第十一—十八頁。

⑳ 馬克斯·韋伯：《經濟與社會》第二冊上，閻克文譯，上海人民出版社，二〇一〇年，第一一九三—一一九五頁。

推薦閱讀

- 林劍鳴：《秦漢史》，上海人民出版社，二〇〇三年
  此書出版較早，分析史實的角度較單一，但資料豐富，亦吸收了不少日本學者的成果，今天依然價值不小。
- 西嶋定生：《秦漢帝國：中國古代帝國之興亡》，社會科學文獻出版社，二〇一七年
  此書日文版一九九七年出版，是日本中國古代史大家的名作，並非面面俱到，帶有自己的獨特視角。
- 陳高華、陳智超：《中國古代史史料學》第三章，中華書局，二〇一六年
  要想系統了解秦漢史的史料，這一章是個很好的指南。
- 閻步克：《波峰與波谷：秦漢魏晉南北朝的政治文明》第一章到第七章，北京大學出版社，二〇一七年
  秦漢政治制度的系統梳理，視角鮮明，敘述明快。
- 王明珂：《遊牧者的抉擇：面對漢帝國的北亞遊牧部族》，廣西師範大學出版社，二〇〇八年
  跳出漢人中心，不同視角看匈奴。
- 顧頡剛：《秦漢的方士與儒生》，上海古籍出版社，一九九八年
  出版了半個多世紀，依然是了解秦漢思想文化方面的傑作。配合蒲慕州《追求一己之福——中國古代的信仰世界》第五—八章（上海古籍出版社，二〇〇七年），可以讓我們走近秦漢人豐富的內心世界。

第三講

變態與回歸

魏晉南北朝的政治歷程

閻步克

我要講的話題是「變態與回歸：魏晉南北朝的政治歷程」。講課限於兩個小時，幾百年的複雜歷史不可能面面俱到，只能提示若干特定問題而已。所提示的內容跟我以前上的課有關。大概有同學看過我的講課視頻。如今我的 PPT 肯定比那時好看多了，因為這些年又講了很多輪，每一輪的幻燈片畫面都有改進。然而內容就無甚新意了。原因是我老了，相對眾多生氣勃勃的新鋭學者，比之他們的新開拓，我的知識與思路均已陳舊。受邀難以謝絕，內心難免惶惑。

一　周秦漢的「世家」

首先對魏晉南北朝的時代地位做一提示。我個人的教學科研方向是中國政治制度史，所以思考的出發點是「制度史觀」的。上課時我會給同學們提供一個相關的示意圖（見圖 3.1）。

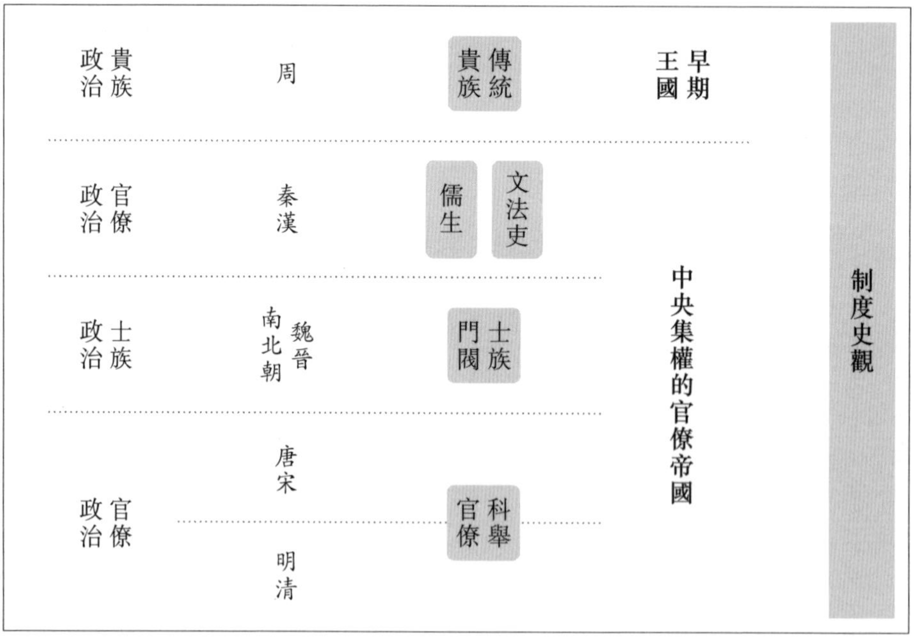

圖 3.1　制度史觀示意圖（一）

如圖所示，夏商周的最高統治者稱王，所以把這一時代稱為王國時代。在周代，王國政治體制進入了典型形態，天子與列國的朝廷上都有若干大貴族世代把持政權，形成貴族政治。戰國秦漢間出現了一大社會轉型，經變法運動，「集權官僚帝國」建立起來了。這一轉型的劇烈程度，跟近代這場轉型相似。對比周代與漢代的出土器物，便能立刻看清這是兩個判然不同的社會。

新體制的特點一是皇帝專制，故稱「帝國」。這個「帝國」不是「帝國主義」的意思，而是因為元首稱「皇帝」，與王國有異。二是中央集權。三是官僚政治。官僚體制能使國家行政像機器一般精密、高效與可靠。官僚依能力而選拔，依業績而晉升，表現不佳者被降職，有罪過者還能被開除。所以官僚和貴族判然不同：貴族是血緣世襲的；而官僚是政府僱員，其任用原則是選賢任能。戰國秦漢的行政承擔者有兩批人，一是「文法吏」，或稱「刀筆吏」，屬職業文官，秦始皇就是用刀筆吏來治天下；二是儒生，在漢武帝獨尊儒術後，他們不斷進入朝廷。二者都憑專業能力而居位任職。

進入魏晉南北朝，政治體制又發生了一個較大變化，一個叫士族門閥的階層興起了。幾十家、上百家的大士族把持了朝政，憑的是雄厚的家族文化、崇高的家族門第。大家也許立刻感到，這士族政治與周代的貴族政治好像有點類似。確實，一定意義上或某種程度上，魏晉南北朝的士族政治就是周代貴族政治的一次歷史回潮。官僚政治道路上走了六七百年，進入三國後，就政治體制而言，歷史走回頭路了，一走就是幾百年。走回頭路這種事兒，其實在人類史上經常發生，就是未來會不會走回頭路，也沒法兒打包票，只能期望最好別走回頭路，繼續往前走。

北方大士族有崔、盧、李、鄭，江東大士族有朱、張、顧、陸。東晉南朝最顯赫的是王、謝兩家。王、謝兩家數百年不衰，古典詩文經常出現「王謝」的典故。同學們最熟悉的一句詩，大概就是「舊時王謝堂前燕，飛入尋常百姓家」了。也就是說，幾百年不衰的高門王、謝，進入唐代就衰弱不堪了。為何士族入唐便衰落了呢？很大程度上在於科舉制的推行。考卷面前人人平等，至少在考試環節上，門第不起作用。這就給寒門子弟提供了一個進身之階。這些科舉考生、新科進士，通常都是自幼刻苦攻讀的。很多刻苦讀書的歷史故事，就是他們留下來的。他們都知道 No pain，no gain，成功得拿汗水換取。士族門閥家的公子哥是吃喝玩樂長大的，無力與之競爭。科舉考生、新科進士登上政治舞台之後，隨即就展現了強勁的政治競爭力，中高級官位逐漸被他們佔據，「舊時王謝堂前燕，飛入尋常百姓家」了。

這樣在示意圖上，就看到歷代政治體制呈四大階段：周代貴族政治，秦漢官僚政治，魏晉南北朝士族政治，唐宋明清回歸於集權官僚政治，科舉官僚佔據了政治舞台的中心。由此，魏晉南北朝史就展示出了其歷史特殊性。這個觀察角度就是「制度史觀」。制度史觀關注這麼幾點：一是「制」，即政治制度的結構變化，包括組織制度、管理制度和法律制度等。二是「人」，即政治勢力的結構變化，看哪種勢力佔支配地位。像貴族政治、軍功政治、士人政治、外戚政治、門閥政治、宦官政治等概念，都是用支配勢力來概括體制特點的。

「制」與「人」相結合的視角，跟政體類型學的經典作家也相一致。孟德斯鳩論專制政體時，一看政治制度，若存在三權分立，君主就不是專制君主；二看政治勢力，若存在強大的中間階層，如貴族、教會和市民等，君主便難以專制。

此外政治文化也是制度運作的基礎，也是不同勢力的制度抉擇的標準。同樣的制度在不同的政治文化中運作，便可能面目全非。當今世界有三大政治文化傳統：民權文化傳統、集權文化傳統和神權文化傳統，它們維繫著不同政治體制。在中國古代，儒術佔主導、道術佔主導、法術佔主導和玄學佔主導的時代或地區，其政治運作便有明顯差異。制度、勢力和文化就是我們的基本視角。

周代實行封建制，封建了大量諸侯國。諸侯又把境內的土田授予卿大夫作采邑。所以這體制不是中央集權的。周天子號稱天下共主，但他根本管不到天下每一家農民。他只能以王畿為生，不能到列國去收税。而列國國君也管不到國內每一家農民，因為卿大夫有大片私人領地，國君是不能去收税的。

這狀況跟秦帝國以降判然不同，同中世紀的封建歐洲倒有幾分相似。以十三世紀的法國卡佩王朝為例，其時國王領地只佔很小一塊，大小諸侯在一己領地上擁有各種特權。勃艮第公爵、諾曼底公爵的領地都比法國國

制度史觀

1. **政治制度**
組織制度、管理制度、法律制度

2. **政治勢力**
集團、階級、群體
（如：貴族政治、軍功政治、士人政治、外戚政治、門閥政治）

3. **政治文化**
儒術、道術、法術、玄學

孟德斯鳩：1. 政治制度：是否三權分置
2. 政治勢力：是否存在中間階層

圖 3.2　制度史觀示意圖（二）

王的領地更大，弗蘭德爾伯爵、韋芒杜瓦伯爵比國王更富有。國王只能以自己的領地為生，不能到諸侯領地去徵税，遵守 The king shall live of his own 的原則。大家覺得這跟周代有點像吧？中世紀的歐洲王權不夠強大，若需向全國徵税，便由貴族、教會派出代表與國王共同商定。代表會議由此萌生，而這個制度就是現代民主制的起源。可知民主最初跟「民」關係不大，其實是國王、貴族與教會權力相對均衡的產物。由此還孕育出了一種觀念——無代表權不交税（No taxation without representation）。向我收税就得經過我的同意，就要跟我的代表協商。大家若去美國華盛頓特區，就能看到特區車牌上面寫著「Taxation without representation」（無代表權也交税）。因華盛頓特區在國會中沒席位，特區居民認為自己在國會中沒人代表，收税就不合法，就用這種車牌表達抗議。

周朝又實行貴族制。選官用世卿、世祿、世官之法。世卿制就是大貴族世代做卿執掌朝政。魯有三桓，鄭有七穆，晉有六卿，齊有國、高、晏、田，楚有昭、屈、景等。齊之田氏後來篡齊，是為「田氏代齊」；晉之韓、趙、魏瓜分了晉國，是為「三家分晉」。曾有學者以「三家分晉」或「田氏代齊」為中國封建社會的開端。世祿就是大貴族子弟都有爵有祿。世官指某些官職由某家族世代把持。這類官職往往需要專業技能，比如占卜、著史的官即是。司馬遷就出自一個史官家族。商周之時世官制是普遍現象。世代擔任某官的家族，往往就以官名做了姓氏。比如世代占卜的家族後來就姓了卜、世代做史官的後來姓了史。這叫「以官為氏」。又如世代做樂師的就姓了師、世代做巫師的就姓了巫、負責祭祀的就姓了祝、管文化典籍的就姓了籍、管樂器的姓了鍾、管冶煉的姓了冶、管製陶的姓了陶、管山林的姓了虞、管糧倉的姓了倉、管庫房的姓了庫、管屠宰的姓了屠、做毛皮衣服的就姓了裘。中國人的姓氏有一部分就來自官職。司徒、司馬、司空這些姓，在古代都是高官之名。

自秦以降，情況大變。秦始皇藉助郡縣、鄉里、什伍、戶籍之制，讓天下四千萬農民都向他交稅、為他服役，還不必經他們同意。清人趙翼《廿二史劄記》中有一條「漢初布衣將相之局」，指出秦漢間是「天地一大變局」，「自古皆封建諸侯，各君其國，卿大夫亦世其官，成例相沿，視為固然」。而「漢祖以匹夫起事，角群雄而定一尊。其君既起自布衣，其臣亦自多亡命無賴之徒，立功以取將相」。一介布衣領著一群亡命之徒，幹了幾年便成了天下之主，這在此前從未有過。一個流動化、功績制的社會來臨了。陳勝僅一個傭工，居然聲稱「王侯將相寧有種乎」，若在歐洲中世紀，一個農奴有可能說「王侯將相寧有種乎」麼？敢說「苟富貴，勿相忘」麼？項羽觀看秦始皇巡遊會稽，便說「彼可取而代之」——那小子我可以取代他。這句話太強悍了。劉邦到咸陽服役，見到秦始皇，感慨「大丈夫當如是也」。這些話的背後就是其時社會的高度流動性。先秦那些古老家族，無法以舊貴族的身份在漢代政壇表現自己了，他們都成了普通人。開國集團是一幫平民。如樊噲就是個殺狗的，現在當地政府便利用這個歷史資源開發了「樊噲狗肉」。劉邦的老爹被兒子接到未央宮裏住，很不快樂。侍從告訴劉邦，您老爹以前的好朋友是一群屠夫小販，賣酒賣餅、鬥雞蹋球的，「今皆無此，故不樂」。劉邦一聽這事好辦，就照著當年「豐」的樣子，在長安複製了一個一模一樣的「新豐」，把那幫老朋友全都弄過來，「太王乃悅」。老爹的生活情趣是最底層的那種。

秦漢間「世家」有一個巨大斷裂。但兩漢四百年間，社會又開始了新一輪的「世家」的積累。奧尼爾論大國興衰，說任何一個國家，只要穩定時間比較久，必定出現利益集團。「世家」現象與此相似。在這一輪的漫長積累中，出現了三種類型的世家。

第一種是官僚世家。漢廷崇尚選賢任能，但也保障官僚特權。任子制就保證了官僚子弟優先當官，讓他們贏在起點上。在官場上，一些家族兩三代就衰落了，一些家族四五代就衰落了，但總有一些家族比較長久，逐漸建立了族望，是為「官族」。

第二種是豪強世家。西漢初年小農的數量可能比較龐大。文景之後土地逐漸可以自由買賣了，兼併隨即出現。大量小農喪失土地，無以為生，變成了豪強的部曲、佃客或奴婢。豪強地主擁有大田莊、大宗族和大量依附民，其生存能力就非常強，小農無法相比。豪強世家也發展起來了。漢代地方長官必須任用外地人，其掾屬則在本地闢召，豪強世家的子弟往往優先入選。由此豪強就在鄉里建立了政治影響力。

第三種是文化世家。學術家傳現象，在先秦諸子那裏尚不明顯。漢代情況有了變化。東漢官學私學遍佈各地，儒生隊伍已極龐大。首都洛陽人口約三十萬，太學生竟達三萬餘，佔十分之一。按此比例，今天的北京就該有二百萬大學生。那麼漢末出現了學生清議運動，也就不奇怪了。經學家族、名士家族於是普遍滋生，並逐漸建立了族望。對於官僚子弟先當官這件事，儒生本是反對的，你爹有能力不代表你有能力。但對經學家族、名士家族就不一樣，這些家族有深厚儒學教養，他們家的孩子先當官，在儒生看來乃是官得其人。

三種世家不斷發展，圍繞「家族」這一軸心，形成了三位一體的循環。我們看到了三個不同領域——鄉里、士林和官場。鄉里豪族憑藉經濟實力讓自家子弟唸書，由此成為儒生、進入士林；進而明經入仕，進入官場；獲得政治權力後，反過來又強化了其鄉里勢力。世代傳經、世代公卿的家族出現了。東漢弘農楊氏家族世傳《歐陽尚書》，「四世三公」；汝南袁氏世傳《孟氏易》，「四世五公」，四代就出了五個「三公」，據《三國志》，臧洪說袁氏「四世五公」。這樣的家族在歷史後期，就極罕見

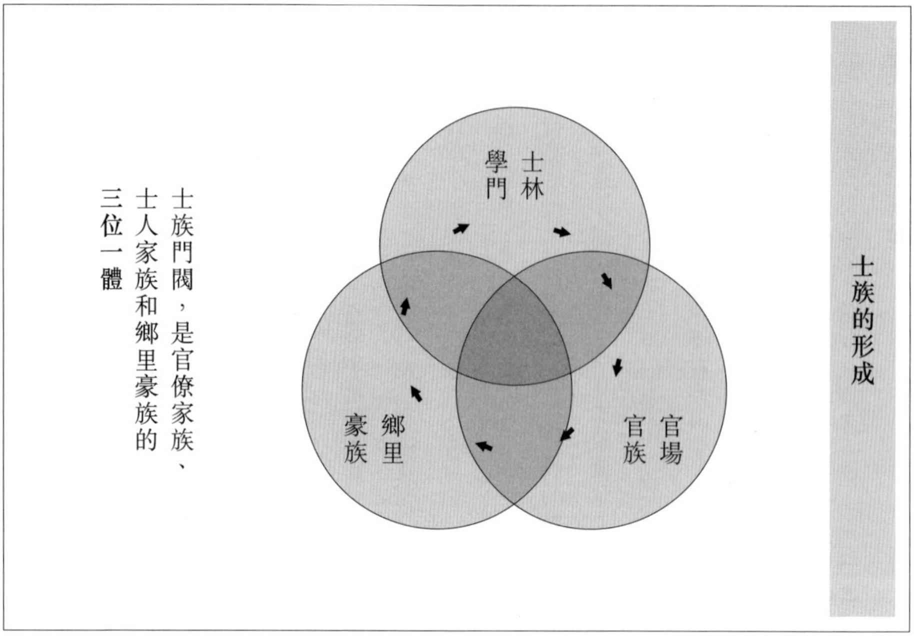

圖 3.3　士族的形成（一）

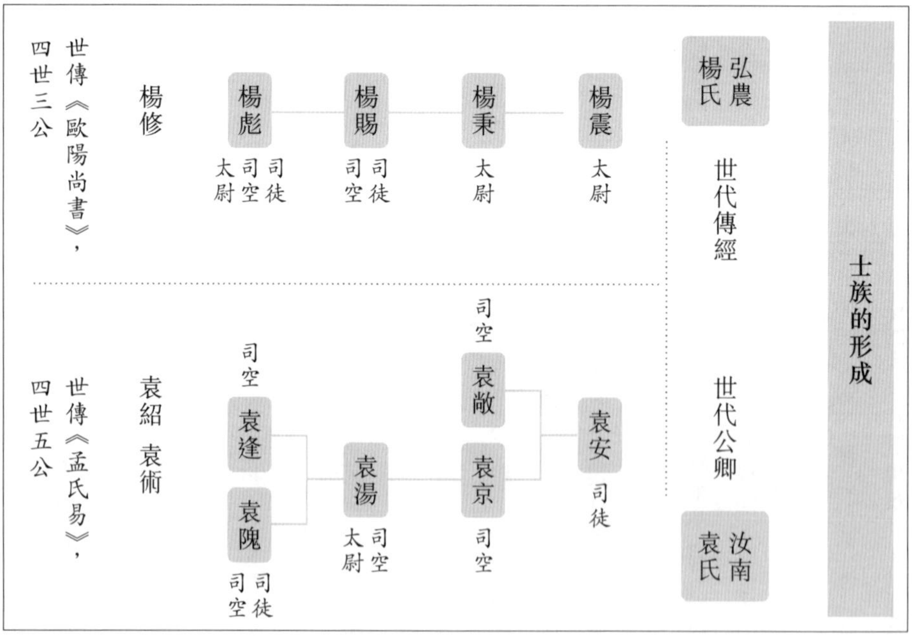

圖 3.4　士族的形成（二）

了。三位一體的循環，逐漸成了一個排他性的閉環。什麼是士族呢？就是官僚家族、文化士族和鄉里豪族的三位一體。

二 魏晉南北朝士族政治

東漢士族繼續發展，就是魏晉南北朝的士族門閥。這時有兩個觀察點可供利用。一個是「士族 vs 官僚」。對「士族在多大程度上是貴族，在多大程度上是官僚」這個問題，中國學者並不敏感，日本學者則有長久深入的討論辯駁。另一個是「文士 vs 武人」。方才同學們看到，中古士族源於漢代士人，可以說成是「士人的貴族化」。那麼中國中古的士族與歐洲中世紀的貴族，就判然不同。前者有深厚的文化淵源，後者則來自蠻族武士，不以文化見長。為此歐洲中世紀成了一個黑暗時代，所以後來才需要啟蒙，啟蒙就是點亮，Enlightenment，才有文藝復興。中國的中古士族引領了玄學思潮，為中國思想史、文化史增添了絢麗的遺產，在這一點上，歐洲中世紀的貴族就相形見絀了。曾有一些學者，拿中國史的中古比擬歐洲中世紀，但兩方的差別也不容忽略。其重大差別之一，就在於中國的中古士族還是官僚，還是文人。這便影響到了歷史走向。士人的貴族化伴隨著皇權低落、集權官僚體制的萎靡。而在南朝時，由軍人集團而非世家大族，重振了皇權。劉宋的開創者出自北府兵將領劉裕，文化士族出不了皇帝。北朝皇權振興的動力，來自鮮卑軍功貴族，文化士族在北朝是被征服者。所以「官僚—貴族」、「文士—武人」的兩個線索，須緊緊抓住。

還有一個豪族地主的問題。在闡述魏晉南北朝史時，採用唯物史觀，尤其是採用「魏晉封建論」的學者，偏重從生產關係來觀察政治勢力、文化勢力，所以每當提到「士族」，一定綴上「地主」兩字。士族被認為起源於古老的農村階級結構，亦即起源於鄉里層面，但官場、士林這兩個更高層次的活動空間，多少就被他們忽略了。

進入三國時代，士族扶搖直上。魏晉兩朝權貴一脈相承。政治動盪，政治上就會出現退行性措施，如強化私人性關係，從爪牙、心腹和黨羽的家族裏選官用人，他們家的後生被認為更忠誠可靠。統治階級明顯封閉化了。本來，中國史上的王朝循環，也算一種自我更新機制。王朝初創時生機勃勃，若干年達到全盛，隨後老化、僵化、腐化逐漸積累，便像癌細胞一樣無法逆轉，王朝崩潰，陷入戰亂。然後，一個經過戰火洗禮的新集團崛起，它另起爐灶，一掃前朝的腐化、老化、僵化，再度生機勃勃。然而魏晉南北朝的改朝換代不是通過「征伐」，而是通過「禪讓」，也就是內部政變，皇帝換了，權貴還是那些人，故前朝所積累的老化、僵化、腐化因素，就被原封不動地帶入新朝。這就為士族的發展鋪平了康莊大道。東晉小朝廷風雨飄搖，大門閥家族的支持更是不可或缺了。

我的老師田餘慶教授的《東晉門閥政治》一書，把「門閥政治」概念用於東晉。「門閥政治」的要點有二：一是「皇帝垂拱」，二是「門閥當權」。所謂「朝權國命，遞歸台輔，君道雖存，主威久謝」，便是南朝皇權重振後人們反觀東晉的觀感。門閥大致分為兩個層次。居首的是僑姓門閥。在東晉先後與皇帝共天下的僑姓門閥，有瑯琊王氏、潁川庾氏、譙國桓氏、陳郡謝氏等。瑯琊王氏對於東晉創立厥功甚偉，以至晉元帝登基時，拉著王導同登御座。王導反覆推辭，稱如果太陽落到了民間，蒼生就沒

士族的發展

魏晉權貴一脈相承，統治集團封閉化……

魏太僕何夔——晉太傅何曾
魏豫州刺史賈逵——晉司空、尚書令賈充
魏尚書衛覬——晉司空、尚書令衛瓘
魏司徒王昶——晉司徒王渾
魏尚書令裴潛——晉司空裴秀
魏司徒陳矯——晉大司馬陳騫
魏上黨太守羊衜——晉征南大將軍羊祜
魏尚書僕射杜畿——晉幽州刺史杜恕
魏東郡太守王機——晉御史大夫、守尚書令王沈

圖 3.5　士族的發展

辦法仰望了，晉元帝才作罷。任何君主都有專制渴望。以色列社會學家艾森斯塔特説，任何一個集權體制的產生，都起源於一位君主的專制渴望。但東晉初皇帝做不到，若沒有大門閥的支持，在這兵荒馬亂的局面中他當不了皇帝。江左士族顧、張、朱、陸等，構成了士族的第二層次。

田餘慶認為，門閥政治只存在於東晉一朝，魏晉時皇權還沒這麼低落，南朝時皇權又復興了，北朝根本就沒有門閥政治。則東晉是中古皇權的一個谷底。但整個魏晉南北朝都存在士族現象，我另用「士族政治」一語，指稱士族的政治特權和優越地位。

政治勢力發生了結構變化，政治體制相應也呈現了若干「變態」。九品中正制被認為保證了士族特權。我們説魏晉南北朝是士族政治時代，這個情況，大家看三國小説、電影、電視劇，是看不出來的，但專業學者的百年研究早就揭示了這一事實。一看選官制就清楚了，九品中正制恰好同魏晉南北朝共始終，進入三國它就出現，到唐朝就被廢除了。

九品中正制是曹丕與陳群設計的。其具體方法，是

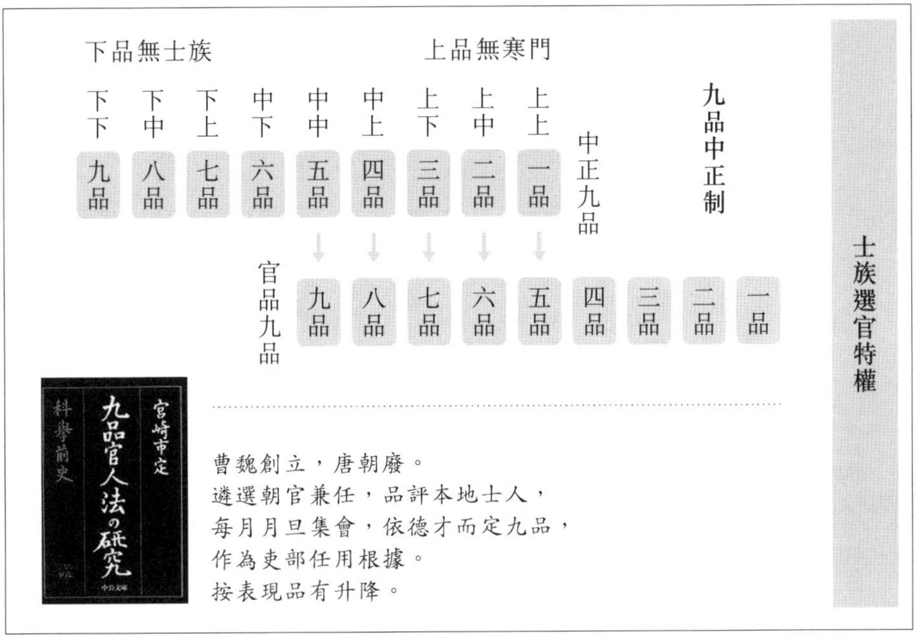

圖 3.6　士族選官特權

在朝官中選拔若干德高望重者，讓他們業餘兼差做「中正」。「中正」並非正式的官職，而是一個兼差，用今天的話說，就是受邀去做評委了。中正由本籍的人擔任，每月初一開會，品評人才。品評標準是德行、才能，還要把士人評為九等，從「上上」到「下下」共有九品。士人獲得了一個中正品，憑此到吏部候選，吏部便按品授官，品高的官職就大一些，品低的官就小一些。日人宮崎市定認為，中正品與起家官品一般相差四品，即某人被評為中正一品，就意味著他理論上最高可以做到一品官，但是他不能一步登天，而是要從五品官起家；如某人被評為中正二品，那麼理論上他最高可以升到二品官，但要從六品官起家，以此類推。中正六品以下的，因德才太低，就只能做吏，不能擔任品官了。宮崎這一解釋雖有一些缺陷，但中正品與起家官品差四品的材料確是比較多的。

可能有人會有疑問：剛才說中正制維護了士族特權，可是聽到這兒，它好像是按德行、才能來定品的，那麼，它的哪一條規定優待士族了呢？這就涉及一個常識了：任何政治制度，都不能只看法律上怎麼寫的，其全部意義，必須在投入運作後才能全面表現出來。在那個時代，中古士族佔據了最大權勢，中正往往由士族頭面人物擔任，最初有些中正品評時還能兼顧德才，到西晉之後，基本就是「上品無寒門，下品無士族」了。形式上九品中正制是選賢任能的，但在實際運作中被扭曲，面目全非了。

人稱東晉南朝「公門有公，卿門有卿」。剛才講過周代實行世卿制，而到了魏晉南北朝，「卿門有卿」再度出現，這就證明在一定程度上，魏晉南北朝的士族政治就是周代貴族政治的歷史回潮。門閥子弟「平流進取，坐至公卿」。王、謝是中古高門。南朝王僧達是東晉初宰相王導的五世孫，他「自負才地，三年間便望宰相」。他的孫子王融「自恃人地，三十內望為公輔」。南朝沈約曾論述說：「周漢之道，以智役愚」，「周漢」這裏指戰國秦漢，「以智役愚」換個好聽一點的說法就是「選賢任能」。魏晉以來世道變了，「魏晉以來，以貴役賤，士庶之科，較然有辨」，人一生下來就有貴有賤，生於士族就高貴，就可以做高官；生於寒門就很下賤，就只能做小官，甚至連官都做不了。士人、庶人之間有一道鴻溝。互聯網上有網民調侃，說人類社會可分三大類：一是按勞分配的社會，二是按需分配的社會，三是按爹分配的社會。在相當程度上，魏晉南北朝就是一個「按爹分配」的社會。

下面再從政治文化視角做一審視。中古士族與先秦士人、漢代儒生、漢末名士一脈相承，它有一個文化來源。若對幾個王朝的創業集團做一比較，結果是很有趣的。

西漢創業集團是一群亡命無賴，沒多少文化。有個文人陸賈，時不時就給劉邦講《詩》、《書》，劉邦就罵他：「乃公居馬上而得之，安事《詩》、《書》！」「乃公」的意思就是「你爺爺我」，中國人喜歡在輩分上佔別人便宜，劉邦亦然。一份「詈辭」研究顯示，《史記》、《漢書》中的罵人話有三分之一是劉邦在罵。劉邦晚年讀了一些書，他便回憶說，我年輕時生活在秦朝，焚書坑儒、不讓唸書（眾人鼓掌），等我老了讀了一些書，感覺就非常好。反過來就是說，西漢創業集團不以文化見長。

清代史學家趙翼指出，東漢創業集團就很不一樣了，「東漢功臣多近儒」，很多功臣當年都有儒學教養，甚至出身太學生，受過高等教育。劉秀早年也是太學生，是一個學生皇帝。劉秀唸書時經濟條件不算好，但他智商高，勤工儉學的辦法比別人高明。其他同學勤工儉學，或者幫同學抄書，或者幫同學做飯，以此維持學業。劉秀呢？他跟同宿舍的同學湊錢買了一頭驢，跑運輸掙運輸費。在漢代跑運輸是很賺錢的，兩個人一輛車拉沙子，一個月掙的錢比縣官高一倍。

東漢末年，士人已發展為一個文化雄厚、影響重大的勢力了，出現了「名士」現象。進入魏晉，「名士」現象更為奪目：「正始名士」、「竹林七賢」、「中朝名士」，一直到江左「八達」，繼踵而來。名士現象的背後，就是士人的高貴身份。魏晉創業集團的「紅二代」，大抵都是當世名士、思想界的前衛、文化先驅。何晏、夏侯玄、王濟、司馬師等人，都是玄學家。魏晉達官顯貴很像法國人，熱愛哲學，坐在一塊兒就談宇宙本體（眾人笑）是「有」還是「無」，討論名教與自然誰為本。以道家為資源的玄學大盛，玄學清談成為時代特色。玄學清談與漢代經學有什麼不同呢？漢代經學是開放性的社會教育，而魏晉玄學清談是貴族性、封閉性的沙龍性學術；漢代習經是為了當官，而魏晉名士不愁吃喝、不愁當官，他們清談是「為學術而學術」的，是發自內心的知識興趣，所以劉師培讚揚魏晉名士「學以為己」。

田餘慶先生探索士族文化特徵，發現了「由儒入玄」現象。兩晉間儒學家族若不「由儒入玄」，就產生不了名士，就難以發展為大士族。東晉執政的大門閥在何時、以何人為代表，在多大程度上由儒入玄，史籍都斑斑可考。瑯琊王氏始於西晉王衍，他是中朝名士，清談大師；潁川庾氏始於西晉庾敳，也屬於「中朝名士」；譙國桓氏始於東晉桓伊，在江左「八達」之列；陳郡謝氏始於東晉謝鯤，也在江左「八達」之列。魏晉名士崇尚自然，「越名教而任自然」，放達不羈，成為時代特色、名士風度。何為「八達」？東晉初山河破碎、政權草創，其時居然有八個名士放達不羈，整天裸著身子喝酒、披頭散髮，反而名重一時，號稱「八達」。這事很奇怪吧？謝鯤、阮放、畢卓、羊曼、桓彝、阮孚、胡毋輔之和光逸八人「散髮裸袒，閉室酣飲已累日……不捨晝夜，時人謂之八達」。謝鯤其人放達不羈。鄰家女孩長得好看，謝鯤就去調戲人家。那女孩正在織布，看見他的樣子太討厭，就拿織布的梭子砸他，砸掉了他的兩顆門牙。這就成了一個笑料。可謝鯤毫不在意，他說沒事，「猶不廢我嘯歌」，還不至於唱歌漏風（眾人笑）。謝氏家族由此「由儒入玄」，此後卻做出了重大歷史貢獻。淝水之戰的勝利，統籌全局有賴宰相謝安，戰場上的勝利，是謝家子弟謝石、謝玄率領百戰百勝的北府兵贏得的。總之，隨著士族的興起，中國學術思潮也發生了明顯轉向，魏晉玄學構成了時代特色。歐洲中世紀的貴族興起，就只伴隨著古典文化的衰落。

三　從「變態」到「回歸」

由上所述，魏晉以來出現了政治社會體制的「變態」。「變態」是田餘慶先生的用語，是相對於秦漢而言的。在政治勢力方面，出現了由行政官僚到門閥士族的「變態」；在政治制度方面，出現了九品中正制等「變態」；在政治文化上，出現了「由儒入玄」的「變態」。然而進入南朝，若干「回歸」的跡象出現了。

東晉末劉裕作為北府兵將領創建劉宋，皇權隨即有重振之勢，不再與門閥「共天下」了，門閥政治告終。南

昌明之後有二帝

孝武帝
安帝
恭帝

宋武帝像

東晉一朝大事，幾乎都與流民群有直接的或間接的關係……劉裕的成功，終歸又是靠京口流民的力量。(田餘慶)

宋祖受命，義越前模。晉自社廟南遷，祿去王室，朝權國命，遞歸台輔，君道雖存，主威久謝……高祖地非桓文，眾無一旅……誅內清外，功格區宇！(《宋書》)

戰爭對於王權的強化一定起過很大的作用，因為戰爭需要統一的指揮。(羅素)

專制權稍薄弱，則有分裂，有分裂則有力征，有力征則有兼併，兼併多一次，則專制權高一度，愈積愈進。(梁啟超)

圖 3.7　南朝士族門閥政治的終結

朝皇帝「主威獨運，空置百司，權不外假」，恢復了對諸行政機構的有效支配；隨後還採用了「武將執兵柄」、「寒門掌機要」、「皇子鎮要藩」等多項措施來保障、強化皇權。劉裕的身份被認為是次等士族，稱為軍人勢力也許更好。軍人勢力中出了一位劉裕。幾百年來除了曹操，劉裕的武功無人能比，十六國被他滅了三個。憑藉如此顯赫的武功，取東晉而代之，這就顯示了皇權重振是基於軍事原因、軍人勢力。在這裏，「文—武」視角就有意義了：文化士族出不了皇帝。

在這方面，十六國北朝的體制變化更為劇烈。十六國以來，中國北方走上了一條不同於東晉南朝的道路。所謂「五胡亂華」曾造成巨大動亂與災難，漢晉以來的政治秩序一度瓦解。不過十六國隨即開啟了「漢化」。十六國重視學校教育，清人李慈銘曾說十六國「文教之盛，轉勝江東」，其官學規模居然比東晉更大。十六國君主，如後秦君主，對法制的重視，被認為也超過南朝。五胡君主的軍事專制，自初就相當強悍。東晉時中國皇權陷入低谷，但十六國皇帝自初就擁有重大專制權力。南北皇權的變化軌跡是截然相反的。在觀察政治體制上，除了「文—武」

視角，「胡—漢」視角也有意義了。

皇權是官僚行政的發動機，官僚行政隨皇權的振興而振興。北魏的「漢化」積累在孝文帝時迎來了一個飛躍，不僅是學習漢晉南朝，還有新創。可以說從孝文帝以來，北朝行政水準就已超越了南朝。有位學者曾說：同樣的制度，在北朝運作就比南朝要好。這說法是有事實依據的。儘管北朝經歷了胡化、漢化的多次曲折，到了周齊之時，政治行政又贏得了多種進步。

考課是激勵官僚的重要手段，而北朝的考課相當活躍。從孝文帝開始，五品以上官由皇帝親考，六品以下官由吏部考核。內外百官無論貴賤，統統參加考課。活躍的考課一直延續到了隋唐。對比魏晉南朝，士族名士「居官無官官之事，處事無事事之心」，醉心玄學清談、吟詩作文，考課隨之衰頹。再看法制，魏律、齊律被陳寅恪讚為「取精用弘，成此偉業」。唐律是中國法律史上的一座豐碑，標誌著中華法系正式成熟，這個成就源於北朝。科舉制是中國制度史上的又一豐碑。科舉以文辭取士，可以說來自南朝的影響，可是用考試選拔公職人員，北朝的規模遠過南朝。北魏選拔御史，八百人參試；北齊選東西

北朝政治復興

從政治看：東魏西魏一度「胡化」。

從制度看：齊周制度建設斐然有成。

【法制】魏律、齊律
「取精用弘，成此偉業」。（陳寅恪）

【考試】北魏選御史，八百人參試；
北齊選東西省官，二三千人參試。

【考課】孝文帝後，北朝考課經常化了。

【監察】北齊御史台與大理寺互相制衡。

【官階】孝文帝析分官階被梁武帝效法。

【學校】北朝形成六學體制，為唐繼承。

【府兵】改變了軍人地位下降趨勢。

【均田、三長】重建了編戶齊民體制。

北魏傳祚無窮瓦當

敦煌北周壁畫
角力

圖 3.8　北朝政治復興（一）

省官，兩三千人參試。這麼大的考試規模，魏晉南朝沒有，連秦漢都沒有過。再看學校制。隋唐的六學體制，即國子學、太學、四門學、律學、書學、算學體制，上承北朝而非南朝。律學、書學、算學即法律之學、文書之學、算術之學，都是實用性的，與治國安民息息相關，它們在北朝變為六學之三，被隋唐繼承，在南朝卻不受重視。劉宋有玄、儒、文、史四學，反映的是士族非實用性的文化偏好。北朝通過均田制、三長制重建了編戶齊民體制。南朝的國家能力相對軟弱，據一些學者估計，最多只能控制實際人口的四五分之一。而北朝多次大規模「括戶」，往往一次「括戶」就能將幾十萬人納入戶籍。監察制、官階制等，在北朝都有發展。

政治文化上也出現了「回歸」。漢代重經學，而魏晉南朝玄風大盛。北朝恪守漢代經學，用經學治國，對這樣一點，錢穆特別讚賞，還把北朝之政治復興歸功於華夏儒學。依其所說，魏晉江左之玄風看上去是個「另類」，北朝崇儒反倒是上承兩漢、下啟隋唐的。江左崇尚名士風流，而北朝崇尚吏治武功。南朝史傳敘人，讚揚之辭往往是「風神夷簡」、「雅有遠韻」、「詞采遒豔」、「善為文章」

北朝政治復興

南朝尚清談文學　北朝尚武功吏治

- 南朝史傳敘人——
  風神夷簡；雅有遠韻；
  詞采遒豔；善為文章……
- 北朝史傳敘人——
  武藝絕倫，有將帥之略；性雄豪，工騎射；詳練故事，有几案才；明練時事，善於斷決；敏於從政，果敢決斷……
- 後秦古成詵——
  以天下是非為己任。京兆韋高慕阮籍之為人，居母喪，彈琴飲酒。詵聞而泣曰：「吾當私刃斬之以崇風教。」遂持劍求高。
  （《晉書》）

河北鄴南東魏塔基石螭首

東魏陶塑鎮墓獸

圖 3.9　北朝政治復興（二）

之類；而北朝史傳敘人，更多的是說這人「武藝絕倫」、「有將帥之略」、「性雄豪，工騎射」、「明練時事」、「敏於從政」等。魏晉南朝名士的容貌欣賞非常女性化，北朝則崇尚「雄豪」，跟秦漢崇尚的男性美相似。

再來看政治結構。南朝士族屈居皇權之下了，可是百足之蟲，死而不僵，他們依然高踞在其他各個階層之上，用其傳統地位和文化壓制著寒人、武將，使他們無法發展為新興政治力量。但北朝不同，北朝政權的主幹是「鮮卑皇權—軍功貴族—國人武裝」，漢士族作為被征服者，是依附在這個主幹之上的。在異族政權下，一個少數民族統治大多數異族，它就得高度凝聚、高度緊張，這種張力帶動了整個政權的振作。因同族的緣故，國人武裝、軍功貴族都給了皇權以堅定支持，所以鮮卑皇權相當強大。以一種簡化的方式說，南朝最有權勢的集團是文化士族，北朝最有權勢的集團是軍功貴族。於是我就有了這樣一個論斷：在某種意義上，南北朝歷史就是南朝文化士族與北朝軍功貴族的競爭史。有些時候，兩個政權的競爭，其實就是這兩個政權中最有權勢的集團的競爭。南北朝兩方誰將成為歷史主流，將由這兩個集團之長短得失來

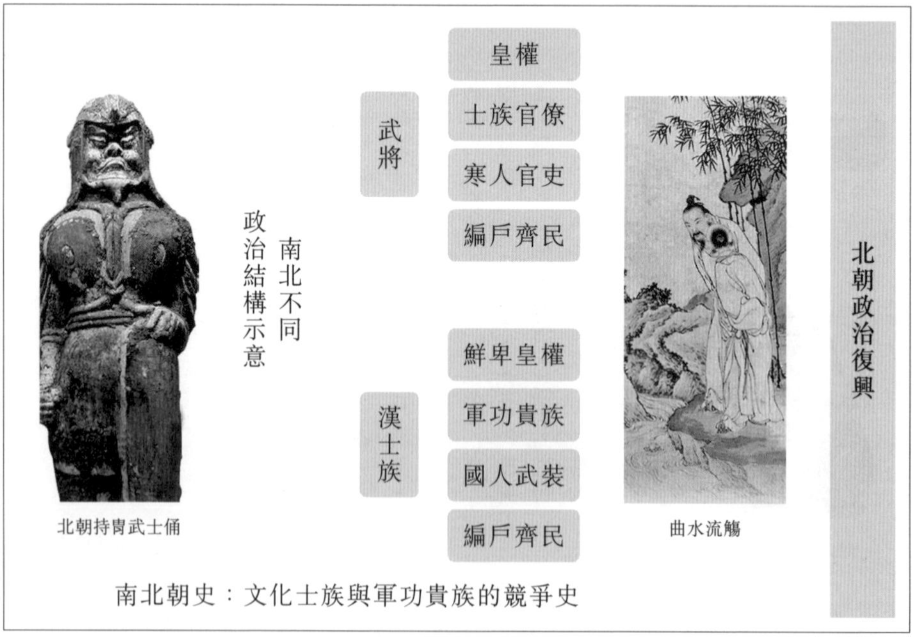

圖 3.10　北朝政治復興（三）

決定。

歷史表明，北朝是魏晉南北朝的歷史出口。歷史是由北齊、北周走向隋唐的。學者在討論北朝史時，往往引用恩格斯的這句話：「德意志人究竟用了什麼靈丹妙藥，給垂死的歐洲注入了新的生命力呢？只是他們的野蠻狀態，他們的氏族制度而已。——的確，只有野蠻人才能使一個在垂死的文明中掙扎的世界年輕起來。」江左名士給中國文化寶庫增添了璀璨瑰寶，繫華夏文明於一縷不絕，但在政治軍事上，他們難以抗衡異族武裝的長槍大馬。有一個「低人權優勢」的提法，那麼，存在「野蠻的優勢」這種東西嗎？野蠻與文明的關係，也是一個永恆的斯芬克斯之謎。

隋唐時中華民族復興的動力來自北朝的民族融合，專制官僚制的復興動力來自北朝的民族壓迫。錢穆曾說，中國史上有四次民族大融合，每一次都帶來了全盛。前三次是上古到先秦，秦漢到魏晉南北朝，隋唐到元末，第四次是滿族入主到現代，漢族融合各少數民族，迎來另一個全盛。我個人覺得第四次的說法是類推不當，近代衰盛主要來自中西碰撞交流。但這個民族融合帶來發展動力的說法，大家可以思考。

歷史學往往採用綜合性感悟，政治學則要求你把最核心的原理找出來，擊碎九連環中最關鍵的一環，其他迎刃而解。藉助政治學思維，我把北朝的集權官僚體制的復興起點歸結為「部族武力的制度化」。這就同時涉及「文—武」與「胡—漢」問題了。

戰爭、軍事能強化王權，羅素已指出了這一點：「戰爭對於王權的強化一定起過很大的作用，因為戰爭需要統一的指揮。」梁啟超也看到：「專制權稍薄弱，則有分裂，有分裂則有力征，有力征則有兼併，兼併多一次，則專制權高一度，愈積愈進。」一個王朝崩潰後，社會陷入動亂，動亂在各地不斷製造出各種暴力，而軍事體制、軍事活動、軍事集團最終把各地的暴力體制化了，由此恢復秩序，一個新的集權體制得以重建。軍事途徑的改朝換代，是為「馬上天下」、「打江山」。中國通史著作在敘述王朝初年之時，往往會有「專制皇權的強化」一節，看上去是一個老套，其實是有其道理的。專制主義這頭猛獸，是以暴力做養料的，而戰爭能大量供應暴力。和平年代砍腦袋殺人，是個讓人躊躇的事兒，因為這跟祥和安寧的社會氛圍不符。故死刑數量同社會體制的溫和程度成反比。若剛剛經過戰爭就不同了。白骨鮮血已司空見慣，藉著這個餘威，違法違令的就砍頭，不服從不忠誠的就下獄，專制由此強化。

在這個意義上，我們把異族征服看成一種特殊的「馬上天下」。民族壓迫、民族衝突能製造出更多暴力。壓迫異族人總比壓迫同族人更嚴酷。所以北朝的鮮卑軍功貴族與國人武裝，在振興皇權上，顯示了比南朝「次等士族」更大的動量。甚至中國史上的歷次北方遊牧民族之入主，都強化了專制集權，把草原上酋長和屬民的主奴關係，帶入了文明寬鬆的社會。比如北宋時中國文化達到了一個輝煌高峰，政治寬鬆，出現了「士大夫政治」，有學者還看到了「皇權象徵化」。若無外來因素，沿此方向繼續發展，中國制度史將會出現什麼，無法懸擬。可遼、金、元、清歷次外族入主，一次次扭轉了這類「寬鬆化」的趨勢。這就意味著北方族群的入主不僅僅是一個民族關係問題與國防問題，也是制度史問題。當近代來臨之時，改革者所欲改革的政治體制之所以是那個樣子，其中就有北方族群入主所造成的歷史影響。

四　歷史分期問題與兩千年一貫制

魏晉南北朝在中國史上的特殊性，與歷史分期息息相關。不同分期意味著對這個時代的不同認識。

近代以來，馬克思主義的唯物史觀傳入中國。郭沫若根據階級關係和生產方式來劃分社會形態，認為戰國以上是奴隸制，生產關係是奴隸主與奴隸；戰國以降是封建制，生產關係是地主與佃農。一九四九年後大陸學者一度都用「五種生產方式」的模式為中國史分期，具體的分期則有八九種。同學們在中學歷史課上聽到的「戰國封建論」，就是影響最大的一種。各種觀點大抵都以「地主階級」為核心概念。范文瀾還說，共產黨通過土地改革消滅了地主階級，中國的永遠大治之日，便來臨了。

特別能凸顯魏晉南北朝史的時代特殊性的，是「魏晉封建論」。魏晉南北朝史研究有四位大師，被戲稱「四大名旦」，其中三位都持「魏晉封建論」，即何茲全、王仲犖、唐長孺三先生。何茲全在中西對比上尤為深入，他說自己是魏晉封建論的始作俑者，這個發明權一定要爭。這些學者認為，漢代依然有大量的奴婢勞動，屬於奴隸社會；魏晉南北朝則進入封建社會，土地所有制形態是世家大地主佔有大量土地，不完全地佔有依附農民——部曲、佃客。所以在一段時間中，大陸學者討論士族，習慣加一個「地主」做後綴，稱「士族地主」。「士族地主」被認為構成了這一時期的歷史特殊性。蘇聯社會科學院有一個十卷本的《世界通史》。我當年上世界史課時，曾在圖書館翻閱過，估計這書至今幾十年沒人看了。「蘇聯老大哥」這部書也採用魏晉封建論，認為秦漢大量使用奴隸勞動，魏晉南北朝封建土地國有制佔主導，農民被固定在份地上。

日本的內藤湖南原是搞新聞的，四十多歲時對東洋史發生興趣。他參考西歐的古代、中世紀與近代，把「三段論」轉用於中國史：一是東漢以前，相當於西方的古代社會；二是六朝隋唐，這是中國的中世紀；三是宋以後。內藤認為六朝到唐中葉，是貴族政治最盛的時代，君主成了貴族的共有物。這可以稱為「六朝貴族論」。周朝是貴族制＋封建制，「封建」就是「授民授疆土」；魏晉南北朝有貴族制，但沒有「授民授疆土」，沒有封建制，不同於周。此後宮崎市定、谷川道雄等京都學派的大師，也把六朝隋唐稱為「非封建的中世」。這個「封建」用語，與大陸學者的「魏晉封建論」截然不同，後者說的是生產方式。唐宋間，中國史發生了決定性轉型，由「中世」進入「近世」了，是為「唐宋變革論」。內藤說，歐洲近代化第一階段出現了文藝復興、資本主義、專制主義和民族國家，而唐宋間的市民、新儒學、君主獨裁、資本主義萌芽與之相似。宮崎相信，漢帝國可比於羅馬帝國，「五胡」等北方民族之入主中原，與歐洲日耳曼蠻族的南下類似，「東洋的近世」則從宋朝開始。可見日人「三段論」明顯地含有對西歐史三階段的參照比附。

然而西歐只是廣大世界的一個局部，那裏的歷史三階段如何能套用於中國史呢？宮崎市定的思辨能力相當之好，敏銳地意識到了這一問題。他應對說：「既然我們的態度是將特殊的事物嘗試應用在一般事物上，則所謂特殊事物實際上便不再特殊。」這話我覺得相當機智，試圖用思辨來化解這一問題。我們知道，就連「誤讀」都能帶來「創造」。中西比附雖有問題，但也可能帶來創新的。日人隨後也在著意揭示中國史的獨特處。「非封建的中世」提法，除了表明六朝貴族制與西周政體之異，也表明了與

對中古時代的認識

魏晉封建論

魏晉南北朝時期，封建土地所有制的形態，是世家大地主佔有了大量土地和不完全佔有土地上的耕作者依附農民——部曲、佃客。（王仲犖）

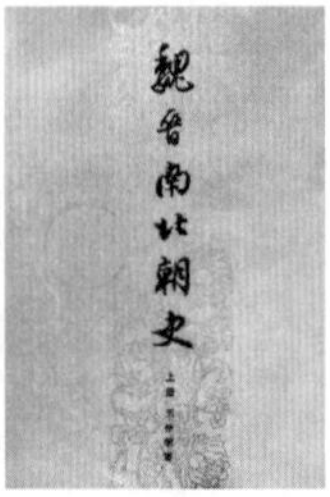

六朝隋唐貴族論

六朝至唐中葉，是貴族政治最盛的時代……這個時期的貴族制度，並不是天子賜予人民領土，而是由地方有名望的家族長期自然相續，從這種關係中產生世家……君主是貴族的共有物。（內藤湖南）

圖 3.11　對中古時代的認識

西歐中世紀政體之異。

「五種生產方式」模式顯然也有「套用」之病，但也帶來了創新。北大何懷宏教授曾這樣評價郭沫若：在運用唯物史觀上，郭沫若離馬克思相對最遠，最具「中國作風和中國氣派」。郭沫若把地主與佃農的關係視為封建，這跟馬克思所說的「封建」相距甚遠。改革開放後有人這樣質疑「戰國封建論」，戰國有地主嗎？你舉出一個給我看看？有位姓田的學者——不是我導師，是另一位——主張戰國封建論，有人問他：你的戰國封建論在馬克思那裏有多少根據？該先生承認：「根據很少，甚至可以說沒有。」他強調中國的奴隸制與封建制自成一類，不同於馬克思所論的奴隸制與封建制。這就是「中國化」了，含有中國學者的新鮮看法。

「二戰」後很多日本學者對侵華戰爭進行反思，由此走向了馬克思主義。開創了東京學派的前田直典採用唯物史觀，認為唐以前是奴隸制，宋以後是封建制。這便同京都學派的「三段論」大不相同了。濱口重國認為，中國社會特點應在君主專制與廣大自耕農的關係中加以把握，國家是土地的最高所有者。西嶋定生進一步提出，秦漢帝國的基礎是皇帝對全體人民的「個別的人身支配」，具體體現就是賦稅徭役。豪強也是皇帝所支配的「民」。在濱口、西嶋等人的社會形態的討論中，政治體制的分量明顯地加重了。

對魏晉南北朝時代，日本學界有「自律貴族」與「寄生官僚論」之爭。京都學派的內藤湖南和谷川道雄等，認為貴族是地方名望家族或鄉里「豪族共同體」的領袖，是不依賴於政權而存在的「自律貴族」。宮崎市定指出九品中正制依門第而定品，而門第是在鄉里形成的，所以中正品稱「鄉品」，中正的評定稱「鄉論」。「寄生官僚論」則相反。矢野主稅認為，中古貴族是因國家權力而成立的，居官和官位高下是決定性的。越智重明也有類似說法。中國大陸學者對士族居官問題也有討論，但對寄生性、自主性這類問題並不敏感，沒有上升到「官僚性—貴族性」的理論層次。首先是大陸中國史學者的精力主要投注於「士族地主」了；其次是因學術封閉，一段時間中，對現代官僚制理論所知無幾。而日本學者身處開放社會，馬克斯·韋伯等人的官僚制理論，深化了「寄生官僚論」的相關思考。

「自律貴族論」與「寄生官僚論」的討論有什麼意義呢？事關對中國「中世」特殊性的評估。從政治學角度說，王權、貴族、官僚三者關係，是傳統政治體制的重大問題之一。秦漢與唐宋都以「皇帝專制＋官僚政治」為基本特點，夾在其間的魏晉南北朝若是貴族政體，「君主是貴族的共有物」，則其特殊性就相當大了，與西歐中世紀就比較類似了，唐宋間的政治變化就足以構成「變革」了。反過來說，若士族僅是「寄生官僚」，其歷史特殊性就不那麼大了，「唐宋變革論」的唐宋「從貴族政治到君主獨裁」的論斷，就相當可疑了。

一百多年前，二十七八歲的梁啟超發表了名作《中國專制政治進化史論》，為歷代政治體制建立了一個基本框架。在現代學術開端之時，新框架就是開創。我曾說，此文應成為歷史系學生的必讀論文之一。梁啟超認為，周代是貴族制＋封建制，戰國秦時貴族制受到裁抑，專制得以進化；漢代統治階級起於草莽，不帶貴族氣息，專制再次進化。魏晉南北朝出現了九品中正制，然而「可謂之有貴族，不可謂之有貴族政治」，並不構成歐洲中世紀那種貴族政治；「其於專制政體之進化，毫無損也」，儘管有貴族現象，專制政治在穿越了魏晉南北朝之後，再度大步前行。梁氏的這個認識，跟日人的「六朝貴族論」相當不同。

梁啟超此文是以現代政體理論為基礎的，在貴族問題上他也展示了出色的領悟能力。他說：「貴族政治者，雖平民政治之蝨賊，然亦君主專制之悍敵也。」貴族強大了，君主專制就不大容易，這在人類史上是一個普遍規律。培根說：「一個完全沒有貴族的君主國總是一個純粹而極端的專制國，如土耳其是也。」孟德斯鳩說：「在沒有貴族的君主國，君主將成為暴君。」貴族與皇權此消彼長。在魏晉南北朝，皇權低落，主要原因就是士族發展與官僚的貴族化。但其時官僚的貴族化，並沒有達到改變政體類型的程度。總的說來，梁啟超建立了一個「兩千年一貫制」的模式，「一貫」的就是政治體制。

田餘慶先生的看法與之非常接近。田老師不認為魏晉南北朝是貴族政體，儘管東晉一度出現了門閥政治，但門閥政治只是皇權政治的變態，總體上仍是皇權專制佔主導，並且「中國古史中始終是皇權至上，皇權專制制度是運轉歷史的樞紐。儘管朝代變了，制度的外觀有異，甚至

圖 3.12　幾種歷史分期模式

後來皇帝居位制度也被推倒了，但皇權統治思想和某些機制實際上是保存在社會軀體的骨髓裏面，可以説形成歷史的遺傳基因」。一百多年來，論對六朝士族政治的看法，梁啟超與田餘慶遙相輝映。

上世紀八十年代以後，在重視皇權專制與官僚體制的日本學者中，又發展出了「專制國家論」。他們認為「五種生產方式」這一單線歷史觀，抹煞了中國歷史的很多特點，將西方的歷史模式套用在中國身上。同時也批判了京都學派的「三段論」，認為是用西歐史來把握東亞史，從而貶低了東亞獨特性，也是一種西歐中心論。上世紀八九十年代的中國改革主要發生在經濟層面，政治體制無甚變化，這跟東歐、俄羅斯形成很大反差，這一情況，也給了持「專制國家論」的日本學者很大啟迪。但他們仍頗受馬克思主義的影響，主要從生產方式，從小農經濟、地主不獨立於國家政權、租税合一等方面，來探討中國兩千年集權專制的原因。這幾年日本學者不大使用「專制國家論」的提法，改稱「國制論」了。我猜測，原因是一些中國學者基於「溫情和敬意」，對「中國專制」之説表示不滿，日本學者很尊重中國學者的感受，就改稱「國制論」了。

改革開放後，大陸學術界對 Feudalism 意義上的「封建制」概念是否適合傳統中國，出現了很多爭議。有學者索性把「封建」稱為「百年來的一個誤譯」。（甚至對「奴隸社會」是否可以用於中國，也有很多質疑。）在這時候，京都學派的「三段論」啟發了不少大陸學者的靈感，他們對「唐宋變革論」有很多討論。很多中國學者原有一個看法：從經濟文化上看，宋代開啟了中國史的新時代。這看起來跟「唐宋變革論」有相似處。但柳立言強調，只有認為唐宋間發生了一場根本性的社會轉型，而且這個轉型具有「近代化」的意義，才算「唐宋變革論」。中國學者有的這麼看，有的只是把唐宋間相關變化説成是「封建社會後期」的現象。

基於「五種生產方式」的歷史分期，可以説是「經濟史觀」的；京都學派的「三段論」被認為是「文化史觀」的。梁啟超「兩千年一貫制」的那種論點，則具有「制度史觀」的意義。當然，梁氏尚沒有在政治體制與社會形態之間畫等號。但傳統中國是一個政治優先的社會，「行政化」的社會，秦漢政府的完善程度已居世界之首，多方超邁羅馬帝國，秦始皇就是當時地球上最有勢力的人，四千萬民眾說什麼、想什麼、做什麼，由他一個人說了算，則政治體制在塑造中國社會形態上所顯示的巨大權重，任何人都不能無視、低估。

清人趙翼說戰國秦漢是「天地間一大變局」，晚清又有「三千年未有之變局」之說，但古人很少說唐宋間是天地間一大變局。唐宋間若有一次社會的根本轉型，古人怎麼沒看到，過了一千年才被我們看到呢？宋代寫成的《資治通鑒》，仍拿千年以前的史事做治國借鑒，時代好像沒怎麼變化似的。我們不否認唐宋間經濟、社會、文化發生了很多變動，但政治體制這個權重，大大降低了其間的「社會形態變化率」，古人感覺自己仍處於一個「君—臣—民」結構的社會中。錢穆說：「論中國政治制度，秦漢是一個大變動。唐之於漢，也是一大變動。但宋之於唐，卻不能說有什麼大變動，一切因循承襲。」這等於說，錢穆也否認制度史上有過「唐宋變革」。

若從「制度史觀」說，魏晉南北朝到隋唐的制度進化倒令人矚目。首先由分裂到統一，這就是一個決定性變化。一個強大皇權再現於歷史舞台之上，又是一個決定性變化。進而中國制度史上樹起了三大豐碑：三省六部制，科舉制，唐律。這幾乎就奠定了中國史後半段的制度基礎。還有，唐代的品階勳爵制度表明，從周代的「爵本位體制」，經秦漢「爵—秩二元體制」，而發展為「一元化多序列的複合體制」了。

由此反觀魏晉南北朝，其時雖有「變態」，但仍有「連續」，有「回歸」。雖在政治勢力上出現了士族，但士族應視為一種「貴族化官僚」，是官僚的「變態」，兼有「官僚」身份；雖然出現了維護士族特權的九品中正制，但整個體制仍是沿著皇帝專制、中央集權的路線穩步進化，直到孕育出了隋唐三大制度豐碑；在政治文化上士族引發了玄學思潮，但儒家觀念和「官僚政治話語」在王朝政治中仍居主導。我的《波峰與波谷：秦漢魏晉南北朝的政治文明》一書，有「冰層下的潛流：官制和法制的進化」一節，專論此期的各種制度進步；還有「空話不空：官僚政治話語」一節，專論此期的「集權官僚政治話語」，尊君卑臣、選賢任能之類仍是政壇、官場上的正統論調。中國「中世紀」的歷史軌跡，確實呈現出了若干曲折，但與西歐中世紀相比，其「斷裂」程度並不那麼大，有兩個因素維繫著其間的歷史連續性：第一，秦漢集權官僚體制的政治傳統；第二，士大夫階層及其承載的文化傳統。二者聯袂攜手，保證了「連續」，實現了「回歸」。西歐的中世紀沒有這兩樣東西。

十六國北朝的軍功貴族，與魏晉南朝的文化士族，構成了這一時期貴族的兩大形態。但異族軍功貴族與漢族文化士族的歷史作用相當不同。梁啟超《中國專制政治進化史論》有一個卓越的看法：異族政權下的部落貴族，反而是強化專制的，「貴其所貴，非吾所謂貴，彼以彼之貴族而擁護彼之專制」。例如在元朝，蒙古人最貴，但這個貴族不是漢民族自己的，蒙古貴族是擁護元朝皇帝對漢人的專制的。政治學原理之一，就是貴族如果強大了，皇權就會低落。但這個規律不完全適合征服王朝。如前所述，北朝的軍功貴族，實為推動北朝專制官僚體制復興的主要動力。

田餘慶的思維方式是「變態—回歸」。循此思路，闡述「變態」原因，衡量「變態」幅度，尋找「回歸」動力，我想可以成為深化魏晉南北朝政治史研究的主要模式之一。這個模式，可以豐富對「兩千年一貫制」的認知。

中國史穿越了魏晉南北朝一段曲折，最終回歸於其歷史的「中軸線」上來了。

譚嗣同有言：「兩千年之政，秦政也」；毛澤東有詩：「百代都行秦政法」。從制度史觀看，兩千年歷史是一個整體，其開端是秦。秦以後兩千年，中國人民就一直生活在秦始皇的身影之下。在京都學派的「三段論」中，秦統一的巨大歷史意義黯然無光。而對郭沫若的「戰國封建論」，何懷宏指出了它的一個魅力：緊緊抓住了戰國秦漢那場巨大變革。中國史上有三個大轉型，第一是夏朝國家誕生，夏商周政權是中國國家的 1.0 版；第二是戰國秦漢中央集權的官僚帝國之演生，兩千年帝制是中國國家的 2.0 版；第三次便是近代以來的那場巨變，由此，中國國家的 3.0 版開啟了升級換代。我之所以使用 1.0 版、2.0 版、3.0 版之詞，就是要顯示它是同一個事物的連續發展。俄羅斯的沙皇制度實行了近四百年，而中國的「皇帝」之制從秦帝國到袁世凱的「中華帝國」，使用了兩千兩百多年；「五等爵」從周朝到袁世凱的「中華帝國」，也使用了二十七八個世紀。這樣的制度連續性，其他任何一個國家都沒有。李銀河有言：「我們最可能擁有的，就是歷史和文化中曾擁有的；最不可能擁有的，就是歷史和文化中沒有的。」康曉光有言：「兩千多年來，中國發生了無數巨變，但是『行政力量支配社會』這一特性從未改變。專制政治具有巨大的適應能力，不僅可以適應農業經濟，也可以適應工業經濟，不僅可以適應計劃機制，也可以適應市場機制，甚至也可以適應全球化。……中國的政治文化似乎與民主無緣。儒家與法家爭論的是『王道』和『霸道』，而不是政府權力的來源。」這都是對幾千年中國制度史的巨大慣性的深切感悟。而剛才所述魏晉南北朝史，便是在「兩千年一貫制」的背景下展開的，它通過「變態」之後最終還是「回歸」的歷史軌跡，突顯了「歷史連續性」，而不是魏晉南北朝的特殊性。

推薦閱讀

（編輯希望提供參考書目，而魏晉南北朝史的優秀著作實在太多，斟酌之餘，決定只選本人師友作品。從他們的著作中我受益最多。）

- 周一良：《周一良學術著作自選集》，首都師範大學出版社，一九九五年
- 田餘慶：《東晉門閥政治》，北京大學出版社，二〇一二年
- 祝總斌：《兩漢魏晉南北朝宰相制度研究》，中國社會科學出版社，一九九〇年
- 李憑：《北魏平城時代》（修訂本），上海古籍出版社，二〇一一年
- 張偉國：《關隴武將與周隋政權》，中山大學出版社，一九九三年
- 閻步克：《波峰與波谷：秦漢魏晉南北朝的政治文明》，北京大學出版社，二〇一七年
- 陳蘇鎮：《兩漢魏晉南北朝史探幽》，北京大學出版社，二〇一三年
- 陳勇：《漢趙史論稿：匈奴屠各建國的政治史考察》，商務印書館，二〇〇八年
- 胡寶國：《漢唐間史學的發展》，商務印書館，二〇〇三年
- 李萬生：《侯景之亂與北朝政局》，中國社會科學出版社，二〇〇三年
- 羅新：《中古北族名號研究》，北京大學出版社，二〇〇八年
- 陳爽：《世家大族與北朝政治》，中國社會科學出版社，一九九八年
- 韓樹峰：《南北朝時期淮漢迤北的邊境豪族》，社會科學文獻出版社，二〇〇三年

第四講

時代變奏

大唐的鼎盛與衰頹

張國剛

我今天要講的是唐代歷史，因時間有限，不能講得很具體，所以我就找了一條線索——大唐的鼎盛與衰頹。為什麼會鼎盛？表現在哪裏？衰頹的原因又是什麼？為什麼沒有解決方案？按照通常的分析框架，我們會從人事與制度這兩個方面展開，人事就是當下的操作，制度是指長時段的路徑。但是，如果事關長時段的歷史發展，還需要討論時代趨勢。時代趨勢是在多種因素的合力作用下形成的，所謂「識時務者為俊傑」，在歷史趨勢面前，英雄個人的聰明，就顯得不具主導作用了。因此，對於唐朝的鼎盛與衰頹我們還要加一個分析工具：時代趨勢。在時代趨勢面前，英雄和聖人需要做的就是順應時勢，推動深入持久的變革。今天是這樣，歷史上也是如此。

一　大唐何以稱「鼎盛」

秦以後的中國歷史朝代，延續一百五十年以上的只有西漢、東漢、唐朝、北宋、南宋、明朝和清朝，將近三百年的唐朝是延續時間最長的。

唐朝的國家由它的核心區域和周邊的都護府組成，其中安東都護府在平壤，安北都護府在蒙古，安西都護府在中亞，安南都護府在河內。另外唐帝國東面是大海，西面是高山，北面是沙漠。自然空間的相對封閉性，以及都護府構成的自然和軍事的安全保障，是大唐繁榮和發展的基本條件。我們先講一下大唐鼎盛的一些表現。

根據《唐六典》記載，開元時期前來朝貢的國家和地區有七十多個。唐高宗乾陵前面至今還有六十多個番邦君長的石刻雕塑，據說高宗死後他們以此形式陪葬。盛唐之際，東亞的日本、朝鮮，南亞的天竺諸國，中亞、西亞的大小政權，乃至地中海地區的一些國家，都在實質上或名義上奉唐朝為宗主，並以定期或不定期的朝貢維繫著一種政治聯繫。開元時代，長安、揚州、廣州等海陸絲綢之路的重要樞紐城市總是海外客商雲集，成為溝通中外經濟、文化與政治聯繫的重要渠道。據九世紀阿拉伯人的文獻記載，當時廣州的外商數以十萬計，而長安是百萬人口的城市，來自緬甸的驃國樂舞，來自中亞石國、康國的胡騰舞、胡旋舞、柘枝舞等，都曾在長安表演。

這些燦爛光環的背後是唐朝內政的修明。官方材料

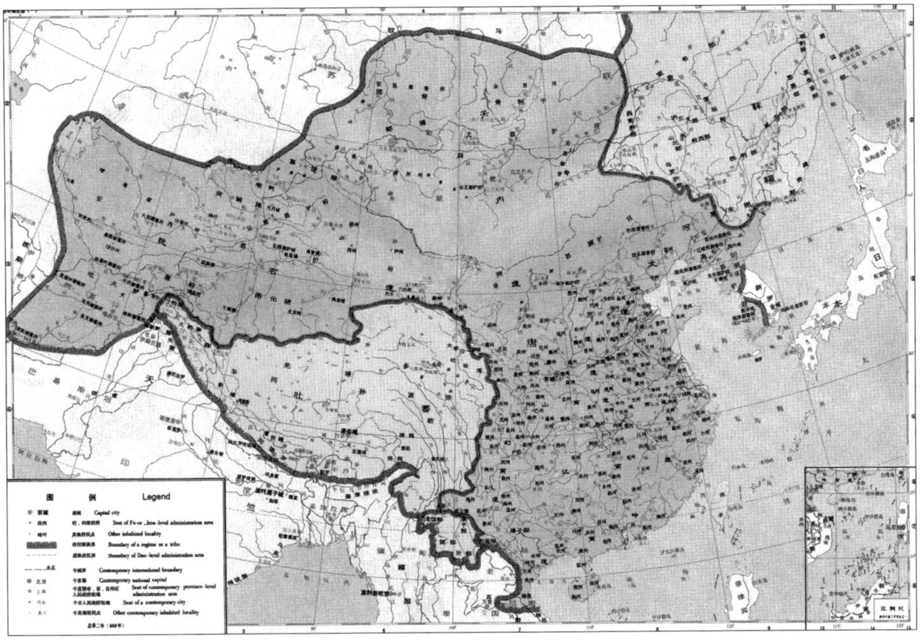

圖 4.1　唐最大疆域全圖（唐高宗總章二年，公元六六九年）（譚其驤主編：《中國歷史地圖集》第五冊，中國地圖出版社，一九九六年）

顯示，天寶十三載（七五四年）全國人戶約九百六十二萬、人口約五千二百八十八萬，學者們綜合各方面史料推測，公元八世紀中葉，唐朝全國實際人戶是一千三百至一千四百萬，實際人口超過七千萬。中國最早的人口統計是西漢末年進行的全國人口普查，當時統計的結果是將近六千萬。隋煬帝時候的官方統計是五千多萬。在玉米、紅薯、土豆等美洲的新糧食品種進入中國之前，中國人口一般就在六七千萬徘徊。

我們知道，宋、元、明、清都有勝過唐的地方，但是唐的鼎盛有一種橫向比較的優勢，即同一時期世界上的其他地方都不如唐。八世紀的東法蘭克福王國，從塞納河到萊茵河之間的人口是兩三百萬。直到十六世紀，哥倫布以後百餘年，地中海地區的人口才五六千萬。八世紀的北非人口三百萬，印度處於分裂狀態，阿拉伯世界才開始擴張。而當時日本與朝鮮也都是人口寡少的小國，剛從唐朝學會創立自己的文字。在農業經濟為主的時代，人口就是生產力。唐玄宗時期人口繁盛，反映了當時中國總的經濟實力是獨步世界的。

我們觀察八世紀前期的歐亞大陸會發現，唐朝的疆域跟漢朝相比是東不及而西過之。「東不及」是說漢朝時在朝鮮半島設置了樂浪、玄菟、真番、臨屯四郡，而唐朝沒有。「西過之」是說漢朝在西邊只有西域都護府，而唐朝時新疆地區已經由州縣統治，在中亞、波斯也都設了都督府（羈縻府州）。唐朝不僅版圖比之漢代有新的拓展，南方地區也獲得進一步開發，大運河把黃河流域與長江流域更密切地聯繫在一起，促進了全國經濟的增長。農民的勞動熱情空前高漲，杜佑說：「開元、天寶之際，耕者益力，高山絕壑，耒耜亦滿。」根據現有史料推算，當時實際全國耕地面積約八百五十萬頃，折合今畝達六點六億畝（當下的中國為十八億畝），人均佔有達九畝多，遠遠超過我國今日一點四畝的平均數。所以唐朝的鼎盛是有實實在在的物質基礎的。

開元年間國家圖書館的藏書達五萬三千九百一十五卷。我們常說的四部（四庫）圖書分類，就是在唐代正式被國家官方圖書館採納。《新唐書．藝文志》講：「藏書之盛，莫盛於開元，其著錄者，五萬三千九百一十五卷，而唐之學者自為之書，又二萬八千四百六十九卷。嗚呼，可謂盛矣！」玄宗大力提倡教育，廣泛設立公私學校。開元二十一年（七三三年）五月敕：「許百姓任立私學，欲其寄州縣受業者亦聽。」（《唐會要》卷三五《學校》）開元二十六年下令天下州縣，每鄉都要設置學校一所，以教授學生。這樣推行政教的結果是，垂髫兒童，「皆知禮讓」（《舊唐書》卷九《玄宗本紀下》）。可以說教化大興！唐朝之所以讓人覺得流光溢彩，和它的文化有關，那是一個詩歌的時代，李白、杜甫是其中傑出的代表。

杜佑《通典》記載，開元十三年（七二五年）東封泰山之時，「米斗至十三文，青齊穀斗至五文。自後天下無貴物，兩京米斗不至二十文，麵三十二文，絹一匹二百一十文」。又說：「東至宋、汴，西至岐州，夾路列店肆，待客酒饌豐溢。每店皆有驢，賃客乘，倏忽數十里，謂之驛驢。南詣荊襄，北至太原、范陽，西至蜀川、涼府，皆有店肆，以供商旅。遠適數千里，不持寸刃。」這裏說的是私人客棧，而供官方使用的驛站（公費招待所），每三十里一驛，全國共有一千六百四十三所。交通便捷，道路安全，行走數千里不用帶防身武器；農業豐收，國家和老百姓的糧倉都裝得滿滿的。下面這兩首詩從社會風氣、農業生產、生活水準等不同的方面展現出了盛唐的氣象。

憶昔開元全盛日，小邑猶藏萬家室。
稻米流脂粟米白，公私倉廩俱豐實。
九州道路無豺虎，遠行不勞吉日出。
齊紈魯縞車班班，男耕女桑不相失。

——杜甫《憶昔》

故人具雞黍，邀我至田家。
綠樹村邊合，青山郭外斜。
開軒面場圃，把酒話桑麻。
待到重陽日，還來就菊花。

——孟浩然《過故人莊》

唐朝能成為世界性帝國，還因為它能提供公共產品。前些年美國和歐洲舉辦的唐代文化展，稱唐代為黃金時代。

唐朝提供的「公共產品」有：第一，巨額的商品貿易，包括出口的絲綢、進口的馬匹和珠寶等。那時候的東南亞發展水平很低，中亞的人口相對很少，主要的貿易市場是從唐朝到阿拉伯世界、波斯甚至更遠的歐洲。第二，先進的發展模式，對周邊的吐蕃還有國外的日朝輸出文化，接納各國的留學生。我們現在很多古書無存，要到日本去找，就是那個時候輸出的。第三，國際交流平台，著名大都市長安和廣州都是重要的經濟與文化交流空間。第四，國際經貿交流渠道，主要是「一帶一路」。舉兩個例子，賈耽大概是唐德宗時候的人，寫過一部《皇華四達記》，記載了當時的國際經貿交流情況；根據前些年發現的一份墓誌，公元七八五年，宦官楊良瑤第一次代表唐朝政府出訪黑衣大食，從廣州出發到波斯灣。這是過去不知道的，我們都以為鄭和是第一次。這次出訪是中國官方第一次從海路出使西方，並且是從廣州出發而非從南京出發，出訪使用的是中國人的船，東晉末年法顯從斯里蘭卡回廣州乘坐的還是其他地方的船隻。第五，國際安全環境，唐朝實行羈縻府州模式。羈縻府州是唐朝在周邊地區設置的特別行政區，從功能上說是維持唐朝與所在地的和平關係，保證當地的軍事安全。當地統治者世襲，唐朝不向當地居民徵稅，軍隊在當地屯田或者收過往商稅，解決

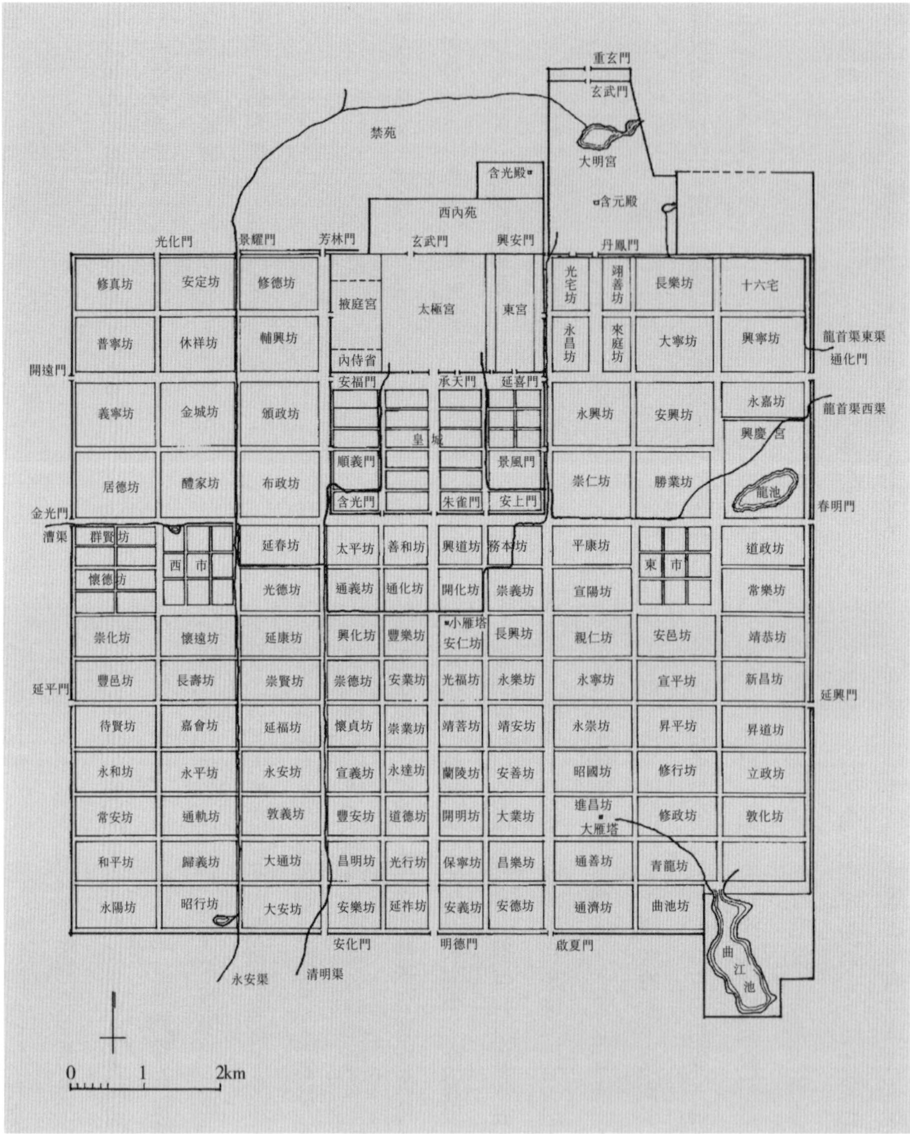
重玄門
玄武門
禁苑
大明宮
含光殿
含元殿
西內苑
光化門
景耀門
芳林門
玄武門
興安門
丹鳳門
修真坊
安定坊
修德坊
掖庭宮
太極宮
東宮
光宅坊
翊善坊
長樂坊
十六宅
普寧坊
休祥坊
輔興坊
內侍省
永昌坊
來庭坊
大寧坊
興寧坊
龍首渠東渠
通化門
開遠門
安福門
承天門
延喜門
義寧坊
金城坊
頒政坊
皇城
永興坊
安興坊
永嘉坊
龍首渠西渠
興慶宮
居德坊
醴家坊
布政坊
順義門
景風門
崇仁坊
勝業坊
龍池
金光門
含光門
朱雀門
安上門
春明門
漕渠
群賢坊
西市
延春坊
太平坊
善和坊
興道坊
務本坊
平康坊
東市
道政坊
懷德坊
光德坊
通義坊
通化坊
開化坊
崇義坊
宣陽坊
常樂坊
崇化坊
懷遠坊
延康坊
興化坊
豐樂坊
小雁塔
安仁坊
長興坊
親仁坊
安邑坊
靖恭坊
延平門
豐邑坊
長壽坊
崇賢坊
崇德坊
安業坊
光福坊
永樂坊
永寧坊
宣平坊
新昌坊
延興門
待賢坊
嘉會坊
延福坊
懷貞坊
崇業坊
靖善坊
靖安坊
永崇坊
昇平坊
昇道坊
永和坊
永平坊
永安坊
宣義坊
永達坊
蘭陵坊
安善坊
昭國坊
修行坊
立政坊
常安坊
通軌坊
敦義坊
豐安坊
道德坊
開明坊
大業坊
進昌坊
大雁塔
修政坊
敦化坊
和平坊
歸義坊
大通坊
昌明坊
光行坊
保寧坊
昌樂坊
通善坊
青龍坊
永陽坊
昭行坊
大安坊
安樂坊
延祚坊
安義坊
安德坊
通濟坊
曲池坊
曲江池
安化門
明德門
啟夏門
永安渠
清明渠
0
1
2km

圖 4.2　唐長安城平面圖

（上）圖 4.3　大秦景教流行中國碑，唐建中二年（七八一年）吐火羅人景淨撰，記述了當時景教在中國的傳播情況。現藏於西安碑林
（下右）圖 4.4　摩尼教皈依圖，出土於高昌故城，為高昌回鶻時期的畫作。此畫面描繪了摩尼教會一年一度的 Bema 節場面，該節日為紀念其創始人摩尼殉教而設
（下左）圖 4.5　敦煌白畫祆神圖，出土於敦煌藏經洞。大概是十世紀的祆教圖像，雖然已經受到佛教因素的影響，但畫面的祆教特徵仍非常明顯，可能是晚唐五代宋初的歸義軍官民賽祆活動的遺物

部分軍費。唐朝曾經保護過前來避難的波斯王子（波斯都督府），也在新羅、百濟和高句麗戰爭時期維護過朝鮮半島的秩序。

長安的東西兩市外商外僑雲集，據說「買東西」這個詞就源自人們去東市和西市消費。唐朝有賓貢科，是為來華外國人特設的科舉考試，日本的朝衡、新羅的崔致遠等都參加過賓貢科。很多外國人在唐朝做官，不光是東亞人，也包括西邊的大食人、波斯人等。唐朝還有三夷教，就是景教、摩尼教和祆教，佛教更是大行其道。

二　「唐風」：從「天可汗」說起

以上描述了唐朝的鼎盛，再來講講唐朝的風格。

貞觀四年（六三〇年），唐太宗派李靖、李勣滅了東突厥，之後「四夷君長詣闕請上為天可汗，上曰：『我為大唐天子，又下行可汗事乎？』群臣及四夷皆稱萬歲。是後以璽書賜西北君長，皆稱天可汗」。

如何理解「天可汗」？我們只要對南北朝的歷史有點了解就會知道，十六國歷史上的五胡政權是將單于（相當於可汗）與皇帝並列的。比如，劉淵的匈奴漢政權、石勒和石虎的趙政權，實行胡（大單于管理）漢二元體制，即「一國兩制」。「天可汗」意味著天子不僅管理華夏，還管理周邊胡人的地域。即使在以後唐朝比較衰落的時候，周邊胡人還稱唐天子為天可汗。舉個例子，永泰元年（七六五年），安史之亂平定之後兩年，僕固懷恩引吐蕃、回紇、吐谷渾、党項等部，總共數十萬人攻唐，郭子儀率兵抵禦。

> 急召子儀自河中至，屯於涇陽，而虜騎已合。子儀一軍萬餘人，而雜虜圍之數重。子儀使李國臣、高昇拒其東，魏楚玉當其南，陳回光當其西，朱元琮當其北。子儀率甲騎二千出沒於左右前後，虜見而問曰：「此誰也？」報曰：「郭令公也。」
>
> 回紇曰：「令公存乎？僕固懷恩言天可汗已棄四海，令公亦謝世，中國無主，故從其來。今令公存，天可汗存乎？」報之曰：「皇帝萬歲無疆。」回紇皆曰：「懷恩欺我。」（《舊唐書》卷一二〇《郭子儀傳》）

敵人已經連成一片，重重包圍，郭子儀卻只有一萬多人，佈置好東西南北的兵將後，親率兩千甲騎出沒於左右前後。對方問此人是誰？回答說郭令公，因為郭子儀當過中書令。敵方說，本以為郭子儀和天子已經離世，既然郭令公還在，那麼皇帝還在嗎？回答說皇帝萬壽無疆。敵方說是受了僕固懷恩欺騙。我引這段史料的關鍵是說明四夷君長仍然認同「天可汗」這個稱呼。

關於唐朝兼祧胡漢的「天可汗」問題，我們可以回顧一下唐朝的建國史，庶幾可從中發現「天可汗」的歷史淵源。

眾所周知，隋唐王室都是西魏「八柱國」成員，據《資治通鑑》載：

> 初，魏敬宗以爾朱榮為柱國大將軍，位在丞相上；榮敗，此官遂廢。大統三年，文帝復以丞相泰為之。其後功參佐命，望實俱重者，亦居此官，凡八人，曰安定公宇文泰，廣陵王欣，趙郡公李弼，隴西公李虎，河內公獨孤信，南陽公趙貴，常山公于謹，彭城公侯莫陳崇，謂之八柱國。

八大柱國中，宇文泰創建了西魏北周，元欣是西魏的宗室，李虎是唐朝開國者李淵的祖父。隋朝開國皇帝楊堅的父親楊忠，地位比八柱國低一級。

圖 4.6 是很著名的北周李賢墓中出土的人像，鬈髮、高鼻、深目，明顯是胡人，李賢墓出土的東西基本都帶有胡的色彩。李賢的哥哥李穆堅定支持楊堅建國，他的弟弟李遠堅定支持宇文泰。李賢這個家族，包括李穆、李遠都會突厥語，生活方式非常胡化。我們推測，李虎家族的文化氛圍，很可能與李賢、李穆家族類似。

圖 4.6　北周李賢夫婦合葬墓出土人像

公元五二四年前後，北魏六鎮起義，起義的人後來分成兩撥，一撥是武川鎮的宇文家族、賀拔家族、獨孤家族、李氏、楊氏等，另一撥是在懷朔鎮的高歡家族、侯景等。高歡出自渤海脩縣的高氏，他是漢族，可是完全胡化了。他後來建立的東魏北齊是胡化很盛的朝代。李氏和楊氏不管是不是漢人，最多跟高歡一樣，是漢人血統但胡化很深。你是胡是夏由文化決定，不由種族決定。在這個背景下，唐太宗講：「自古皆貴中華，賤夷、狄，朕獨愛之如一，故其種落皆依朕如父母。」（《資治通鑒》卷一九八）他這樣說不是因為胸懷寬廣，而是因為其家族傳統就是這樣。

李唐皇室家族的事業起步是北魏六鎮起義，他們很自然地接續了北朝的政治傳統。所以唐太宗做天可汗，不論對胡人來說，還是對他自己來說，都是自然而然的事情。這讓我們想起康熙的話：「自古皆築長城以防夷狄，我把夷狄變成長城。」所以五族共和最早是滿族人提出來的，孫中山當時還搖驅逐韃虜的旗，後來講三民主義才接受五族共和的內容。

我們再來看李淵的起兵易幟。溫大雅是李淵在太原起兵時的書記官，他寫的《大唐創業起居注》是比較紀實的，其中記載李淵說旗幟：「宜兼以絳雜半續之。」當時突厥是白旗，隋朝是赤旗（絳色），李淵要一半用白旗一半用赤旗，表示一半隋一半突厥。同一件事，《資治通鑒》的記載是：

> （裴）寂等乃請尊天子為太上皇，立代王為帝，以安隋室，移檄郡縣；改易旗幟，雜用絳白，以示突厥。（李）淵曰：「此可謂『掩耳盜鐘』，然逼於時事，不得不爾。」乃許之，遣使以此議告突厥。

胡三省加註說：「隋色尚赤，今用絳色雜之於白，示若不純於隋。」陳寅恪在《論唐高祖稱臣於突厥事》一文中講：「實表示維持中夏之地位，而不純臣服於突厥之意。」兩個人的說法正好相反。解決這個問題，需要用一條前人從來沒用過的材料。唐人趙蕤《長短經》載：「秋七月，唐公將西圖長安，仗白旗，誓眾於太原之野。」李淵完全是用白旗。趙蕤是開元時代的人，所以這條材料也是唐人的材料。那麼他和溫大雅的記載，哪一個是對的呢？

其實兩者都對，因為溫大雅根本沒講最後是不是一紅一白。陳寅恪先生的推論是對的，李淵希望通過易幟表示維持中夏地位，但突厥最後肯定沒有同意。李淵的祖先深受胡化，六鎮起兵其實是反北魏孝文帝改革。孝文帝從大同遷都到洛陽，改漢姓、易漢服、和漢人通婚、用漢字、講漢語，六鎮起義是對這個改革的反動。

日本早稻田大學的石見清裕教授二〇一七年發表了《粟特人的東方遷徙與唐王朝的建立》一文，從微觀角度講述了很多粟特人參與大唐建立的過程。寧夏固原史氏家族從北魏末期到隋代，一直率領部兵參加軍事行動。薩寶出身的史射勿統領粟特鄉兵，被授予府兵軍官「帥都督」的稱號。其他史氏家族成員，為府兵軍官的也很多。西魏北周及隋施行府兵制，岑仲勉先生講，府兵制招募的鄉兵其實很多都是胡人。粟特人是跟隨部族活動的，還跟宗教連在一起。根據一份粟特文和漢文參半的《史君墓誌》，同時為「大祆主」的同州薩寶，處在與東魏北齊鬥爭的最前線。後來這個史氏家族還參與了討薛舉，也就是大唐建國時候的軍事行動。

《虞弘墓誌》中講：「遷領并代介三州鄉團，檢校薩寶。」這裏的「鄉團」，即粟特人聚落組成的鄉兵。根據深圳望野博物館所藏《遊涅槃陀墓誌》（粟特文），六世紀這個家族已經作為商人移居鄴城。《曹怡墓誌》中講：「父遵，皇朝介州薩寶府車騎都尉。君……起家元從，陪翊義旗，後殿前鋒，殊功必效。」《康令惲墓誌》中講：「天子龍飛於晉陽，諸侯駿奔於環宇。猶高祖起沛，先議蕭何之功，成湯自陑，必酬伊尹之效。公折衝樽俎，拜為驃騎將軍。」車騎騎都尉和驃騎將軍都是府兵的軍官。總之，從北魏時代開始，胡人（粟特人）大舉入華，參與了創建西魏、北周、隋唐王朝。

時代的胡風、家族的胡風影響了唐太宗李世民的家庭氛圍。李世民給魏徵等編輯的《群書治要》回覆說：「朕少尚威武，不精學業，先王之道，茫若涉海。覽所撰書，博而且要，見所未見，聞所未聞，使朕致治稽古，臨事不惑，其為勞也，不亦大哉。」性本剛烈，若被委屈壓抑，「恐不勝憂憤，以致疾斃之危」；「卻思少時行事，大覺非也」，慨歎「為人大須學問」。魏徵編的這些書他沒有讀過，但他的突厥語很好。至於太宗的長孫皇

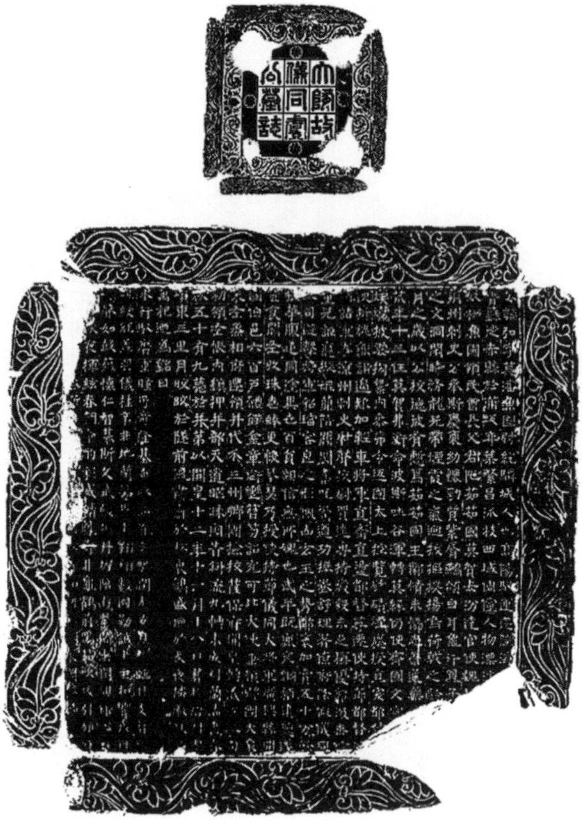

（上）圖 4.7　虞弘墓誌拓片
（下）圖 4.8　虞弘墓石棺上的「夫妻宴飲圖」

后，根據《北周拔拔兒墓誌》，拔拔兒第三子為季晟，孝文帝時改姓，是為長孫晟。長孫晟即長孫皇后之父，他死後妻子高氏攜帶兒女歸寧，故長孫氏為舅父高士廉所鞠養。長孫皇后的母親出自高歡家族，雖是漢人，但胡化嚴重，所以長孫皇后平常就講鮮卑語。李淵生母獨孤氏是獨孤信的女兒，出自帶突厥血統的鮮卑家族。李世民的外婆宇文氏是宇文泰的女兒，也是鮮卑家族。李承乾是武德二年（六一九年）出生的，這個時候大唐已經建立了，但是他好講突厥語，穿突厥服裝。這個孩子的家庭教養完全是突厥式的，家族的突厥文化讓他習染成風。從這個角度來說，唐太宗對於山東高門的禮法門風頗為不屑，其潛在的原因，倒是完全可以理解。

時代的胡風、皇室家族的胡風，也影響到社會上的胡人和胡文化的地位。唐代絲路貿易繁榮，對於中國方面來說，主要是邊境貿易，中國人主動出境貿易不佔主流。文獻資料記載，陸上絲綢之路擔當東西貿易的商人主要是塞種人，即大月氏人、匈奴人，中古時期則以粟特人為主流。《北齊書．和士開傳》說這位北齊寵臣是西域胡商之後。前些年出土的虞弘墓、安伽墓、康業墓等，墓主都是在華粟特胡商或者其後裔。成書於東魏（約五四七年）的《洛陽伽藍記》記載北魏「四夷館」前來販貨的客商：「自葱嶺已西，至於大秦，百國千城，莫不歡附，商胡販客，日奔塞下，所謂盡天地之區已。」北周的千金公主嫁到突厥，後來北周亡了，隋滅陳之後又送給她一面華貴屏風。她一時感慨寫了一首詩，其中有一句：「余本皇家子，漂流入虜廷。」可見這些北朝的胡人政權，是把更北

圖 4.9　粟特商人供佛圖。出自新疆吐魯番柏孜克里克千佛洞第九窟

圖 4.10　章懷太子墓出土壁畫《客使圖》，描繪唐朝外交機構鴻臚寺官員接待外國使節的場景

方的部族看作胡人的。所以北魏有「四夷館」也不奇怪。

隋唐一統，特別是唐太宗平東突厥、平高昌，促進了絲綢之路的貿易發展。唐太宗對來自昭武九姓的使者（他們關心的大約正是貿易）說：「西突厥已降，商旅可行矣。」於是，「諸胡大悅」（《新唐書·西域傳下》）。唐朝在邊境地區設置了管理商貿活動的「互市監」，安祿山和史思明最早在幽州做互市牙郎，就是管這項工作的。他們通「六蕃語」，與外商談生意有優勢。安祿山是一個混血兒，母親為突厥人，父親是粟特人。其後母親帶著他嫁給突厥的安延偃，於是便改姓安。總的來說，李唐皇室對胡人沒有「非我族類」的防範心態，也不只是從工具意義上使用番族胡人，而完全是胡漢一家親。

總之，我們在理解北朝和隋唐的連續性的時候，不要忽視政治傳統上的連續性，不能把隋唐取代北朝，僅僅看成漢人統一全國，而是胡漢融合。唐朝的開放與自信，是經濟和社會繁榮發達的結果，也是唐朝胡漢一家政治風格的自然表現。北朝社會就是胡漢一家，隋唐延續了這個趨勢。此時我們再讀唐太宗所言「自古皆貴中華，賤夷、狄，朕獨愛之如一，故其種落皆依朕如父母」，就有別樣的意味了。到了五代的時候，五個政權中三個都出自沙陀，而且後唐四帝，雖不同姓，卻都是沙陀。主導五代歷史的八姓，六個都是沙陀。沙陀裏面有粟特、突厥等不同部族。

三　唐前期：鼎盛與危機

我想從制度、人事和趨勢三個方面來講唐前期的鼎盛和危機。

就制度紅利而言，魏晉南北朝四百年的大分裂期間有很多新的制度出現，這些制度在隋朝沒有充分發揮其效果，到了唐朝才顯現出來，突出表現在兵役制度、土地制度、賦稅制度、科舉制度等方面。第一是北朝均田制帶來的土地改革紅利，均田制在唐朝前期得到比較好的實施和推廣。第二，漢武帝以來的內外朝制度到唐朝演變成三省六部制度。第三，科舉制度對於社會文化風氣的導向作用十分明顯。出將入相，武功與文化追求相得益彰，不似後代重文輕武。

先講均田制，北魏太和九年（四八五年）施行均田制。自西漢以來，土地私有化的機制不斷發展，西漢的崩潰就是因為沒有解決土地問題。東漢也沒解決，光武帝的「度田」很不徹底，豪強佔田逾制十分普遍，東漢的士大夫或說黨錮人士都是有土地的。北朝的均田制才解決了土地問題，到唐太宗時，均田制施行的條件比北朝更充分。當時全國只有兩百萬戶人口，即使太宗去世時也只有三百六十萬戶人口，在統一而強大的中央政權推動下，很容易推廣均田制。另外，「均田制」與「曲轅犁」完美結合。漢朝到魏晉都是大型犁鏵和二牛抬杠，置辦一套農具需要很多錢，一般人家用不起，而且也需要很多勞動力和比較大面積的土地，所以東漢豪強的形成也跟當時的生產方式有關係。曲轅犁具體什麼時候出現的還不能確定，但是大型犁鏵和二牛抬杠的使用在唐代肯定已經改變了。

再說行政制度，福山認為中國秦漢時期就屬於現代國家，因為管理方式先進。秦朝的模式太累人，秦始皇每天處理公文一百二十石，換算出來是四十八公斤，有人估算相當於三十多萬字的公文。而且他在全國視察，要在路上處理公文，最後就死在路上。漢武帝不一樣，他活了七十來歲，個人生活豐富多彩，因為他有時間。內朝有尚書幫助他處理，外朝有丞相，地方上設了十三個巡視組，巡視組長就是刺史。到了東漢，首都地區的巡視組長叫司隸校尉，這個制度進一步完善。

東漢末年以後，從曹操到司馬家族、從宇文泰到楊堅的統治都屬於霸府模式。所謂霸府模式就是丞相府總領政務，兼錄尚書事，皇帝身邊沒有內朝。比如說曹魏的孫資和劉放，這兩個人是曹操時候的秘書，曹丕改朝換制以後當中書，實際掌握重大決策的參決大權。魏明帝曹叡安排的託孤大臣本來沒有司馬懿，因這兩個人和曹叡安排的外朝託孤大臣有矛盾，所以在他臨死的時候換上了新的託孤大臣，也就是曹爽和司馬懿。隋唐整合了以往的制度，內朝外朝分開，而隋唐政權本身是從霸府發展過來的，隋文帝就是丞相，所以把出令、審核、執行統一成三省六部——中書門下體制。三省六部制有權力制約的特點，中書、門下、尚書三省互相制約。中國歷代只講監督，很少講制約。監督就是御史台監督，制約是決策中心相互牽制。這個模式影響了唐宋的中央政權運作。

最後說人才選拔制度。科舉和銓選直接導致了社會風氣的變化和社會階層的更新換代。唐朝考試很有意思，考墨義（簡答）、口試、貼經（背誦）、策問、詩賦等。銓選就是吏部試，考身言書判，看書法是否遒美，文章是否有條理，體貌是否豐偉，言辭是否辯證。這對唐朝社會風氣影響很大。唐朝科舉不糊名，考官能看到名字，這就需要你有社會聲譽。社會聲譽怎麼獲得？必須有人肯定。所以士子要寫詩歌、小說、傳奇，要學書法。我們知道魏晉南北朝是貴族世襲，講血統。不過血統背後有文化因素，他們是經學世家。從獨尊儒術以後，經學世家世代傳襲，各自標榜家法門風，貴族血統和文化連在一起，當時「士大夫」指的就是這些門閥。南朝宋的時候有幾個大權在握的人物跟皇帝說想當士大夫，皇帝卻說管不了。唐太宗要改變這種情況，才以官爵論高下。可是到兩百年以後，還是有士族。不過這些士族發生了變化，他們是通過科舉考試形成新的士族，所以唐宋時期「士大夫」的內涵發生了變化，從士族門閥變成了士人出身的官僚群體。

就人事而言，唐前期英雄輩出。伏爾泰說：「一個國家的繁榮昌盛，僅僅繫於一個人的性格。這就是君主國的命運。」幾乎沒有哪個朝代像唐朝前期一樣，一百多年間每任皇帝都知道民間疾苦，有磨難經歷。李淵不用說，他五十一歲才開始做皇帝。李世民二十八歲登基，但他十幾歲就開始跟著李淵打天下。高宗是貞觀初年出生的，他當政期間有長孫無忌和武則天，武則天是吃過苦的。中睿時期是最動盪的時候，七年有八次政變。至於開元天寶時期，李隆基也是經歷過政治磨難的，出生的時候他父親是皇帝，後來變成太子、親王，他的身份也隨之不斷下降，他母親還不明不白死在了武則天手上。

唐太宗有高超的領導藝術。他善自省，能納諫，並且能改過遷善。我們都知道鄒忌諷齊王納諫的故事，人越是身在高位，越沒人敢提意見。唐太宗在這一點上做得很好，他說：「以銅為鏡，可以正衣冠；以古為鏡，可以知興替；以人為鏡，可以明得失。」他還知道怎麼用人，他在《帝範·審官》中講，帝王統治天下是「獨運方寸之心，以括九區之內，不資眾力何以成功？必須明職審賢，擇材分祿」。據《資治通鑒》，他還講過：「擇天下賢才，置之百官，使思天下之事，關由宰相，審熟便安，然後奏聞。有功則賞，有罪則刑，誰敢不竭心力以修職業，何憂天下之不治乎！」

圖 4.11　閻立本《步輦圖》中的唐太宗畫像

唐前期可謂人才濟濟。王夫之《讀通鑒論》卷二〇高度評價貞觀之時人才濟濟的盛況：「唐多能臣，前有漢，後有宋，皆所不逮。」宋真宗問：「唐賢比肩而立，何當時得人之多也？」（《經幄管見》卷四）秦人最崇爵（尚軍功）、漢人最重孝（尚氣節）、宋人最講忠（尚貞操），而唐人最重才（尚才能），追求出將入相、文才武功。所以《太平廣記》的小說裏面，女孩子都喜歡有才能的人。

我們要重點講講武則天這個人物。高宗在娶武則天之前已經有六個孩子，四兒兩女，其中一子二女是蕭淑妃生的，王皇后沒有孩子。武則天進宮以後，因為自己的經歷，顯得特別謙卑和謹慎。她當年做才人的時候管唐太宗的飲食起居，進宮的時候十四歲，是五品的才人，唐太宗死的時候還是五品才人。十二年沒有升遷，唐太宗也沒有講過任何關於她的隻字片語。比較之下，徐妃以才人入宮，不久受到太宗寵幸，「俄拜婕妤，再遷充容」，充容為正二品。徐妃比武則天年輕兩歲，地位反在武則天之上，可見武則天在唐太宗身邊並不得志。武則天是怎樣一個人？太宗有一烈馬，名為獅子驄，無人可馴服。武則天自告奮勇地說，她能馴服，但需要三件東西，一鐵鞭，

圖 4.12　龍門石窟之盧舍那大佛，相傳根據武則天形象塑造

二鐵撾，三匕首。用鐵鞭擊打牠，如果不馴服，就用鐵撾打牠的頭，還不馴服，就用匕首割斷其喉嚨。英雄太宗不喜歡她的「女漢子」風格，懦弱的高宗卻喜歡武則天的柔中有剛。

高宗初年，長孫無忌通過高陽公主一案，除掉了李淵和李世民各自留下的最年長的兒子，一批大臣受到牽連。唐太宗的女兒高陽公主嫁給了房玄齡的二兒子，房玄齡一死她就要求分家，唐太宗曾因此責備她。後來長安的執法人員搞「嚴打」，抓了個小偷，查到一個金寶神枕，明顯是宮中的物品，小偷說是從和尚那兒偷的。這個和尚就是辯機。辯機是唐玄奘的助手，《大唐西域記》就是玄奘口述、由他筆錄的。接著查出辯機和高陽公主私通，又牽連出兩個駙馬，說他們要謀反。一個是丹陽公主的丈夫薛萬徹，一個是巴陵公主的丈夫柴令武，分別是李世民的妹夫和女婿。吳王李恪（李世民在世的最年長的兒子）被逼自殺，此案還牽涉李元景（李淵在世的最年長的兒子）。另外，宇文節、李道宗、執失思力等也因為和長孫無忌關係不好被他廢掉。房玄齡也不再配享太廟。

在長達三十餘年的高宗統治時期，除了最初的數年以外，實際上都是由武后在操縱朝政。在此期間，唐朝還成功地解決了隋唐兩朝遺留的東北高句麗問題。顯慶五年（六六〇年），唐軍聯合新羅首先滅掉了百濟，其後又在白江（白村江）全殲了趕來援助百濟的日本（倭）軍（六六三年）。在形成對高句麗南北夾擊的勢態之後，以李勣為統帥的唐軍乘勢攻克平壤，高句麗宣告滅亡。此乃經過隋朝四次、唐太宗時的三次遠征，加上進入高宗時代以後超過十年歲月與高句麗之間拉鋸戰的最終結局。征服高句麗之舉也從一個方面給人們以一種強烈的印象，即這也是武后政治的勝利。

高武時代，武則天不僅除掉長孫無忌等顧命大臣，而且徹底摧毀了關隴集團勢力。上官儀曾想借高宗之手除掉武則天，失敗！徐敬業討伐武則天，失敗！李氏宗王起兵，失敗！武后於公元六九〇年最終登上帝位，但是這個新政權的誕生絕非一朝一夕之功，而是經過了武則天當皇后以後的三十五年歲月。在這一期間，武后傾注全力，一邊排除朝野對於女性從政的抵抗和干擾，一邊致力於確立自己的政治基礎。為此，武后認為有必要培植自己的政治勢力，於是便把根據地選在了洛陽。在武后時期，洛陽改名叫作「神都」。陳寅恪認為武周革命的意義超過了「安史之亂」，因為胡漢一體的關隴集團被徹底摧毀了。

唐玄宗通過政變上台，也是歷經千辛萬苦的。和他鬥爭的女人，從武則天到太平公主，從唐中宗的韋皇后到堂妹安樂公主，都是有政治野心的女人。所以他對有政治野心的女人不感興趣，他寵愛有加的武惠妃和楊貴妃都是沒有政治野心又聰明漂亮的女人。據我對唐玄宗任命的開元時期十幾名宰相的考察，他最後找到李林甫是必然的。科舉官僚大都是出身於重視文學素養的進士科，在財務方面未必擅長。於是，要想重新修復並振興唐朝的統治體制，就必須尋求與他們不同類型的人才。在這一方面，先是宇文融嶄露頭角，其後又出現了李林甫。他在中國歷史上做了第一個全國的財政規劃，每年收支多少都先做好預算。李林甫被抄家的時候既沒貪污問題，也沒有女人問題，他最大的問題是專權。

> 太府卿楊崇禮，政道之子也，在太府二十餘年，前後為太府者莫能及。時承平日久，財貨山積，嘗經楊卿者，無不精美；每歲句駮省便，出錢數百萬緡。是歲，以戶部尚書致仕，年九十餘矣。上問宰相：「崇禮諸子，誰能繼其父者？」對曰：「崇禮三子，慎餘、慎矜、慎名，皆廉勤有才，而慎矜為優。」上乃擢慎矜自汝陽令為監察御史，知太府出納，慎名攝監察御史，知含嘉倉出給，亦皆稱職；上甚悅之。慎矜奏諸州所輸布帛有漬污穿破者，皆下本州徵折估錢，轉市輕貨，徵調始繁矣。（《資治通鑑》卷二一三，七三三年）

國家管理需要司法和金融人才，傳統的教育卻沒有這兩個部分，所以這種知識大多是家傳的。楊崇禮主管國家財政幹到九十多歲才退休，因為他做得最好，沒人能取代，最後還用了他兒子。

那麼，盛世的危機又表現在什麼地方呢？

先講講制度方面的問題。一是土地兼併的問題又出現了。二是逃戶問題。比如說一人分一百畝地，二百萬人戶是這個標準，一千萬人戶也是這個標準，如果可耕地不增長，你說這可能嗎？不可能！唐太宗時二百萬戶，唐太宗去世時三百六十萬戶，武則天去世時六百五十萬戶，開元

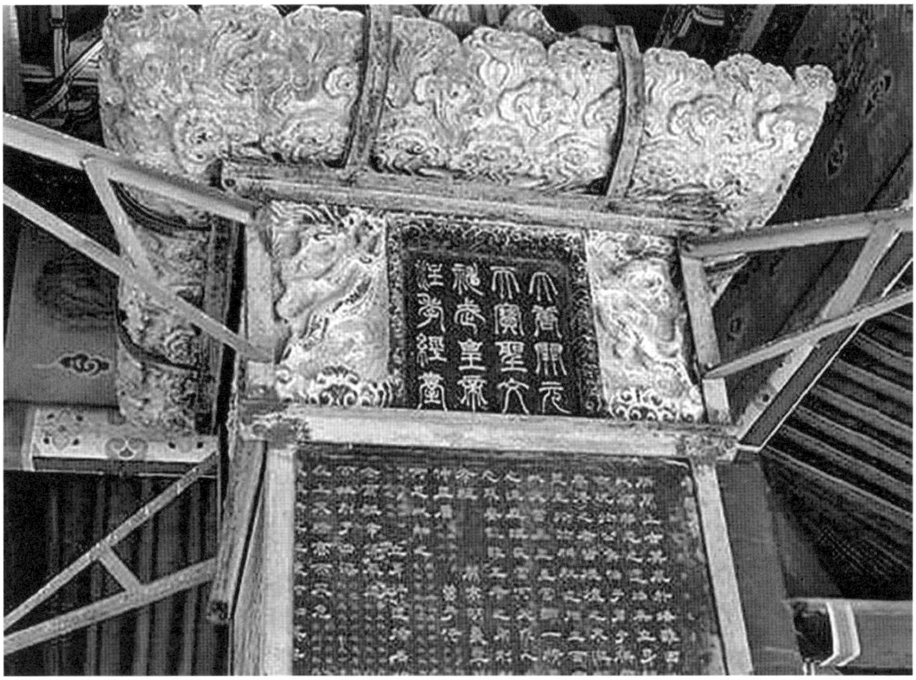

圖 4.13　西安碑林中的石台孝經碑。刻於唐玄宗天寶四載（七四五年），由玄宗親自作序、註解並書寫，太子李亨（後來的唐肅宗）篆額

天寶年間八百萬戶，黃河中游已經承受不了這麼多人口，但唐朝政府不允許遷徙，所以大家逃亡。有人逃了就對鄰居攤逃，逃戶的賦稅要鄰居來交，那鄰居也被迫出逃。

三是人口變化帶來的兵制問題。府兵是通過當兵免除徭役，當兵的盤纏要自己帶。可是，當商品經濟的發展、人口的增殖和遷徙以及地產的頻繁轉移使老百姓無法固守丘園的時候，當邊疆戰爭頻仍需要長期鎮守的武裝力量的時候，這個制度就不合時宜了。人口問題導致軍事體制的變化，周邊國際形勢的變化也需要軍事體制的改革。

我想強調的是，唐朝中央政府是被問題推著走的，不是主動進行改革。它是頭痛醫頭，腳痛醫腳，或者說沒有頂層設計。針對土地和逃戶問題，唐朝採取括戶的辦法。政府允許這些逃戶登入戶籍後，享受免徵六年租稅的優惠待遇，僅每年納錢一千五百文。這個稅額相對較輕，受到老百姓歡迎。但是這個做法其實也有問題，那就是政府對於新檢括出的土地和人口還是按照均田制的辦法來管理。開元二十五年（七三七年），唐玄宗甚至頒佈了迄今最詳盡的均田法令，嚴格限制地產的轉移，但是，「雖有此制，豪強兼併，無復畔限，有逾於漢成、哀之間」。西漢成帝和哀帝年間是土地兼併最激烈的時候，此時則有過之而無不及。所以玄宗的田制改革僅滿足於形式上的完備，罔顧現實中的社會變遷，不能在制度的創新中向前邁進一步。這是唐玄宗的悲劇，雖然開元之治表面亮麗，危機卻潛伏了下來。

兵制上的改變首先從中央衛戍部隊開始。開元十二年（七二四年），張說建議招募長從宿衛的兵士，叫作彍騎，大約募集了十幾萬人。開元二十五年（七三七年），邊軍體制也進行了改革，配置了長征健兒名額，規定凡兵士家屬隨軍者，可就近分配土地屋宅，以使其安心在邊疆服役。這一規定最適合於那些不習慣於農業生產的遊牧民族，包括大量來自中亞地區的突厥化粟特人。天寶年間沿邊八大軍區（節度使）中，多數統帥由胡族首領擔任。尤其是安祿山身兼范陽、河東、盧龍（在今河北、山西、北京、天津及河南、山東部分地區）三鎮的節度使，擁兵二十萬，成為唐朝立國以來最有勢力的軍將。大家想想看，常年衛戍京師的軍隊只有八萬人，而邊疆統帥手中的軍隊卻有四十九萬（其中安祿山就掌握二十萬），是朝廷直接掌控軍隊的六倍。在帝國體制之下，均勢失衡而形成所謂外重內輕的軍事局面，潛伏的危險顯而易見。

唐玄宗個人也陷入「倦勤」。蘇東坡《晁錯論》中說：「天下之患，最不可為者，名為治平無事，而實有不測之憂。坐觀其變而不為之所，則恐至於不可救。」面對以上所說的危機，本當通過制度上的創新來加以解決，不幸的是，唐玄宗陶醉於盛世之中，毫無憂患意識。有關這個問題，從唐玄宗個人在五十歲前後所經歷的一場心理危機可以看到一些端倪。開元十三年（七二五年）十月，四十一歲的玄宗東封泰山，表示大功告成之意。此時的玄宗漸漸迷信道家長生不老之術，生活日益奢侈，「開元天子萬事足，唯惜當時光景促」。開元二十二年（七三四年）正月，玄宗五弟薛王李業去世，此前玄宗已有二哥、四弟相繼辭世，這些朝夕相處的同氣兄弟的離去，不僅使玄宗失去了飲酒唱歌的夥伴，也讓他更體會到人生無常的陰影。薛王的喪禮剛過，五十歲的玄宗就派人到恒山，禮請著名道士張果到洛陽宮中，訪以長生不死之術，並封之為「通玄先生」。同樣受到優待的道士還有羅功遠等人。

開元二十五年（七三七年）十二月，玄宗愛妃武惠妃突然去世，給五十三歲的玄宗皇帝以沉重打擊。武惠妃十五歲入宮，服侍天子二十五年，寵冠後宮，去世時年已四十歲，皇上依然眷顧不衰。此時的玄宗非常煩惱。武惠妃去世前八個月，開元二十五年四月，在李林甫外推、武惠妃內助的情況下，玄宗毅然廢太子瑛為庶人，並將其與受牽連的鄂王、光王一同賜死。本來接著就要立武惠妃的兒子壽王李瑁為太子，武惠妃病死後，玄宗卻放棄了這個計劃。為什麼呢？一方面，玄宗「自念春秋寖高，三子同日誅死，繼嗣未定，常忽忽不樂，寢膳為之減」（《資治通鑑》卷二一四）。另一方面，玄宗自武惠妃死後，後宮無當意者。「初，武惠妃薨，上悼念不已，後宮數千，無當意者。或言壽王妃楊氏之美，絕世無雙。」（《資治通鑑》卷二一五）玄宗到底是因為太子問題而煩惱，還是因為女人問題而煩惱呢？顯然是女人，因為三子被處死便是源於在背後議論玄宗和武惠妃。如果是因女人而寢室不安，那麼是因為舊人武惠妃之死，還是由於新人楊玉環之不可得呢？答案自明！如果是因為懷念武惠妃自然要立她的兒子為太子，玄宗煩惱的是，若立了壽王就沒辦法娶楊玉環了。

唐玄宗盛世中的危機是結構性、制度性的，也是人事上的。隨著時間的推移，許多矛盾變得越來越無法解決。第一，流民客戶問題。經濟發展使人口的流動性大大加強，自武則天時代以來就開始出現大量農民離開原住地，到新的地區去謀生的現象。他們不顧法令的限制，脫離了原來的戶籍所在地，又不在新居住地落籍，從而造成人口遷徙的失控。為了解決這一問題，唐玄宗採取宇文融「括戶」的建議，整頓流動人口。

第二，兵制的變化。唐玄宗時期，唐初以來實行的府兵制度也亟待改變，隨著人口的增殖和遷徙以及地產的頻繁轉移，這種耕戰相兼、兵農合一基礎上的兵役制度越來越不合時宜。招募僱用職業兵為唐代貞觀以來大量內遷的胡族移民提供了機遇，胡族改變了邊兵的成分，從安祿山、史思明的情況看，很可能有整個部族從軍的情況。由於邊貿的發達，其中粟特等民族甚至亦兵亦商。如果從唐代政治傳統來講，這種情況的出現不會讓皇室感到意外。

第三，財政危機。募兵制與邊境節鎮系統的形成，促使軍費大幅度增加。杜佑《通典》等記錄，開元初邊費約二百萬貫，「開元末已至一千萬貫，天寶末更加四五百萬矣」（《通典》卷一四八《兵典·兵序》），「地租營田皆不能贍，始用和糴之法」（《資治通鑑》卷二一四，玄宗天寶二十五年七月）。每年軍食和糴，衣裝及別支所用布帛數達萬匹段之巨。這些數字反映出開元末年以後軍用「日增其費」的事實。天寶年間，全國戶籍統計的人口達到八百九十餘萬戶，五千二百九十多萬口，賦稅收入怎麼就入不敷出了呢？這就涉及開元、天寶年間的一系列社會經濟變化。唐朝前期實行的府兵制、均田制、租庸調制，在唐太宗及唐高宗時期都運行得不錯。武則天以來逃戶問題就開始嚴重，開元時代已經是愈演愈烈了。一旦政治穩定出現問題，這套徵稅體系就會隨之出現問題。

柏拉圖說：「理想的統治者應該是高度理智的哲人，而不是浪漫的詩人。因為後者的作用會激勵、培育和加強心靈的低賤部分，就像在城邦中把政治權力交給壞人，讓他去危害好人一樣。」玄宗雖然不是浪漫的詩人，確是一個特別鍾情於戲劇和音樂的風流皇帝。玄宗完全放縱自己的慾望，把個人興趣置於政事之上，沉湎於音樂歌舞的世界：「驪宮高處入青雲，仙樂風飄處處聞。歡歌慢舞凝絲竹，盡日君王看不足。」安祿山范陽起兵，唐玄宗出逃，唐朝進入動盪不安的下半場。

四　唐後期：改革與困境

下面我要簡單講講唐後期的改革困境。為什麼改革無法進行到底？最大的問題就是政治不穩定。唐肅宗、唐代宗時，安史之亂平定，形成初步的穩定局面。不久吐蕃進犯，唐代宗第二次被趕出長安，所以他一心要穩定，對河北問題就採取綏靖態度。德宗、順宗和憲宗是想好好改革的，後來情況越來越糟糕，每次改革都以失敗收場。

先看肅宗、代宗的改革。在平定安史之亂的戰爭期間，實行戰時體制，各個軍隊自己收賦稅、聘人才。肅宗和代宗的賦稅改革，既要保障中央的收入，又要保證軍事安全。而且周邊形勢也發生了變化，安西都護府被吐蕃攻佔，這種情況下必須保證首都的安全。白居易詩云：「平時安西萬里疆，今日邊防在鳳翔。」鳳翔就是今天的寶雞。

唐德宗改革要處理的首要問題是能不能控制首都地區十萬軍隊。京西北的軍隊有三個系統：朔方軍系統、安西北庭系統、河西隴右系統。邠寧節度使、靈鹽節度使、鄜坊節度使、振武節度使，都屬於朔方軍系統。涇原（今甘肅涇川縣）節度使卻是安西、北庭行營軍改組而成。鳳翔（今屬陝西寶雞）節度使來源於原河西、隴右行營軍以及朱泚從幽州帶來的防秋軍。安西和河隴地區來的軍隊回不去了，就駐紮在首都附近。郭子儀領導的朔方軍也在首都附近。

唐朝皇帝對郭子儀很擔憂。大曆十四年（七七九年）五月，德宗即位的當月，就從對朔方軍肢解入手，整頓京西京北的軍隊。具體做法是將朔方軍一分為三，年過八旬的郭子儀爽快地接受了這種安排。德宗想利用朔方軍系統的人統管這三個系統，對方不接受，雙方埋下矛盾。所以，當德宗後來利用這些藩鎮去打河北藩鎮時，涇原兵借口待遇不好，在長安發動叛亂，把德宗趕出去，奉天之難就是這麼出現的。河北藩鎮節度使世襲，四家稱王，分別是魏王、趙王、齊王、燕王，此外還有朱泚在長安稱秦帝，李希烈在中原稱楚帝，合稱四王二帝。

德宗皇帝被趕到前線，七八四年，到了奉天（今陝西乾縣），發佈了罪己詔：

> 小子……長於深宮之中，暗於經國之務，積習易溺，居安忘危，不知稼穡之艱難，不恤征戍之勞苦，致澤靡下究，情不上通，事既壅隔，人懷疑阻。……或一日屢交鋒刃，或連年不解甲冑。……怨氣凝結，力役不息，……轉死溝壑，離去鄉閭，邑里丘墟，人煙斷絕。天譴於上而朕不寤，人怨於下而朕不知，馴致亂階，變興都邑，萬品失序，九廟震驚；上累於祖宗，下負於蒸庶，……罪實在予……
>
> 李希烈、田悅、王武俊、李納等，咸以勳舊，各守藩維，朕撫御乖方，致其疑懼；皆由上失其道而下罹其災，朕實不君，人則何罪！宜併所管將吏等一切待之如初。
>
> 朱滔雖緣朱泚連坐，路遠必不同謀，念其舊勳，務在弘貸，如能效順，亦與惟新。
>
> 朱泚反易天常，盜竊名器，暴犯陵寢，所不忍言，獲罪祖宗，朕不敢赦。其脅從將吏百姓等，但官軍未到京城以前，去逆效順並散歸本道、本軍者，並從赦例。
>
> 諸軍、諸道應赴奉天及進收京城將士，並賜名奉天定難功臣。其所加墊陌錢、稅間架、竹、木、

茶、漆、榷鐵之類，悉宜停罷。（《資治通鑒》卷二二九）

除了下詔時已經稱帝的朱泚，其他人一律免罪。抑制藩鎮的措施就此破產。為什麼？因為他手上牌太少了。他沒有鐵杆軍隊，只能用藩鎮打藩鎮；沒有錢，只好開徵新稅，最後也都免了。

唐德宗第二方面的改革是針對稅法。

安史之亂以後，國家掌控的戶口大幅度減少，淪為逃戶的農民們作為「客戶」被大土地所有者的莊園吸收，而且顯然很難再回到以前的狀態。於是，承認這種現實的唐朝中央政府，遂決定按照現有土地面積的大小，實施每年夏秋兩次課稅，這就是根據楊炎的建議於建中元年（七八〇年）頒佈的兩稅法。推行兩稅法以後，課稅基準由人轉變為土地（資產），人頭稅變成財產稅，當然改革的徹底完成是在後代。這種以金錢來運營整個國政的體制稱作「財政國家」。「財政國家」最終形成於宋代，唐代兩稅法的實施則是邁向「財政國家」的第一步。在改善中央財政的同時，兩稅法也有抑制藩鎮的作用，藩鎮最大的依憑是軍隊，養軍隊必須有財力，兩稅法可以用財力限制軍隊。

唐德宗第三方面的改革是軍事秩序的重組。花大錢擴充神策軍，主要在京西京北地區大量收編擴充，待遇高於其他軍隊，以此構建了一支十幾萬人的禁軍。德宗初年的改革目標太多，但是實力不逮，導致亂局。這就迫使德宗興元元年（七八四年）回到長安之後，選擇重點問題加以解決。貞元政治致力於解決京西京北軍隊部署問題，建立神策軍體制；解決兩稅法的落地問題，夯實中央財政基礎。

德宗以後有五次大的改革：永貞革新、元和中興、文宗改革、武宗改革和宣宗新政。改革的主題是三大問題：宦官擅權、藩鎮割據和朋黨之爭。要解決這些問題需要堅強的領導班子，但是這時候皇帝已經被控制在宦官手上。漢朝的宦官是皇帝打外戚的工具，明朝的宦官擁有批紅的權力。而唐朝的宦官掌握軍隊，能廢立皇帝。德宗以後的皇帝，幾乎都是宦官立的，其中幾位如憲宗和敬宗更為宦官所殺。

順宗時「永貞革新」關注的是軍權和財權，但是一方面時間太短，另一方面皇帝太弱。憲宗元和削藩，依靠祖父德宗留下的兵和錢兩大基礎暫時解決了藩鎮割據問題。文宗改革可以說是笑柄。文宗改革失敗的原因可以歸納為：班子不堅強、一把手地位不鞏固、策略失當、用人失當、改革不能持續進行、思想意識形態混亂。武宗在會昌年間是有些政績的，特別是反擊回鶻、平定藩鎮、加強相權、抑制宦官、儲備物資和禁毀佛教。宣宗號稱小太宗，最大的功績是收復河湟。張義潮趕走吐蕃，河西走廊重歸大唐，但是歸義軍還是自治，父死子繼。

宣宗也想解決宦官問題：

> 上召翰林學士韋澳，託以論詩，屏左右與之語曰：「近日外間謂內侍權勢何如？」對曰：「陛下威斷，非前朝之比。」上閉目搖首曰：「全未，全未！尚畏之在。卿謂策將安出！」對曰：「若與外廷議之，恐有太和之變，不若就其中擇有才識者與之謀。」上曰：「此乃末策。朕已試之矣，自衣黃、衣綠至衣緋，皆感恩，才衣紫則相與為一矣！」上又嘗與令狐綯謀盡誅宦官，綯恐濫及無辜，密奏曰：「但有罪勿捨，有闕勿補，自然漸耗，至於盡矣。」宦者竊見其奏，由是益與朝士相惡，南北司如水火矣。
>
> （《資治通鑑》卷二四九，八五四年）

宣宗用人很有特色。他有點隨興所至，不過史家卻不吝讚揚之辭。

舉例來說，有一次宣宗出去打獵，碰到一個樵夫，問你是哪兒的人呀，回答說我是涇陽人。縣令是誰呀，回答說是李行言。做得怎麼樣？回答說李縣令性子很固執，抓捕了幾個強盜，跟軍家（指宦官領導的神策軍）有關係，軍家強行索要，李縣令不給，把這些強盜都繩之以法。宣宗於是記住了李行言的名字，寫在寢殿的柱子上。當年十月，李行言被破格任命為海州（今江蘇連雲港市）刺史。刺史赴任，照例要向皇上謝恩，皇上賜他金紫之服，問道，你知道為什麼賞賜你金紫之服嗎？回答說不知道，皇上就把當年樵夫誇他秉公執法的事情告訴他。皇上用人，察訪民情，這沒錯。可是，常規用人應該有制度保障，比如怎麼選拔人才，怎麼讓人才脫穎而出。偶然碰到一個人說他好，你把他記下來然後加以任命，這不是一個大政治家做事的風格。

類似的事情還有一例，醴泉縣令李君奭被破格提拔為懷州（今河南沁陽市）刺史。起因也是宣宗有一次打獵，看見父老鄉親十幾個人，在一個佛祠祭祀，問幹什麼呢，說我們是醴泉縣的百姓，我們的縣令李君奭有異政，現在他任職滿了，要去擔任新的職務，我們到上級去上訪，請求將他留任，所以在這兒祈禱神靈保佑能夠如我等所願。宣宗記住了此事，隨後任命李君奭為懷州刺史。當李君奭來謝恩的時候，皇上說出原委，大家才知道，原來醴泉縣的百姓覺得他不錯。一般來說，唐代縣令任期結束後，要等待若干年才能獲得新的任命，叫作「待選」。現在皇上親自任命他為懷州刺史，宰相都不知道是什麼原因，這種做法其實不太合乎規範。史家一方面讚揚宣宗皇帝對用人很上心，另一方面暗示這種用人方式其實不是常規，無法制度化。

在用人問題上，宣宗還有一點值得提出，即注意管好自己身邊的人。對一些身邊的人貪腐不法，他處理起來毫不手軟。

我們再舉個例子。羅程是宮廷樂師中一流的琵琶手，武宗朝就已經很知名。宣宗喜音律（唐朝的皇帝大多數喜音樂，大約因為他們做皇子的時候，娛樂休閒離不開音樂，在一起奏樂成為日常生活的一部分），羅程琵琶彈得好，頗受寵。羅程恃寵而驕，做事橫暴，被京兆尹關在監獄裏。羅程的那些同事，就為他求情。在一次宮廷後院的音樂會上，樂工們設了一個空位子，把羅程的琵琶放在座位上，然後就一字排開，拜倒在皇上腳下，哭泣著說，羅程辜負了陛下，犯了罪確實該死，但我們可惜他的琵琶才藝，是天下一絕呀！如果他死了，他就不能再來侍奉您的宴樂了。宣宗說，你們可惜的是羅程的才藝，我可惜的是高祖太宗的法制。最後羅程被依法處死。

《資治通鑒》還講了許多細節，記述宣宗治理之嚴。如有一個叫李遠的官員，喜歡寫詩，宰相讓他去當杭州刺史。李遠的詩有「長日惟消一局棋」之句，謂整天就靠一局棋來消磨時光。皇上憂愁地說，「長日惟消一局棋」，此人怎麼能治民呢！宰相令狐綯回答說，這是詩人托興之詞，不是真的這樣。

宣宗臨朝理政，對群臣就像對賓客那樣，神情威嚴，不可仰視。一旦朝政處理完，就說好了，現在可以說說閒話了，一臉輕鬆，聊起民間的一些細事。這樣閒聊了一刻來鐘，他一本正經地說，你們要好好工作，不要辜負了我，如果你們出了事，以後就見不到了。意思就是會讓你們走人。宰相令狐綯講，他秉政十幾年，雖有皇上寵任，但是每次臨朝，都汗濕衣背。

宣宗處理朝政很嚴肅，公事公辦，從中我們能看出什麼呢？我們看出皇帝不是不想努力，不是沒有成果，也有一些小的成果，可是他的努力不是從制度層面入手，他沒有任何深入的改革措施。當時民不聊生，貧富分化十分嚴重，如果不從這些社會問題入手，只是努力處理好一些日常工作，難免不會人存政存、人亡政息。

宣宗雖然想處理宦官問題，卻又沒有手段。他最後吃長生藥死了，沒有留下接班人。他原本想立第三子，宦官改立長子，也就是懿宗。

唐後期所有改革弊政的努力，都因當事人的嚴重缺陷而失敗。宣宗所為，都是一些具體事項上的精明，而沒有革除弊政的舉措！制度變革才是解決晚唐積弊的根本途徑。人才危機導致制度變革淪為空談。科舉產生文化人才，卻沒有治理人才。總之，唐朝後期，「國家能力」出了問題。所謂「國家能力」是指國家將自己的意志、目標轉化為現實的能力，主要是指中央政府對社會的管控能力、貫徹國家意志的濡化能力、社會資源的汲取能力、各階層利益的整合能力。唐後期缺乏這樣的能力。

懿宗是敗家子。他迎佛骨，現在法門寺地宮發現的佛骨就是他留下的。他寵愛的公主出嫁特別豪華，馬槽都是金銀做的，嫁出去不到一年死了，他把二十多個醫官全殺了。咸通年間，龐勳領導桂林戍卒起兵，成為唐末大規模民變的先聲。僖宗是小頑童，十二歲登基，喜歡踢球和鬥雞，黃巢的軍隊把他趕出長安，是唐朝第四個離開長安的皇帝（前面三個是唐玄宗、唐代宗、唐肅宗。肅宗在外即位，不算。後面還有唐昭宗）。昭宗是窩囊廢，曾被宦官廢黜，被禁軍救出以後朱全忠讓他遷都，最後把他殺了。哀帝是小傀儡，做的唯一一件事就是禪讓。「唐亡於黃巢而禍基於桂林。」藩鎮制約藩鎮的問題導致這個狀況。唐末起義的王仙之、黃巢都是私鹽販。因為官府控制鹽的專賣，稅非常重，價格非常貴。唐朝滅亡還有天災問題。最終在天祐四年（九〇七年）四月，朱全忠廢哀帝，改國號梁，史稱後梁。

五　結語

唐朝前期繁榮，最大限度地體現了南北融合、胡漢一家所帶來的成果。南北朝時期所創建的諸種制度，在這個時期，發揮了極致的作用。北朝、隋唐的政治品格的延續性，不僅體現為胡漢融合，也體現為制度容量的充分發揮。但是，唐朝又不是南北朝的簡單重複，隋唐政治制度的轉圜，又展現唐代前期政治實踐的創新。盛唐氣象，既是總結，也是餘暉。唐玄宗錯過了主動改革的時間窗口，安史之亂把這個大廈推倒。一切變革都是為了因應現實層面的問題而被動進行。中晚唐的衰敗，既是落日，也催生出新芽。

土地制度、賦稅制度、戶籍制度、軍事制度，都展現了新面貌：土地制度變革後的社會治理模式的變化，也影響到經濟活動與商業模式。人口政策、軍事制度的變化，引發政治結構的變化。宋代的中央集權體制和寬鬆的文治氛圍是唐代中書門下體制和士大夫政治的進一步發展。唐代的神策軍體制影響了宋代的禁軍制度。土地方面，不抑兼併和主客戶制度就是唐後期兩稅法的結果。富民社會與商業氣息也是唐後期商業發展的體現，因為唐後期中央對地方管控放鬆。思想領域，一方面佛教和儒家的融合以及進士科的發展影響了理學思潮的興起；另一方面由於禮法文化藉助佛教文化而進一步下移，也為宋代社會和思想帶來了新氣象。

- 陳寅恪：《唐代政治史述論稿》（與《隋唐制度淵源略論稿》合刊），生活．讀書．新知三聯書店，二〇〇一年
  該書是唐代政治史的開山之作，提出了解釋唐代政治演變的諸多命題。
- 呂思勉：《隋唐五代史》，上海古籍出版社，二〇〇五年
  該書分章節敘述隋唐五代時期的政治、經濟、制度等方面的歷史，看起來是連綴舊史資料，實則頗多創見。
- 唐長孺：《魏晉南北朝隋唐史三論》，中華書局，二〇一一年
  研究功底扎實，視野宏闊，中古歷史研究的扛鼎之作。
- 崔瑞德等：《劍橋中國隋唐史》，中國社會科學出版社，一九九〇年
  內容偏重政治史，反映了二十世紀西方研究唐史的水平和特點。
- 氣賀澤保規：《絢麗的世界帝國：隋唐時代》，廣西師範大學出版社，二〇一四年
  講堂社《中國的歷史》中的一部，比較通俗易懂，內容有所側重，也有所忽略，反映了日本學者的研究水平和興趣特點。

第五講

轉型時代

兩宋政治文化

鄧小南

我們知道，前輩學術大師對於宋代在中國歷史上的政治文化意義，有一些基本的估計。嚴復先生在《致熊純如的信》中指出：

古人好讀前四史，亦以其文字耳。若研究人心、政俗之變，則趙宋一代歷史最宜究心。中國所以成於今日現象者，為善為惡姑不具論，而為宋人之所造就，什八九可斷言也。

陳寅恪先生在《鄧廣銘〈宋史職官志考正〉序》中講：

華夏民族之文化，歷數千載之演進，造極於趙宋之世。後漸衰微，終必復振。

錢穆先生在《理學與藝術》中說：

論中國古今社會之變，最要在宋代。宋以前，大體可稱為古代中國；宋以後，乃為後代中國。……就宋代言之，政治經濟、社會人生，較之前代莫不有變。

對於這些說法，相信大家都不會感到陌生。從中我們也注意到，雖然這些國學大師是從不同角度評價宋代的歷史、學術文化和社會變遷，但有一點是相當接近的，那就是他們對於「演進」的觀察。嚴復先生強調人心政俗之變，陳寅恪先生強調文化盛衰之變，錢穆先生強調的是古今社會之變。我們今天講「轉型」，也是希望在變遷的意義上，對這一時期的社會觀念、政治文化等方面的歷程有所觀察和討論。

說到轉型問題，大家都會想到日本京都大學內藤湖南教授在上個世紀初提出的「唐宋變革説」。日本學者歷來非常注重研究框架的概括，比較著名的像谷川道雄的「豪族共同體」、森正夫的「地域社會論」、濱下武志的「朝貢體系」，以及溝口雄三對於思想結構內在「基體」的討論等。這些概念簡潔、醒目，提煉把握力和綜括影響力都非常強；不僅提供了專題性的研討重心，而且對於學術的後來者具有突出的引導之功。當然這些框架各有值得討論的地方，既然簡明扼要，就難免對一些問題照顧不周，所以很多年來學界一直會對這些假說進行質疑、補充和討論。針對我們今天講到的轉型問題，需要注意的是，「變革說」並不等於變革本身。一個時代的變革，指的是歷史上實在的變化，是歷史發展趨勢本身；而「唐宋變革說」則是一種研究的框架，是建立在觀察基礎之上的一種假說，我們不能把它絕對化。此外，歷史上所有的「變革」、「轉型」，儘管有其標誌性意義，但大多不是顛覆性的變化，而是在長期演進基礎之上發生的變遷。

海外中國學近些年有長足的發展，進入本世紀以來湧現出不少有關宋代的研究著述。有幾部書大家可能比較熟悉：一是《劍橋中國史》系列的第五卷（分為前後兩部分），主編是杜希德（又作崔瑞德，Denis Twitchett）與史樂民（Paul Smith）、賈志揚（John Chaffee）教授。作者們展開了對於包括宋代政治經濟制度、文化教育、社會風氣和思想世界在內的許多方面的討論。二是日本講談社《中國的歷史》系列的第七卷，作者是小島毅先生，題目為「中國思想與宗教的奔流」。「唐宋變革」是通貫其中的一條主線，全書內容豐富，但它的聚焦點是在政治文化方面。三是《哈佛（帝制）中國史》系列中的一部，作者是德國維爾茨堡大學的迪特·庫恩（Dieter Kuhn）教授，題目是「儒家統治的時代：宋的轉型」。這部書同樣體現著海外學者的敘事風格，擺脫了單一向度，講述著「複線」的歷史。以上三部作品儘管內容、角度不盡相同，但作者對於宋代的政治文化都有高度的關注。

國內史學界對於宋代也有很多的討論、研究與評價。我們對於宋代的很多基本認識來自前輩的著述，特別值得一提的，是錢穆先生的《國史大綱》。這本書的第六編是「兩宋之部」，其中一章的標題就明確指出北宋初期的特徵是「貧弱的新中央」。從具體的論述中我們可以看到，一方面講到宋代對外「積弱不振」，另一方面講到宋室內部的「積貧難療」。現在的中學教科書和一些高校教科書在說到宋代時，還是會把它概括為一個「積貧積弱」的時代，這在很大程度上是對錢穆先生論述的闡發。上世紀六十年代北京大學歷史系編著的《中國史綱要》，雖然在「文革」以後幾經修訂，但是基本的敘事框架並沒有重大的改變，大體上還是承襲了宋代積貧積弱的認識。最近這些年，學者們對宋代歷史的觀察有了更加豐富的角度，也有了很多不同的評價，比如有人講「文采和悲愴的交響」，也有人說「現代的拂曉時辰」；在批評「弱宋」的同時，也會談到「風雅宋」乃至「盛宋」。中國古代史上可能沒有另一個朝代像宋代一樣，面臨如此兩極分化的評價。

宋代歷史上確實呈現出很多看似矛盾的現象，同時也給了我們十分開闊的研究空間。一方面我們會看到宋朝在經濟、文化領域的輝煌成就，另一方面我們也能深切感受到它面對挑戰的無奈，面對末日的蒼涼。三十多年前我去鞏義，看到有的北宋帝陵在一片莊稼地裏，石像生散落周圍，顯得很荒涼。二〇〇七年和兩岸的青年學者一起去考察紹興南宋帝陵，下了大巴車，台灣學者問帝陵在哪兒？其實帝陵就在我們面前，只是因為遭受過嚴重破壞，地面上基本已經看不到任何痕跡。目睹這樣的情景，心中對已經遠逝的那個朝代的體認似乎更加深刻了。

宋代是在社會經濟、制度建設、科技文化等多個方面領先世界的時期；同時也是外部面臨周邊政權擠壓、內政因循求穩的歷史時期，是面臨著很多嚴峻挑戰的時期，朝廷的戰略格局和政策應對都存在著非常嚴重的問題。

一　概述：時間・空間・基本認識

我們首先從時間和空間的角度，對宋代歷史做一個大致的介紹。從時間上來說，宋代處於中國帝制時期的中段，如果把兩千年帝制時期打一個對折，折線的地方就是宋代。講到朝代順序，雖然我們通常會說「唐宋元明清」，其實唐宋兩代並非直接相連，中間隔著短暫的五代。另外需要注意的是，宋代並不是一個嚴格意義上的統一王朝，在它北邊始終有一些北方民族建立的政權和它同時存在。在這個意義上，如李治安老師指出的，可以說宋代是中國歷史上又一個「南北朝」時期。跟宋朝先後並存的有契丹民族建立的遼、党項民族建立的西夏、女真民族建立的金，以及蒙古民族建立的大蒙古國，也就是後來的元朝。

從歷史的縱向序列中，我們會觀察到中國歷史上的延續與變遷始終交織在一起，在歷史的長河中相互推動前行。從延續和關聯的角度來看，上世紀五六十年代，當時的中國科學院文學所編寫過一部《中國文學史》，錢鍾書先生執筆宋代部分，他在裏面講道：「在中國文化史上有幾個朝代是一向相提並論的：文學就說『唐宋』，繪畫就說『宋元』，學術思想就說『漢宋』——都得數到宋代。」也就是說，不管哪一脈絡的學術傳承，宋代都處於承上啟下的歷史關節點上。

從變遷和轉型的角度來看，葛兆光老師寫過一篇文章，題目是「『唐宋』抑或『宋明』——文化史和思想史研究視域變化的意義」，提示我們唐宋並提或是宋明並提，觀察到的問題可能是不一樣的。當唐宋並提的時候，我們會看到宋代是中唐以來歷史變遷過程的收束期，一些問題經歷晚唐五代，在宋代得到了回應，得到了整合；當宋明並提的時候，我們感覺到宋代是一個起步期，面臨著一系列新的問題，也開始了一些新的進程。從長時段著眼，有些學者在「唐宋變革」範疇下討論宋代的問題，也有學者採用「宋元明變遷」的視角，把宋代和之後的朝代聯繫起來予以認識。

從空間上來說，宋代是中國歷史上主要王朝中疆域最為狹小的，與它之前的漢唐強盛時期比較，這一差異尤為明顯。當然，我們要了解，當我們說到一個歷史朝代的疆域或版圖的時候，和我們今天講中華人民共和國的疆域或版圖完全是兩個概念。中華人民共和國是有經過勘察談判的法定邊界的，但古代中國特別是前期並沒有明確的邊界劃分。在這種情況下，王朝力量強勢的時候疆界就會擴張出去，反之就被壓縮回來。所以我們會看到唐代二百八十多年的歷史中，疆域並非一成不變。唐代鼎盛時期疆域遼闊廣袤，由東西兩個大的板塊構成，兩者由狹長的河西走廊連接在一起。但是這樣一種情況並沒有始終維持，安史之亂期間，原本鎮守西北的軍隊被調入參與平叛，隨之出現的西部政治地理真空很快被其他民族勢力填補。受到叛亂以及鎮壓叛亂過程中各種政治軍事勢力衝突博弈的影響，唐代的疆域急劇收縮，疆域之內也出現了地方軍閥（藩鎮）叛服不常、相互混戰的局面，乃至於勢力膨脹的軍閥敢於向中央叫板。在這種情況之下，唐代最終滅於它所提拔起來的地方軍閥，末代皇帝被迫將皇權「禪讓」給原宣武節度使朱溫。此後中國歷史便進入了五代十國時期。

「五代」是指中原地區前後相繼的五個王朝：梁、唐、晉、漢、周；「十國」則是指中原王朝周邊先後出現的若干政權，這些政權主要是在南方，加上太原的北

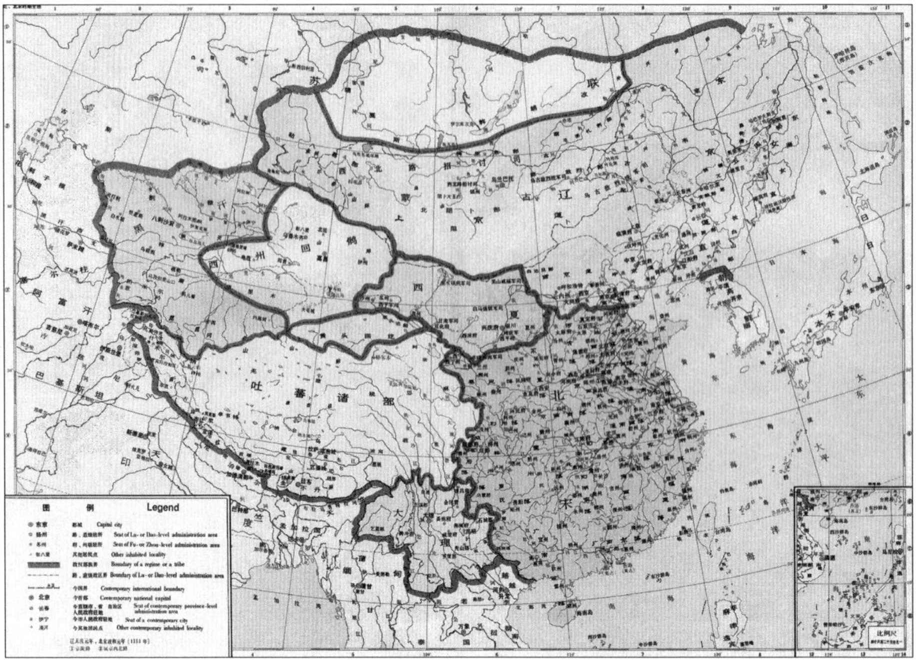

圖 5.1　北宋疆域圖（政和元年，一一一一年）（譚其驤主編：《中國歷史地圖集》第六冊，中國地圖出版社，一九九六年）

漢，統稱為十國。我們知道中國歷史上分裂的時期並不短，但是分裂得如此徹底、若干政權同時存在的局面還是相對罕見的。宋代的統一，實際上就是結束了五代十國的分裂局面，把疆域恢復到了唐代晚期的範圍。

就疆域的廣度而言，和前代相比，宋朝沒有完成真正意義上的統一。但是宋朝統治所達到的縱深程度是前朝難以比擬的。漢唐這樣曾經鼎盛的王朝是怎樣一夕覆滅的？實際上不完全是因為農民起義，而是被自己扶植起來的勢力，特別是地方軍閥勢力取而代之。但是宋代之後，中國歷史上再也沒有出現這樣的情況，地方勢力再也不可能跟中央對峙甚至顛覆朝廷，這一變化與宋代對於內政的控制有關。

我們常看到對宋朝國勢孱弱的批評，為什麼宋朝國勢不振，總是在對北方政權的戰爭中失利？不光史學界，很多對歷史感興趣的朋友都會有這樣的反思。論述中經常講到宋代「重文輕武」，但如果我們看一看北宋和南宋強敵環伺的立國環境，再想想趙匡胤本人是軍事統帥出身，宋代是否可能真正「輕武」？若果真如此，這個政權究竟要怎麼立足？所以我想重文輕武的說法是值得分析的。「武」

有不同含義，包括軍事格局、戰略部署、武力、武職、武將、武資等不同層面，從什麼意義上講宋代輕武，要非常慎重。其實宋人會説「國朝以兵立國」（《鶴林集》），我們應該把「以兵立國」和「重文輕武」放在一起進行綜合觀察。宋初的政策選擇，與它的「前車之鑒」相關。説到君主與武將的關係，我們看到，五代建國的君主多數都是軍事統帥出身。那個時期先後五個朝代十四個皇帝，一共只有五十三年，最高統治者和政權更迭非常頻繁。所以宋朝建立以後，必定要以五代為鑒。趙匡胤作為禁軍統帥出身的君主，熟知前代教訓，統御軍隊的心思主要用於控御武將、防範兵變，宋太宗更是有過之而無不及。宋朝的歷代君主對於武將既有籠絡、利用、聯姻、待遇優厚的一面，又有深入骨髓的猜忌，這種猜忌從北宋立國到南宋滅亡始終都沒有改變。他們深知武將對於政權的威脅，基於戒惕提防的考慮，對武將防範備至，應該説是「重武」而非「輕武」；相應地，強化對於武將的管控，引導他們效忠馴順，在任人取向上，可以説是「崇文抑武」。在此影響下產生的社會風尚，確實有「重文輕武」的情形。這樣一種格局，保證了內部的相對穩定，但是不能有效地激發抵禦外侮的力量。

宋朝一方面以兵立國，另一方面自太宗開始，建立了一種消極防禦的戰略，兩者實際上是並存的。朝廷基本的戰略格局是守內虛外、強幹弱枝。説到守內虛外，宋太宗認為內部的問題，例如「奸邪」隱患等，容易危及政權，是帝王首先要關注的；如果內部穩固，外部的問題則相對容易應付。這是太宗以來對於基本國策的考慮安排，也因此而導致整體佈局、軍政指揮的問題，強調「將從中御」，處於一線的指揮將領無由施展，造成外部邊防的疏失。所謂守內虛外，不能僅從軍隊內外部署的數額上看，應該説主要是指朝廷的設計方略、指導思想。當時軍隊的精鋭力量都納入禁軍系列，歸由朝廷直接調遣指揮，地方上分佈的軍隊缺乏一流的戰鬥力，不可能與中央抗衡，這就是所謂「強幹弱枝」。這樣的格局和宋代軍事不振、面對外來侵擾無法第一時間及時反應是有直接關係的。

偏偏宋代碰到的歷史環境是「天下大勢分為南北」（《山堂群書考索》）。十至十三世紀是中國歷史上北方民族活躍的又一個重要階段，周邊有很多民族政權崛起。此時的遼、金和蒙元政權，既有別於匈奴、突厥、漠北回紇等草原遊牧汗國，又不同於鮮卑北魏王朝、五代沙陀王朝這樣長期居處漢地，最終放棄草原故土的北族王朝；它們大都是在短時間內將大片漢地納入版圖，同時將位於內陸亞洲的「根本之地」視為各自領土結構的重要部分以及族屬、文化認同的珍貴資源。這些王朝已經成長為相當成熟的政權，在政治、軍事和經濟方面都能與趙宋王朝長期抗衡。這種情況之下，如虞雲國老師所說，中原王朝所佔據的核心作用與領頭地位便不再體現為統一大業的領導權，而是表現為在政治制度、社會經濟和思想文化方面的輻射性影響。

如果我們把視野拉開，把宋朝和周邊的北方政權置於更為開闊的背景之下，又會注意到，我們現在講唐或宋，實際上都是指中原王朝。站在中原王朝的立場上，我們會覺得契丹、女真和蒙古民族建立的北方政權是處於邊緣地帶的，但是如果把中原王朝和北方民族王朝對峙的格局放到亞歐的版圖中觀察，我們就會發現，中原王朝傳統上視為邊緣的地帶，實際上正處於亞歐大陸的接合部，契丹、女真、蒙古等北方民族恰恰活動於銜接兩大洲的中間地帶，在溝通東西的大通道上縱橫馳騁，它們的力量在這一時期的積極活躍、成熟與發展，對宋王朝造成了巨大的壓力，當然也帶來了新鮮的刺激。

一個王朝的強弱，取決於天時、地利、人和等諸多要素，剛才我們是從政治格局的角度看群體之間的分野與對峙關係，下面從天時、地利的角度來看一看宋代所處的環境。我國著名的氣象學家竺可楨先生自上世紀二三十年代就研究中國歷史上的氣候變遷，七十年代又寫過長篇文章《中國近五千年來氣候變遷的初步研究》。他指出，唐宋兩朝溫寒不同。從十一世紀初至十二世紀末這段時間，氣候轉寒，溫暖期趨短。而兩宋之交的十一世紀初，更是處於氣溫的低谷期。中國古代大體上是農業國，國家財政很大程度上仰仗農業稅收，如果無霜期急劇縮短，農業收成受到嚴重影響，就會進而影響到國家的財政命脈。更重要的是，氣候轉向寒冷和乾旱是北方民族南下的重要原因之一。我們知道遊牧民族習慣上是逐水草而居，如果傳統的生活地域氣候變得嚴寒，並且這種狀況持續若干年，他們自然會向更加溫暖的地方遷徙。大規模的南下就可能與長期生活在相對溫暖地區的農耕民族發生摩擦、衝突甚至戰爭。在冷兵器的時代，遊牧民族的騎兵組織性、戰鬥力非常強，對中原王朝會構成嚴重的威脅。這是「天時」的影響。

從「地利」的角度來看，黃河流域在宋代仍然是糧食的重要產地。黃河安瀾或是氾濫，對於中原地區的生產生活有明顯影響。從東漢至唐中期長達數百年的時段裏，黃河相對安流。譚其驤先生指出，其重要原因在於黃河中游土地利用方式的改變。長期動亂中遊牧民族南下，以務農為本的漢族人口急劇衰退，大片農田變為牧場，使水土流失程度大大減輕。而當唐代恢復了安定局面以後，大規模農田開墾又造成了嚴重的水土流失。晚唐五代時期黃河開始頻繁決口，宋代接續了這樣一種局面。當時黃河決口，北流最遠到現在的天津一帶，奪海河口入海；也曾在兩宋之交的時候，受人為因素影響，向南奪淮河口入海。所以我們說宋代是一個「生於憂患，長於憂患」的時期，不僅僅是因為它處在周邊政權環伺之下，某種程度上也與它所處的自然環境相關。

即便如此，我們還是會看到宋代的經濟發展有非常耀眼的表現。著名史家伊懋可（Mark Elvin）在上世紀七十年代有一本書 *The Pattern of Chinese Past*（《中國歷史上的發展模式》），主要從社會經濟角度來講中國歷史上的發展模式。他在這部書裏提出，中古時期的中國出現過所謂「經濟革命」，他指出的時段正處於宋代。國內也有不少經濟史家在各自研究的基礎上做過類似的概括，有的將宋代傳統農業達於成熟稱為「綠色革命」，有的將宋代面向大眾的商業網絡建設稱為「商業革命」，有的將世界上最早的紙幣出現稱為「貨幣革命」，有的將都市面貌從封閉的里坊制向開放的街巷制的變化稱為「城市革命」；我們比較熟悉的，可能還有所謂「科技革命」——印刷術、指南針和火藥技術的完善與傳播基本是在宋代完成的。就個人意見來說，我並不同意「革命」的說法。革命通常是指顛覆性的變化，而歷史上經濟文化的發展，都是積累性延續性的，在漸變過程中可能呈現某些突出的表現。但是有這麼多學者用「革命」來概括宋代經濟的發展變化，還是提醒我們注意這一階段的明顯進展。

近些年，歷史學界關注全球史的研究。對於跨國家、跨地區互動現象的研究，上個世紀已經有不少。五十年代後期日本學者宮崎市定在《宋代的石炭與鐵》一文中說：

「中國文明在開始時期比西亞落後得多，但是以後這種局面逐漸被扭轉，到了宋代便超越西亞而居於世界最前列。由於宋代文明的刺激，歐洲文明向前發展了，到文藝復興，歐洲就走在中國前面了。」他把宋代的經濟文化成就放到了東亞與西亞文明比較，甚至與歐洲文明互動的框架之下予以認識。現在經常說「一帶一路」，我們知道，草原—沙漠地帶的陸上絲綢之路自中唐以後已經不在中原王朝控制之下；作為對外貿易的途徑，海上絲路逐漸興盛起來。儘管很早以前中國就有海上貿易，但直到宋代才形成固定的海上商路，瓷器、鐵器、金銀器以及書籍等大量外傳。最近這些年也有一些海底沉船的發掘，像「南海一號」，被稱作「沉睡八百年的繁華」，給今天留下深刻的印象。

宋代是一個「生於憂患，長於憂患」的歷史時期，這樣一種憂患意識在宋人的心中十分明確，始終揮之不去。范仲淹的《岳陽樓記》講到士人的抱負，說他們：

> 不以物喜，不以己悲；居廟堂之高則憂其民，處江湖之遠則憂其君。是進亦憂，退亦憂。然則何時而樂耶？其必曰「先天下之憂而憂，後天下之樂而樂」乎！

王安石之所以要變法，也是因為深以社稷為憂。他在《上仁宗皇帝言事書》中分析時勢說：

> 內則不能無以社稷為憂，外則不能無懼於夷狄，天下之財力日以困窮，而風俗日以衰壞。

南宋張浚也曾和高宗講到內憂外患相繼出現：

> 今日事勢極矣！……自此數年之後，民力益竭，財用益乏，士卒益老，人心益離，忠臣烈士淪亡殆盡，內憂外患相仍而起，陛下將何以為策？（《建炎以來繫年要錄》）

這些無法釋懷的憂慮與強烈擔心，都讓我們意識到，對於國家大勢、民生風俗，宋代士人一直抱有非常深刻的憂患意識。

二「立紀綱」·「召和氣」：相對開明的國策基調

面對令人憂患的時局，當時的政權如何應對？我們看看宋代國策的基調，也就是治國理政的基本方針。

公元九六〇年，身為禁軍統帥的趙匡胤通過陳橋兵變黃袍加身，搖身一變成了皇帝。我們現在看宋人的著述，會覺得他是「堂堂大宋」的開國君主。但在他初登帝位的時候，不會有多少人相信這個王朝能夠延續下來。因為在此之前已經走馬燈似的過去了十四個皇帝，而且那些開國皇帝大多也是禁軍統帥出身，人們有什麼道理相信趙匡胤能夠把王朝鞏固下來呢？很多人可能覺得宋代不過是五代之後短命的第六代。但事實是，趙匡胤成功地鞏固了這個王朝。宋人因此有非常強烈的自豪感，很多人討論為何太祖能夠「易亂為治」，實現平和安定的局面。

《朱子語類》是南宋大儒朱熹和學生對談的記錄，有學生說宋太祖得天命成為天子，必定是把五代的弊政全部革除了，才能扭轉時局。朱熹卻說，太祖只是「去其甚者」，革除了最主要的弊端，其他法令條目大多數都沿襲下來。他解釋道：「大凡做事底人，多是先其大綱，其他節目可因則因。此方是英雄手段。」也就是說，首先必須抓住核心問題，其他枝節項目可以暫時因襲。

那麼，宋太祖致力於解決的，究竟是些什麼問題呢？宋太祖在位十七年，在九七六年冬天十分突然地去世了，他的弟弟宋太宗繼承了皇位。太宗在即位詔書中概括了太祖的功業：「先皇帝創業垂二十年，事為之防，曲為之制。」所謂「事為之防，曲為之制」，是說所有的事情都要預先防範，制約周全，也就是要防微杜漸。這八個字的提煉，應該說相當精準。太宗接著表示：「紀律已定，物有其常。謹當遵承，不敢逾越。」（《續資治通鑑長編》）這也就是宋人說的「祖宗法度」。

宋代的開國基調總的來講比較開明，這是中外史學界相當一致的認識。古代帝制王朝原則上是專制統治，但各個時期的統治方式還是有區別的。宋代的朝政稱得上是歷代王朝中最開明的。據說宋太祖當了皇帝之後，曾經問輔佐他的智囊人物趙普：「天下何物最大？」趙普再三思慮後回答說：「道理最大。」我們目前看到最早記載這件事的是沈括《夢溪筆談·續筆談》。沈括是北宋中期的人，離太祖時期已經有大約一百年，他可能是得之傳聞，我們很難確定當初究竟是否有這組對話。但是宋人相信有，而且經常會引用這段話，可見當時人對於其中表達出來的理念是相當認同的。

又如傳說太祖曾經立誓不殺大臣和言官，刻有誓碑藏於太廟。是否真有這一誓碑，學界有許多討論，我本人高度懷疑誓碑的存在。但是不管怎樣，「不誅大臣、言官」，可能是宋代不成文的規矩。宋太祖殺過貪贓枉法的大臣，但確實沒有殺過言官；宋代言官惹怒皇帝而被治罪的情況並不少見，但誅殺言官的現象是非常罕見的，這與後來的明清有很大不同。當然宋代也有政治上的整肅和黨同伐異，像北宋晚期有元祐黨籍，南宋中期有慶元黨禁，當朝廷致力於「議論專一」的時候，思想上和現實中都容易導致專制傾向。但總體上講，宋代還是思想比較開放的時期。正如陳寅恪先生所言，「六朝及天水一代，思想最為自由，故文章亦臻於上乘」（「六朝」是指六個前後相繼在南京——當時稱作建業、建康——建都的王朝；「天水一代」即指宋代，天水是趙姓的郡望——儘管趙匡胤籍貫在河北涿郡）。

宋朝的開明體現在哪些方面呢？就治國理政的方針來講，值得注意的有「立紀綱」與「召和氣」兩端，這兩端就像車之兩軸，相輔相成。「紀綱」就是歐陽修等人所說的「綱紀」，是法制規矩的意思，這是宋代治國理政的一端。另一端是「和氣」，當時人們認為天地之間有陰陽二氣，如果它們自然地不受干擾地交互運行，就能感召和諧雍睦之氣，宋人通常把它與仁義、仁政聯繫在一起。

我們可以以科舉制度的實施為例，看看宋代怎麼立紀綱，又怎麼通過立紀綱來感召和氣。科舉制自隋煬帝大業元年也就是公元六〇五年第一次開科，到清末一九〇五年結束，在中國歷史上存在了整整一千三百年時間。大家通常會把今天的高考和當年的科舉相提並論，其實這是性質不同的兩類考試。高考是學生受教育過程中的一個環節，關係到考生進入哪所高校；而科舉考試的目的是選拔官員，從這個意義上來說，科舉的性質接近當代的公務員考試，關係到文官隊伍的來源與構成。

表5.1是學者統計的歷代科舉取士數額表，從中可以看出，宋代是年均取士數量最多的朝代。科舉考試是希望選拔資質優良的士子充實官僚隊伍，改變官僚隊伍的原有結構；但是如果錄取人數太少，這些人進入龐大的官僚隊

伍就像沙子撒入大海，瞬間會被淹沒，很難對官僚隊伍形成衝擊效應。所以錄取人數不僅是規模問題，也關係到科舉制對文官隊伍結構的實際影響。

表 5.1　歷代科舉取士數額

	年數	榜數	取士總數	年均取士（進士）
唐	290	266	6603	23
宋	320	130	正奏名 42588+ 特奏名 50352	314+
元	98	16	1139（左右榜）	12
明	277	93	24624	89
清	268	114	26888	100

科舉制度一定程度上改變了文官隊伍的構成，帶來了社會階層的流動，體現出時代的活力。這一制度讓儒士有機會成為官吏，反過來也讓官員隊伍經歷著一種儒士化的過程，形成了有一定影響力的社會風氣。

唐代科舉制度已經相當完善，宋代則走向更加嚴密與開放。通常一個制度如果強調嚴密就不容易開放，反之強調開放就不容易嚴密；宋代科舉制度則是通過制度的嚴密化，保證制度向更多的人開放。下面來看一些具體的事例：

（唐太學博士吳武陵薦進士杜牧，）曰：「請侍郎與狀頭。」（崔）郾曰：「已有人。」曰：「不得已，即第五人。」郾未遑對，武陵曰：「不爾，即請還此賦。」郾應聲曰：「敬依所教。」既即席，白諸公曰：「適吳太學以第五人見惠。」或曰：「為誰？」曰：「杜牧。」眾中有以牧不拘細行間之者，郾曰：「已許吳君矣。牧雖屠沽，不能易也。」（《唐摭言．公薦》）

唐宋開科之前皇帝都會臨時指定主考官員。唐文宗大和初年，有一次主考官是禮部侍郎崔郾，太學博士吳武陵向他推薦才子杜牧，希望將他列為「狀頭」（第一名），這時尚未考試，崔郾卻說狀頭已經「有人」了，最後答應給予杜牧第五名。吳武陵走後，崔郾周圍有人提意見，說杜牧生活作風不檢點，但崔郾說，已經答應了吳君，縱使杜牧是「屠沽」（殺豬的或賣酒的），也不能改了。這種做法是否合理呢？現在大學招生，在正規高考之外也有中學校長實名推薦制，但是這種舉薦如果沒有嚴格的制度規定作為保障，制度的公正性和權威性就會受到強烈質疑。晚唐詩人杜荀鶴參加科舉考試落榜，心情憤懣，就曾在詩作中抱怨說：「空有篇章傳海內，更無親族在朝中。」（《杜荀鶴文集》）

這種情況在宋代得到了改善。宋代的科舉考試分為解試（或曰鄉試，地方上進行的選拔考試）、省試（傳統上尚書省禮部負責的考試）、殿試（名義上皇帝主持的考試）三級。北宋初期，科舉考試的操作方式有了調整變化，太宗時首先在殿試中「糊名考校，第其優劣，以分等級」（《續資治通鑑長編》）；真宗以後省試也採取了類似的做法。我們知道，科舉考試時，試卷上都會有考生填寫的名字、籍貫和三代姓名，唐代閱卷的主考官能同時看到名字和答卷，所以某些考生的卷子有可能被挑出來排在特定位置。但是宋代為防範弊端，卷子上交後會由監考官員把名字糊上，以《玉篇》或《千字文》中的某字作為代號，然後「送知舉官考定高下」（《宋史·選舉志》）。再到後來，考卷還會由專人重新謄抄一遍，避免熟識筆跡或留痕作弊。這就是「彌封」、「謄錄」制度。這樣考官很難猜出考生姓名，也就無法有所照顧。於是宋人有詩云：「唯有糊名公道在，孤寒宜向此中求。」（《秀水閒居錄》）若家中富足，可以選擇經商營生，或者通過「進納」買個小官，這種情況歷朝歷代都有；但是如果既「孤」又「寒」，朝廷中無人支持舉薦，家境背景清寒，還想要出人頭地，那麼只能走科舉這條路，「糊名」代表著公道。宋代這套制度施行狀況究竟如何？我們看看下面這條材料：

> 李廌，陽翟人，少以文字見蘇子瞻，子瞻喜之。元祐初知舉，廌適就試，意在必得廌以魁多士。及考章援程文，大喜，以為廌無疑，遂以為魁。既拆號，悵然出院。以詩送廌歸，曰：「平時謾說古戰場，過眼終迷日五色。」（葉夢得《石林詩話》）

據《石林詩話》載，元祐三年（一〇八八年）朝廷指定蘇軾做主考官，這一年正好他的弟子李廌參加考試。按照宋代的規定，主考官被指定的當天就要進入貢院，貢院隨即「鎖院」，內外的交通往來、私相授受全無可能。蘇軾閱卷時看到一篇文章，以為是李廌的，判為第一，拆號以後才發現文章是章援的。章援的父親章惇，儘管與蘇軾私交尚好，但在政治上分屬兩派。章惇是王安石變法的左膀右臂，蘇軾卻是支持司馬光主張的。雖然如此，結果卻不可更改了。這一次考試錄取了五百二十三名進士，沒有李廌，他不僅不是第一名，而且名落孫山，徹底出局了。蘇軾為表達歉意，寫了一首詩送給李廌，說「平時謾說古戰場，過眼終迷日五色」，頗有自嘲的意味。這首詩還有另外兩句：「青袍白紵五千人，知子無怨亦無德。」蘇軾是說，五千人參加考試，我實在沒有辦法挑出你的卷子來，我知道你不會感謝也不會抱怨我。從中我們可以看到，科舉考試制度的嚴密化保證了它向更多人開放，對更多人來說是公平的。

也正是由於這樣的情形，宋代才會有「寒俊」的崛起。所謂「寒俊」，是指家境比較清寒的有才之士。唐宋時期有些士子進不了學校，讀書於山林，在寺院裏讀書，因為寺院的環境比較清幽。北宋初年，呂蒙正和他的朋友溫仲舒在洛陽龍門利涉院讀書。夏天很熱，兩人下午在伊水邊散步時遇見賣瓜人，很想買。洛陽當地產瓜，一個甜瓜用不了幾文錢，兩個人卻掏不出來，只好悵然看著賣瓜人越走越遠。這時擔子上掉下一個瓜，周圍沒有別的人注意，兩人就把瓜撿來分著吃了。後來呂蒙正高中狀元，晉陞很快，當了宋太宗的宰相。他回到當年撿瓜的地方，買了一片地，修了個亭子，匾額「饐瓜」，以示不忘貧賤，對於後來的清貧士子也是一種激勵。

這樣的行事風格跟前代有明顯不同。我們看到唐代的一些傳記、墓誌，哪怕如今已經家道破落，也往往會追溯遠祖如何顯赫。呂蒙正卻不覺得貧賤是恥辱，而是磊落呈現，回顧當年的艱難，激勵執著的努力。類似的「勵志」故事，還有范仲淹的「斷齏畫粥」。范仲淹出自蘇州范氏，幼年喪父，母親帶著他改嫁到山東朱姓人家，一直到他參加科舉考試，填的名字都是朱說。考中做官之後，曾回到蘇州組織范氏義莊，資助那些讀不起書的范姓子弟。「斷齏畫粥」是說當年他在長白僧舍讀書，從家裏帶的米不夠頓頓吃乾飯，就熬成粥，凝成坨以後劃成若干塊，「計劃」著吃，鹹菜也要切成段算計著吃。

以呂蒙正和范仲淹為代表的這些人物，正是依靠科舉考試才得以崛起。宋代的一些精英人物知識結構相對淹博，在文章、經術、政事等各方面都有所成就。如果把他們和唐代的傑出人物做個比較，我們會觀察到其中的一些不同。唐代政治上的傑出人物，比如唐太宗時期的宰相房玄齡、杜如晦，能謀善斷；唐玄宗前期的宰相姚崇、宋璟，稱得上幹練賢明……他們都是政治上影響深遠的顯赫人物，但在學術上卻沒有什麼作品流傳下來，只有房玄齡、魏徵領銜撰著的《晉書》、《隋書》等流傳至今。而當時文壇上最有影響的人，像李白和杜甫，在政治舞台上並沒有得到什麼施展的機會。宋代的情形頗為不同，像范仲淹，他是推動慶曆新政的重要政治改革家，曾經官至副宰相；而我們最早知道他的名字，是因為他的文學作品，收在中學語文課本裏的《岳陽樓記》，像《漁家傲》「塞下秋來風景異」之類的詞作也傳誦廣泛；他還有研究《易經》的作品，有經學著述。北宋中期其他一些人，歐陽修是當年的文壇宗主，修過史書，也做過副宰相。像王安石、司馬光，都有傑出的傳世之作，儘管政見不同，做宰相施政期間都有所建樹。蘇軾也在文學、書畫、政治等多個方面展現過自己的才華。這是一個大師輩出、群星璀璨的時期。

這些經由科舉選拔出來的官員，對當時的國家制度、社會、天下有很強的認同感和責任感。范仲淹和他的同輩、後學，都有強烈的天下國家意識。「以天下為己任」是一代優秀士人的情操。南宋高宗時，監察御史方庭實，品級不高，但他在奏疏裏堂堂正正地對高宗說：「天下者，中國之天下，祖宗之天下，群臣、萬姓、三軍之天下，非陛下之天下。」這樣一種慷慨磊落，也讓我們看到，這些士人不僅自認為是文化和道德的主體，還具有強烈的政治主體意識。

說到這些人物，我們會想到他們對當時學術文化的推進。當時的文化精英都是宋學的代表人物，在經學、史學、文學方面有重要的創獲。我們現在經常看到這樣一些說法，例如「宋學」、「新儒學」、「理學」、「道學」，這些概念都有各自的蘊涵，它們彼此之間是什麼關係呢？我個人的感覺是，這四個概念的內涵是逐漸收窄的。「宋學」是一個比較開放的概念，宋代所有學術成就都可以包括在宋學之內；「新儒學」是宋學的主流，是對儒學經典的重新解釋，其中又因為解釋方式的不同而產生了不同的派別；新儒學最有影響力的派別是北宋中後期到南宋漸盛的「理學」，理學有廣義和狹義之分，廣義的理學既包括道學，也包括心學，後者就是陸九淵、王陽明一派。

這些概念之間的關係錯綜複雜，不少學者做過相關的討論。美國亞利桑那州立大學的田浩教授（Hoyt Cleveland Tillman）在《儒學研究的一個新指向：新儒學與道學之間差異的檢討》一文中，重新審視「新儒學」概念，他並不贊成這一說法，認為這個說法掩蓋了含混而又多歧的思想家譜系，把不同的流派含括到同一概念之中。多年前，陳來教授在《宋明理學》一書的「引言」中寫道：

> 宋代的理學，亦稱為道學。總體上說，道學是理學起源時期的名稱，在整個宋代它是理學主流派的特稱，而不足以囊括理學的全部內容。

也就是說，儘管理學、道學經常並稱，但道學並不等同於理學，應該說是理學中的主流學派。在嚴格意義上，「道學」指的主要是從程顥、程頤兄弟到南宋朱熹、張栻以及他們的弟子門人這一學派。元代人修《宋史》，有《道學傳》，但是並不把今人心目中的儒學代表人物都收錄進去，只收納了程、朱這一系。其他一些人物如呂祖謙、陸九淵等都被放在《儒林傳》裏，可見當時道學的觀念確實是比較狹隘的。

人們通常覺得道學家或理學家，都是坐在書齋裏做學問的，實際上並不是這樣，他們中的許多人都是政治的積極實踐者。宋仁宗中後期，程頤寫過一個奏章，向皇帝說：「行王之道，非可一二而言，願得一面天顏，罄陳所學。」程頤一〇三三年出生，這個章奏是一〇五〇年呈上去的，當時他只有十七歲，還談不上是個理學家，但是我們可以看到他年輕時對於行王道、治天下的強烈關切與情懷抱負。

一一六三年，宋孝宗即位不久，朱熹應召去臨安覲見，他做了非常認真的準備，寫了多篇奏稿，向皇帝口頭進呈。事後他跟朋友回憶了當時的情況：

> 熹六日登對，初讀第一奏，論格物致知之道，天顏溫粹，酬酢如響；次讀第二奏，論復仇之義；第三奏論言路壅塞、佞幸鴟張，則不復聞聖語矣……

他開篇講格物致知之道，皇帝很溫和地與他交談；後來講到言路不通暢，說皇帝周圍的人沒有真才實學而靠逢迎上位，皇帝就不高興了，不再開口回應。

同樣進言坦率的還有陸九淵。一一八四年，陸九淵擔任敕令所刪定官，當時在京官員有機會輪流面對皇帝（稱作「輪對」），可以當面提出治國建議。輪到他去見皇帝，他精心準備了五篇書面奏議，後來收到他的文集裏，所以我們現在知道他當時說了些什麼。我們現在談到陸九淵，總是提到鵝湖之會，說他和朱熹觀點不同，分道揚鑣。實際上他和朱熹在精神上有很多相互呼應的地方，比如他們都希望君王能夠正心誠意，希望能夠致君堯舜，二者在這些方面是有高度認同的。朱熹曾經說：「近世所見會說話，說得響，令人感動者，無如陸子靜（即陸九淵）。」當陸九淵有機會進言時，包括朱熹在內的很多朋友也會替他出主意。朱熹建議說：「果得一見明主，就緊要處下得數句為佳。其餘屑屑，不足言也。」輪對時，在第一篇札子中，陸九淵就直截了當地說：「（陛下）臨御二十餘年，未有（唐）太宗數年之效。版圖未歸，仇恥未復，生聚教訓之實可為寒心。」批評尖銳懇切。

當時的理學家，都是政與學兼收並蓄的人物。余英時先生在《朱熹的歷史世界：宋代士大夫政治文化的研究》中說：

> 政治文化是一個富於彈性的概念，既包括了政治，也涵蓋了學術，更點出了二者之間不可分割的聯繫。不但如此，這一概念有超個人的涵義，可以籠罩士大夫群體所顯現的時代風格。

政與學兼收並蓄正是當時士大夫共同的追求，是他們集體顯現出來的一種時代風格。

三 平民化・世俗化・人文化

下面我們來講第三個問題。前面說到「唐宋變革」，我想重申一下，「變革」並非徹底顛覆，而是在原來的基礎上向前推進。對於變革，不同學者會有不同角度的觀察，哪些方面有變化？變化程度如何？學者們的認識其實是相當不同的。在這麼多表述中間，我們是否能提煉出一些能夠基本含括當時變化趨向的說法呢？我想，「走向平民化、世俗化與人文化」的概括是比較合適的。據我所知，最早提出這個說法的是陳來老師。

學界雖然說「唐宋變革」，但並不是指唐朝滅亡宋朝興起那一天發生的變革，而是指中唐開始、長過程中發展演進的變革。這種變革經歷了很長的歷史階段，平民化、世俗化與人文化是所謂變革的基本趨勢。有些前輩學者認為唐代是「貴族社會」，而宋代是「平民社會」，我覺得這種概括可能不夠準確，不過我們可以說宋代是一個走向平民化的社會。所謂「平民化」，是指普通民眾具有較前代更多的生存發展機遇，受到社會更多關注；是指相對於貴族制、門閥制政治生態，身份背景淡化的時代特徵。「世俗化」，主要是指俗世生活影響增重，佛教經歷本土化過程，民間信仰興起，宗教教義愈益貼近世俗需求。「人文化」，則是指更加關心尊重「人」自身的價值，關注人的精神生活狀態和教養成長。我們說到「化」，意指進行時，指傾向和趨勢，是一種持續演進的目標。

對這個問題的認識，既關係到唐代宋代的定位，也關係到對整個中國歷史基本走勢的把握。這種發展趨勢體現在許多方面。

就都市景觀和城市佈局而言，唐代長安城是在隋大興城的基礎上建立的，當年是通盤設計的結果，網格狀的坊市佈局，均勻對稱，尊卑秩序井然。北大考古文博學院的齊東方老師曾經說，他在長安城的發掘過程中有個非常深刻的印象，就是唐代長安城像是一個半軍事化管理的都城。宋代的東京開封本不是作為都城設計的，所以它不是那麼方方正正，不是那麼規則，官府與民居雜陳，沒有明確的功能分區。開封城是一個多重的方城結構，宮城在整個城市的中央，宮城之外依次是內城、外城。這和唐代宮城在都城北部的格局不同。我們知道金中都、元大都、明清北京城基本上都是多重的方城結構，紫禁城是在城市中央。但是從元大都到明清北京，又跟開封有明顯的不同，就是它們恢復了等級秩序森嚴、東西兩側嚴格對稱的中軸線體系。

說到開封，就會說到當時的城市居民。現在我們改革戶籍制度的一個重要方向，是要取消農村戶口和城鎮戶口的區別，而這兩者的區別是什麼時候產生的？換句話說，城市戶口是什麼時候出現的？就是北宋。城市戶口當時叫作「坊郭戶」，指長期居住在城郭坊巷裏的民戶，有的居民來自手工業商業家庭，也有一些官宦人家。這一稱謂在唐代後期已經開始出現，北宋則作為法定的戶口分類固定下來。當時城鄉間的社會流動，特別是經濟上的社會階層流動成為相當普遍的現象。北宋袁轂說：「昔之農者，今轉而為工；昔之商者，今流而為隸。貧者富而貴者賤，皆交相為盛衰

圖 5.2　宋開封城平面圖（河南大學土木建築學院教授李合群繪製）

矣。」過去有嚴格分野的士農工商，此時變動不居；同時出現的，還有「貧者富而貴者賤」的交相盛衰。伴隨這種現象而來的，是以「重商」為核心的市民思潮和具有大眾化、世俗化特徵的市民文化的興起。我們從《清明上河圖》中可以看到，當時都市通衢行人川流不息，十字街頭有說書、雜耍、休閒娛樂的人；活躍在民間的普通民眾成為文學藝術、文化知識的傳佈者、欣賞者、接受者。隨著城市經濟的發展與市民階層的興起，市井文化在這個時代可以說是大放異彩。

宋代的平民化和世俗化並沒有導致文化的粗俗和平庸。北大袁行霈先生主編的《中華文明史》第三卷，講唐宋時期的情形，其中講到這一時期文學重心下移，帶來了文學的全面繁榮。文學重心下移是什麼意思呢？就文學體裁而言，唐代有詩、有文，成就突出，非常繁榮；宋代的文學體裁擴大到了詞、曲、小說。詞是「曲子詞」的簡稱，源於民間，是從燕樂甚至是從秦樓楚館裏面走出來的。寄情娛樂時要唱曲，也就需要填詞。宋詞中的淡雅婉約之作與豪放曠達之作相映成趣，交互生輝。小說也是一樣，傳奇和話本（「說話」）原本都是講給下層市民聽的，有平話，有講史，像《大宋宣和遺事》，有些內容就是《水滸傳》的藍本雛形。這些故事在說書人口中越講越豐富生動，內容逐漸凝聚成後世內容豐富的長篇小說。可見新的文學體裁的出現和市井文學有密切的關係。

這一時期，文學的創作者從士族文人擴大到庶族文人，進而擴大到參與口頭或書面創作的市井文人。一些本不以文學著稱的政治家、軍事家如范仲淹、岳飛等，也有很好的詩詞佳作，氣勢磅礡，情理交融。像岳飛的《滿江紅》，有些學者質疑岳飛作為一個戰將，是不是有可能寫出這樣的詞作。實際上岳飛不僅有《滿江紅》，還有其他的遺文題記及詩詞作品；和他齊名的戰將韓世忠也有《臨江仙》之類的詞作留下來。他們身邊肯定有些文士墨客幫助潤色，但主要內容和創作理念應該還是他們的。

這個時期的文化風格呈現出更為豐富多彩的面貌，格調追求和前代有所不同。以詩為例，同樣是歌詠廬山，同樣是當時一流文豪的作品，不同時代卻展現出不同的特色。

日照香爐生紫煙，遙看瀑布掛前川。
飛流直下三千尺，疑是銀河落九天。

——李白《望廬山瀑布》

橫看成嶺側成峰，遠近高低各不同。
不識廬山真面目，只緣身在此山中。

——蘇軾《題西林壁》

同樣的文學體裁，同樣的歌詠對象，呈現出來的面貌卻不完全一樣。李白這首詩豪邁浩瀚，具有一瀉千里的宏大氣勢；蘇軾這首詩遣詞造句疏暢平淡，卻讓人體味到蘊涵的哲思與理趣。人們會說，宋人跟在唐人後邊作詩，是宋人的不幸，因為盛極難繼，各色題目都被唐人寫過了。於是宋人試圖走出自己的路，當時的「新變」包括詩作的散文化，也包括他們對日常生活情趣的體悟，以及對於思理的追求。這正如錢鍾書先生所說：「唐詩多以豐神情韻擅長，宋詩多以筋骨思理見勝。」（《宋詩選注》）

「詩述志，詞娛情。」相對而言，詩適合嚴肅莊重的題材，詞則宜於表達嫵媚細膩的情感。兩宋之交女詞人李清照的作品提供了典型的例證：

生當作人傑，死亦為鬼雄。
至今思項羽，不肯過江東。

——《烏江》

尋尋覓覓，冷冷清清，悽悽慘慘戚戚。乍暖還寒時候，最難將息。三杯兩盞淡酒，怎敵他、晚來風急。雁過也，正傷心，卻是舊時相識。

滿地黃花堆積。憔悴損，如今有誰堪摘。守著窗兒，獨自怎生得黑。梧桐更兼細雨，到黃昏、點點滴滴。這次第，怎一個愁字了得。

——《聲聲慢》

在李清照心目中，詞和詩的分野很清楚。她的作品裏，不同的選題、意境和心情，是用不同文體來表現的。但是在宋代，詞作並不僅僅是婉約細膩這一路，像蘇軾和辛棄疾這樣的詞人，篇什風格既有委婉清新的，也有灑脫豪放的。總的來看，宋代的文學形式，可以說是蔚為大觀。

宋代的讀書人逐漸增多，對於書籍的需求愈益迫切。我們知道「四大發明」中的印刷術包括雕版印刷術和活字印刷術。雕版印刷術在中國歷史上影響更大，就其技術而言，在唐代已經非常成熟，但當時主要用來印日曆、佛經、佛像以及方術類的世俗讀物，因為同樣的東西必須有大量的需求才值得投入雕版印刷。這也讓我們看到，唐代社會的宗教氣氛是很濃厚的。宋代才開始印刷書籍著作。北宋中期蘇軾曾經説，過去都是手自抄寫，「近歲市人轉相摹刻諸子百家之書，日傳萬紙」。我們在宋代的一些繪畫中可以看到當時的「書坊」，前店後廠，店鋪售書，後院刻印。一部書刻板完成後先刷上一二百部，假如賣得好還可以接著印刷。

圖 5.3 是宋刻本《昭明文選》第三十卷的最後一頁。我們看到，後面空餘處的三四行，刻的文字和《文選》內容已經沒有直接關係。其中一行是「錢唐鮑洵書字」，錢塘（唐）是杭州別稱，鮑洵則是抄寫《文選》的書手。雕版印刷品悦目與否，和文字的抄寫書字者有直接關係，因而提到他的名字。最後這一行「杭州貓兒橋河東岸開箋

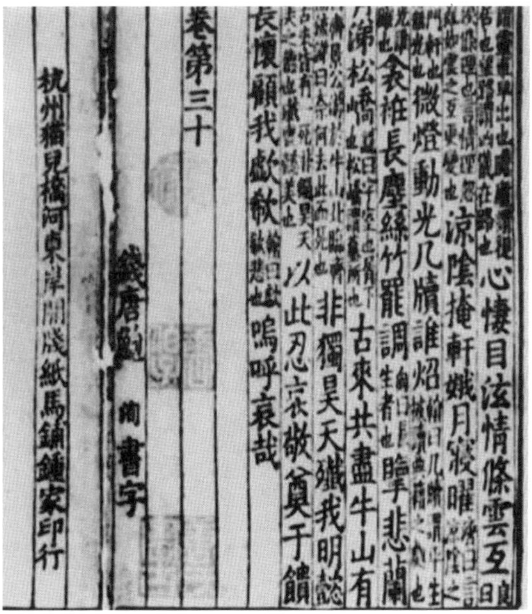

圖 5.3 《昭明文選》書影，現藏國家圖書館

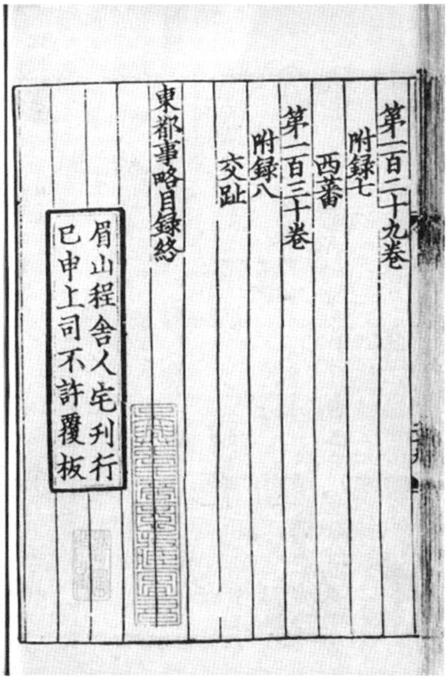

圖 5.4 《東都事略》書影，現藏台灣「國家圖書館」

紙馬鋪鍾家印行」，是個路線指南，也算是廣告，告訴讀者去哪兒找他的店鋪買書。除去這部書，店裏當然還有別的書可以買。有意思的是，鍾家開的這個書坊本來是個「紙馬鋪」，也就是紮製、販賣紙製冥器、香燭、紙馬的店鋪。商人觸覺靈敏，大概發現圖書需求量大，而自己店鋪中有足夠的紙張，於是轉而多種經營，也去刻書了。當時的杭州，是坊間刻書十分興盛的地方，這裏我們也能感覺到當時社會風習的一種轉變。

圖 5.4 是南宋刻本《東都事略》目錄的最後一頁。目錄後面有一方「牌記」，內容值得注意：「眉山程舍人宅刊行」。眉山在四川成都一帶，是蘇東坡的老家，也是《東都事略》作者王稱的家鄉。程家或許有私塾，所以能刻書。這類家刻本，通常校刻精審。牌記後面一行的八個字更有意思：「已申上司不許覆板」，可見當時人已經有了版權意識。這種意識一定是在刻書業已經相當發達的情況下才出現的。

宋代對於讀書識字的需求，已經普及到了社會下層。慶曆年間富弼曾經跟仁宗說：「負擔之夫，微乎其微者也，日求升合之粟以活妻兒，尚日那一二錢，令厥子入學，謂之『學課』。」給人打短工的社會底層民眾，可能無房無地，每天靠挑擔送貨掙兩三斤糧食養活妻兒，即便如此，也要每天挪出一兩文錢，留待將來讓兒子上學。這些人未必期望兒子考中進士，只希望他能認識官府賦役公告上家人的名字，防止被人欺負。

這樣的一些孩子，誰去教他們呢？他們沒有機會進入官辦的州縣學校或者士人聚集的書院，啟蒙教育基本都是在鄉村的私塾、村學，甚至季節性的冬學學習。授課的「鄉先生」往往是當年那些科舉落第的人。宋代科舉考試的錄取率遠遠不到百分之一，落第者或者回家鄉耕讀為業，或者從醫從商，也有一些人在鄉里教書。比如浙東永康的陳亮，一開始科舉考試沒有成功，回去後給朱熹寫信說：「今年不免聚二三十小秀才，以教書為行戶。」邊教邊讀，養家糊口以備來年再考。有幸的是，紹熙四年（一一九三年）他考中了，而且高中狀元；不幸的是，他還沒來得及上任做官就去世了。這些科舉落第的人在鄉里民間或者聚徒講學，或者參與公眾事務，成為文化的普及者、基層社會活動的組織者。而村學、家塾等私學分佈的時間、空間及其教學層次和靈活度，顯然不是官辦的州縣

圖 5.5 《臨宋人畫冊》之《村童鬧學圖》，（明）仇英，絹本設色，現藏上海博物館

兒童冬學鬧比鄰，據案愚儒卻自珍。
授罷村書閉門睡，終年不著面看人。

——陸游《秋日郊居》

學校以及書院所能比擬的。

《秋日郊居》是南宋陸游的一首詩，圖 5.5《村童鬧學圖》，據説是後人模仿南宋底本畫的。圖與詩原本沒有直接關係，但放在一起就像詩配畫。陸游在鄉下的房子挨著冬學，他在詩的自註裏説：「農家十月乃遣子入學，謂之『冬學』。所讀《雜字》、《百家姓》之類，謂之『村書』。」冬學裏教書的老先生，可能就是一位科舉落第者，看來對於教書沒有太大興趣，課間自己伏案休息，孩子們在院舍中鬧得翻天覆地。

陸游在自註中提到的「村書」，就是當時常用的啟蒙教材。通常所説蒙學讀物主要有三種：《三字經》、《百家姓》、《千字文》，即所謂「三百千」。但這三者在歷史上出現的順序，恰好是倒過來的：《千字文》南朝的時候就出現了，《百家姓》中，趙姓高居首位，肯定是宋代出現的。我們還可以進一步推測，宋代哪個時期出現的？《百家姓》第二位是錢姓，我們知道，五代十國時期，江浙地區的吳越王室是錢姓，宋初統一後，錢氏在當地的顯赫影響力肯定還會存在一段時期，把錢姓置於第二位應該是宋代前期的事。我們甚至可以據此推測《百家姓》出

現的區域：應該出現於江浙地區，只有這個區域的人才會如此重視錢姓。《三字經》的出現則更晚，南宋後期出現，據說是王應麟所作，後來從明清到民國內容都有過增刪。

我們前面說到宋代在學術、文學、教育等多個方面的變化，下面我們看幾幅唐宋時期的人物畫，比較一下人物形象的呈現方式。

《步輦圖》是唐代著名畫家閻立本的傳世名作。閻立本在貞觀年間長期在朝廷做官，與太宗有直接接觸，他畫的太宗形象應該是非常接近原貌的。圖中描繪的是一個接近實際的歷史場

(右) 圖 5.6 《步輦圖》，(唐) 閻立本，絹本設色，現藏故宮博物院
(下) 圖 5.7　單髻女立俑，唐天寶年間，陶制，高四十厘米。一九五六年西安東郊韓森寨出土，現藏故宮博物院

景，表現的是青藏高原吐蕃贊普松贊干布的特使祿東贊到長安城來向唐太宗請求，希望迎請一位公主下嫁，這就是文成公主入藏前的一個情景。無論是唐代實景的描繪，還是後代臨摹的畫卷，或者壁畫和雕塑，我們都會注意到，其中呈現的唐代人物形象似乎有共同的特點，就是神情特別雍容閒適。比如圖 5.7 的唐代塑像，這位女性從服飾看並非屬於社會高層，可是她看上去自滿自足，洋溢著別無所求的神態。

我們再看看宋代的人物形象，會感覺到明顯的反差。宋代有很多描繪上層生

活的畫作或者雕塑，同時也有大量描寫基層民眾生活的作品，比如《貨郎圖》、《紡車圖》、《推磨圖》、《養雞女石刻》，等等，其中人物無不辛勤勞碌；即便是中上層的女性，也有不少親自養兒育女、執掌中饋。唐代當然同樣有眾多艱苦勞作的中下層男女，但當時的藝術家或是畫工刻工可能認為這樣的形象不值得呈現；而到了宋代，創作者們對一般人的生活情境有更多的關注。這裏面可能也有禪宗的影響，所謂「劈柴擔水無非是道」。平民的日常生活狀態，同樣值得呈現。這也是我們所說平民化、世俗化與人文化的體現之一。

(上) 圖 5.8 《貨郎圖》，(宋) 李嵩，絹本水墨，現藏故宮博物院
(中) 圖 5.9 《紡車圖》，(宋) 王居正，絹本設色，現藏故宮博物院
(下右) 圖 5.10 《推磨圖》，大足石刻寶頂山石窟大佛灣第二十號地獄變圖中「鐵輪地獄」造像之一
(下左) 圖 5.11 《養雞女石刻》，大足石刻寶頂山石窟大佛灣第二十號地獄變圖中「刀船地獄」造像之一

四 小結：宋朝歷史再認識

最後做一個小結。

歷史學是一門重在反思的學問，歷史上很多的問題、人物、事件都有反思的空間。我們很難回到歷史的現場——即便身處現場之人，也會有不同的記憶和認知；正因為如此，我們更需要有所警覺。每一段歷史都值得我們認真追尋，值得反覆思索和探求。宋代的歷史，如前面所說，目前大家的認識是相對兩極分化的，所以更有「再認識」的餘地。

宋代處於中國歷史上重要的轉型期，面臨著來自內部與周邊的諸多新問題、新挑戰，不是古代史上國勢強勁的時期。但它在物質文明和精神文明方面的突出成就，在制度方面的獨到建樹，它對於人類文明發展的貢獻與牽動，使其無愧為歷史上文明昌盛的輝煌階段。

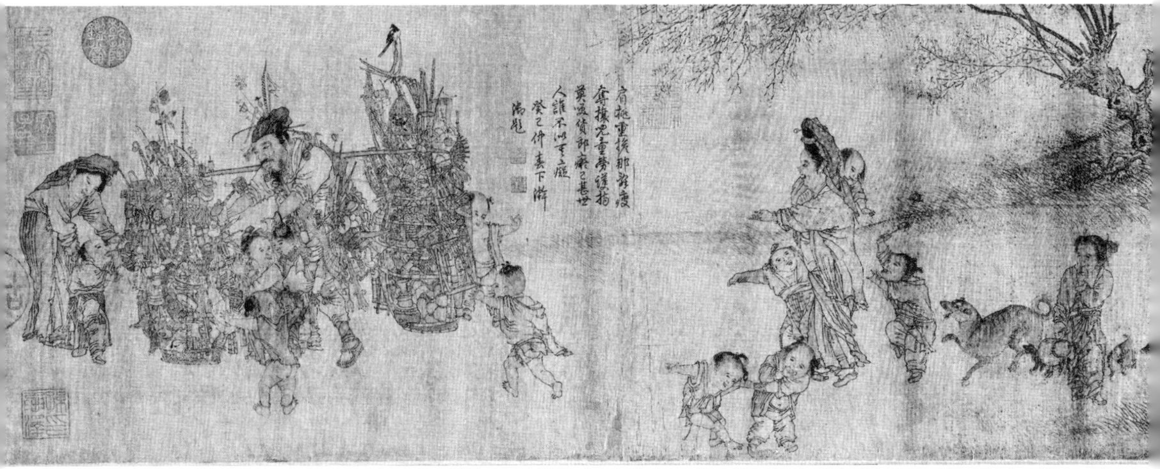

推薦閱讀

- 鄧廣銘：《宋史十講》，中華書局，二〇〇八年
- 朱瑞熙、張邦煒、王曾瑜等：《宋遼西夏金社會生活史》，中國社會科學出版社，一九九八年
- 虞雲國：《從陳橋到崖山》，九州出版社，二〇一六年
- 黃寬重：《藝文中的政治：南宋士大夫的文化活動與人際關係》，北京大學出版社，二〇二〇年
- 鄧小南：《祖宗之法——北宋前期政治述略》，生活．讀書．新知三聯書店，二〇一四年

第六講

「大中國」的誕生

元王朝在中國歷史上的定位

姚大力

我的題目是「大中國」的誕生，中國有一個從小到大的變化，它不是從一開始就這麼大的。也許可以這樣來概括：「華夏」孕育了「中國」，又被「中國」所超越。中國文明的發展，大概就是這樣一個線索。現有資料裏最早出現「中國」這個詞的，是西周初的「何尊」銘文：「余其宅茲中國」，意思是我且安頓在這個稱為中國的地方。這時候的「中國」指很小一塊地方，即洛陽及其附近。中國就是從洛陽及其附近慢慢長大的，「中國」一詞也隨之慢慢變成了對中原地區的指稱，大體相當於今山東、山西、河南、河北之地。然後它進一步長大，加上了陝西，基本上包括了華北的兩大核心區域，再往後就有了秦朝的版圖。秦統一時，中國南部的人口基本上不屬於華夏人群，所以秦在當時就是多民族的統一國家。從秦到清，作為多民族統一國家的中國，其幅員又擴大了許多。不只如此，在這樣逐漸長大的過程裏，「中國」還獲得了另外一層意思，即指漢族和漢文明的地區。自從清末大量漢族農業人口闖關東之後，東北三省也被括入漢文明意義上「中國」的一部分。

「中國」的後兩層含義至少一直保存到清末：一是指漢族和漢文明地區，二是指中央王朝統治下的全部版圖。現在我們已不再正式使用「中國」的前一種含義，但英文的 Chinese 還保留著那兩層含義，它既表示漢語的，也表示中國的。中國的這兩個含義之間有一個不重疊的地區，那就是中國的邊疆。今日中國的邊疆概念是從清人那裏承襲過來的，它不是指邊界線，也不是指邊境地區，指的正是中國疆域之內漢族和漢文明傳統地域以外的那些地方。我們今天要講的，就是中國如何擁有漢族和漢文明地區以外的那片地域，從而形成「大中國」的過程，以及元朝在這個過程中起到了什麼作用。

陳寅恪先生對元的評價，可能會讓讀到這段話的大部分人感到詫異。他說：

> 宋元之學問、文藝均大盛，而以朱子集其大成。朱子之在中國，猶西洋中世之 Thomas Aquinas，其功至不可沒。而今人以宋元為衰世，學術文章，卑劣不足道者，則實大誤也。歐洲之中世，名為黑暗時代 Dark Ages，實未盡然。吾國之中世，亦不同。甚可研究而發明之也。

陳先生在這裏稱讚的主要是宋。兩宋在我們的歷史教科書裏一向是不太被看好的王朝，陳先生卻認為兩宋是中國文化發展的一座巔峰，甚至直到上世紀前葉，中國文化仍未能超越它在宋時曾到達的高峰！同時他兩處以宋元並稱，可見元在陳寅恪先生的心目中也不像我們今天很多人想象的那樣糟糕和不堪。

今天我想講以下幾點內容：第一，從蒙古帝國到元王朝，我們要把蒙古帝國和元朝分開；第二，元統一中國的歷史意義，教科書對這個問題的強調還遠遠沒有到位；第三，空前繁榮的跨文明交流，也就是在這個多元文化交相輝映的時代，不僅外國的很多東西傳入中國，中國境內不同民族的文化之間也獲得前所未有的廣泛交流；第四，教科書對元代東西文化交流的強調容易使大家產生某種誤解，認為漢文化在元代必定蒙受了重創，所以我要講講漢文化在元代的狀況；第五，文天祥與傳統中國的國家觀念，即通過文天祥對元朝的態度，去揭示為什麼今人對元代的評估往往與當日人們的認識有那麼大的差異。

一　從蒙古帝國到元王朝

十三世紀，蒙古勢力的版圖不斷擴大。一二〇六年基本上在蒙古草原；一二二七年成吉思汗去世，此前蒙古的疆域在他手中向外擴大了很多；一二八〇年，蒙古統治的範圍是亞歷山大帝國的四倍、羅馬帝國的兩倍，但此時蒙古帝國已經解體。蒙古帝國和元的區分很重要，元不是蒙古帝國，而是從蒙古帝國瓦解過程中蛻變出來的若干個繼承國家之一。蒙古的每一次西征，實際上都與向南的軍事擴張同時推進，西征和南征是同時的。第一次西征的作戰範圍主要還在亞洲；第二次西征一直打到歐洲，西北方向最遠抵達里格尼茨；第三次西征最重要的目標，一是剿滅盤踞在裏海南岸險峻山嶺中的「山老」暗殺集團，二是攻打位於美索不達米亞的阿拉伯帝國本部領土，三是進一步向西直逼小亞細亞，掃清通向地中海的道路。

蒙古勢力向外擴張，是非常殘酷的征服戰爭的直接結果。通過殘酷的征服戰爭，蒙古帝國造就了它遼闊的版圖。那麼它到底怎樣統治這麼大的版圖呢？

蒙古初期採用的是間接統治方式。漢文史料裏有一句話最簡明生動地揭示出蒙古帝國初期統治被征服地區的全部秘密：「北人能以州縣下者，即以為守令。」誰帶著一片土地來投降，這片土地就交給誰來統治。當然不是白白交給他，他要跟蒙古政權達成一些約定。比如說各地的統治者要上報戶口數，根據戶口規模確定每年上貢的份額；要把兒子送去當人質，這些人質可能會在成吉思汗身邊擔任他的貼身侍衛，觀察甚而參與國家大事的治理，跟現在恐怖主義的人質是完全不一樣的概念；要入覲，每過一兩年到蒙古高原去參拜大汗；要從征，有軍事活動的時候要親自從征或派遣軍隊參戰。到蒙古的制度比較完善的時候，還有普遍的置監，就是在各地設置達魯花赤。

在蒙古勢力所及的巨大範圍內，到處都有帶著土地來投誠的人，這些人的地位是可以世襲的，所以漢文材料稱他們為世侯。西方材料則稱他們為 malik（「蔑里」），malik 最初的意思是國王，後來地位下降，所指相當於地方上的實際統治者。獲得世侯或者說 malik 職位的投誠者們，又是怎樣一些人呢？蒙古征服時期各地社會上下等級間的對流非常強烈。原來的地方官員和當地富豪多與剛被推翻的政權有千絲萬縷的舊聯繫，又覺得和蒙古人語言不通，即使投降也後果難卜，所以大都選擇出逃保命。在大兵壓境、形勢險惡之時，敢於出頭露面去與蒙古人交涉的，往往是身份地位原本不高，又見過一些世面而不甘安分守己之徒。想不到他們從蒙古軍營裏返回時，已經搖身一變，成了這個地方的統治者。漢文史料只用四個字就把這批人的共同形象勾勒出來了，叫「由鼠而虎」。波斯文很講究修辭，它要用一大段話來講這件事——「個個披罪惡衣袍的市井閒漢都成了異密，個個傭工成了廷臣，個個無賴成了丞相，個個倒霉鬼成了書記，……個個敗家子成了御史，個個歹徒成了世庫官，個個鄉巴佬成了國之輔宰，個個馬夫成了尊貴顯赫的侯王……」。所以那時在蒙古人治下，東方和西方一樣，到處可以看見下等人驟然翻身變成上等人的事情。

蒙古征服的極盛之時，也即蒙古帝國瓦解之始。那麼它為什麼會這麼快就走向衰亡呢？一般歷史書都把它歸咎於最高統治集團內部的權力鬥爭、權力妥協和權力分配。下面這個故事出於著名的中古蒙古文史詩《蒙古秘史》：

> 其後太祖征回回。……臨行時，也遂夫人說：

「皇帝涉歷山川，遠去征戰。若一日倘有不諱，四子內命誰為主？可令眾人先知。」太祖說：「也遂說的是。這等言語，兄弟兒子，並博斡爾等皆不曾提說，我也忘了。」於是問拙赤：「我兒子內你是最長的，說什麼？」拙赤未對，察阿歹說：「父親問拙赤，莫不是要委付他？他是篾兒乞種帶來的，俺如何教他管？」才說罷，拙赤起身，將察阿歹衣領揪住說：「父親不曾分揀，你敢如此說？你除剛硬，再有何技能？我與你賽射遠，你若勝我時，便將我大指剁去；我與你賽相搏，你若勝我時，倒了處再不起。」說了，兄弟各將衣領揪著。博斡爾、木合里二人解勸，太祖默坐間，有闊闊搠思說：「察阿歹你為甚忙？皇帝見指望你。當您未生時，天下擾攘，互相攻劫，人不安生。所以你賢明的母，不幸被虜。若你如此說，豈不傷著你母親的心？」

第一次西征前夜，在成吉思汗的御前會議上，他很寵愛的一個太太也遂夫人提出：萬一他在遠征中有三長兩短，該由誰繼承汗位？成吉思汗聞言大悟，嗔怪諸子及心腹們未能及早提出這個問題。他問大兒子拙赤（即朮赤）怎麼想。拙赤沒有馬上開口，他大概有點猶豫。因為他雖身為父親正妻的長子，但母親是在被一個敵對部落抓去時懷上他的，所以拙赤的血統問題一直是最高統治集團內部的隱痛。這時第二子察阿歹（即察合台）搶在前面說：父親先問他，莫不是要傳位給他？他不是你的親骨肉，我們如何能服他管？被激怒的朮赤起身扭住察合台。若不是成吉思汗的心腹闊闊搠思的勸阻，兩人難免就要大打出手了。這個闊闊搠思是一名能與天溝通的薩滿，正是他在蒙古建國前後代天立言，宣稱成吉思汗是被上天選中、派來統治蒙古人的。史詩中的「您」，原文用的是第二人稱複數，指成吉思汗諸子們；漢文缺少複數形式，元代的漢譯者在「你」字下面加一個心表示「你」的複數（讀音由當時的 ním 演變為後來的 nìn），或者也寫作「你每」，這就是後來漢語中「們」字的起源。這次吵架的結果是朮赤和察合台都失去了繼承帝國大汗的機會，成吉思汗第三子窩闊台後來繼任大汗。

最高統治集團內部的權力爭奪此後還一直在繼續，它當然是蒙古帝國走向瓦解的重要原因。但從更深的根源上説，蒙古帝國的衰亡，是因為它的疆域實在是太大了。最初那種間接統治會導致很多矛盾的發生。比如駐紮在地方上的蒙古軍隊與當地世侯之間、勢力範圍互相鄰近的各世侯之間、世侯與其部下以及底層民眾之間等，會發生各種各樣的矛盾衝突。所有這些問題都會反映到蒙古最高當局那裏。如果當局不加干預，它的統治秩序很快就會變得不可收拾；如果加以干預，就亟須改革那種間接統治的形式，從而把最高當局的統治意志落實到地方性的治理上。這時按各地原有的社會文化傳統在那裏建立更規範的層級式統治體制，便成為不可避免的趨勢。但是蒙古帝國太大了，各大征服地區內的統治體系朝著不相同的地域化方向加速發展，致使帝國體制內部日益增長的差異與裂隙，最終將脆弱的統一帝國撕裂開來。

同樣性質的問題也發生在經濟層面。蒙古帝國的龐大，使得它的通訊、運輸以及軍事、政治運作的成本變得過大。這與古語「千里不販糧」的道理相似。一個美國學者從這段歷史的實際情況反推，認為當時維持國家正常運行的距離極限，大體不超過九百英里。因此蒙古帝國至少需要三到四個統治中心：以和林為中心可以建立起從華北到別失八里（今新疆吉木薩爾）的統治；以阿里麻里（在今新疆霍城西北）為中心可以建立起西至中亞的撒馬爾罕的統治；而伏爾加河上游需要另外一個中心，用來維持從花剌子模（在鹹海西南）一直到莫斯科的統治；攻滅阿拉伯帝國以後，自然又需要有一個新的中心來統治阿姆河以西地區。

無論如何，蒙古帝國的統治在第二代大汗的時候就已經分成了四塊：中央兀魯思（兼領藏區）、中州（華北）行政區、西域行政區，還有位於南俄草原的朮赤兀魯思。朮赤在第一次西征以後就沒有東返蒙古高原，因為他知道東面的帝國大汗之位已與自己無緣。第三任大汗在位時間很短，到第四任大汗時帝國版圖進一步五分化，這與帝國後來分裂為東亞的元王朝以及西部四大汗國的地理分割線十分貼近。從這個角度來看，蒙古帝國的瓦解是深埋在帝國內部的某種隱性的結構性危機必然爆發的產物。所以講元史雖然要從蒙古帝國講起，但二者又是完全不一樣的兩件事情。蒙古帝國史與元史並不是同一部歷史的上下兩半部分。蒙古帝國是一個世界帝國，而元王朝則屬於中國歷史上的一系列王朝之一。

元朝的政治、經濟、文化重心，全部都在今天的中國境內。而創立這個王朝的民族，它的人口中的大多數今天也仍然生活在中國境內。由漢族建立的歷代王朝，往往把自己的統治擴展到周邊少數民族地區，對此我們覺得再正常不過。既然如此，為什麼當中國的皇帝寶座上坐著一個出身蒙古族的天子時，元王朝就不能被當作一個中國王朝來看待呢？當然元朝的版圖還包括了今蒙古國疆域，以及今俄羅斯的西伯利亞一些地區在內。但這既不是中國征服了今蒙古國和西伯利亞各地區，也不是蒙古國征服了中國的結果，而屬於蒙古帝國留下來的遺產。在這個意義上，把蒙古帝國史簡單地等同於今蒙古國的歷史也不對，恰如意大利人不會把羅馬帝國史當作今日意大利一國的歷史。所以蒙古帝國的歷史，不是今天任何一個現代國家的歷史所能包容的，但是元朝的歷史則屬於中國歷史的一部分。

二　元統一中國的歷史意義

唐後期中國藩鎮割據，中央政府逐漸失去控制全國的能力。接著是黃巢起義。此後中國又經歷了五代十國和宋遼金，在今天中國的版圖上，長期有七八個國家割據並存。中國經歷近五百年的分裂而重新完成統一，正是在元朝。我們的歷史教科書往往給人留下這樣的印象：兩漢在承繼秦制的基礎上確立和鞏固的外儒內法的專制君主官僚制，為此後近兩千年內傳統中國的國家建構奠定了一個基本模式；而在最近一千年裏，國家建構的這同一個漢唐模式又在被歷朝繼承的同時，經過進一步擴充和調整，最後就有了我們今天的中國。同樣地，根源於上述見解，元朝所以能統一中國，被歸因於它實行漢化，而它所以失敗是因為它漢化得還不夠。我在這裏要提出的問題恰恰是，如果元朝真的只有漢化這一點值得我們加以肯定，今天中國的版圖還能有這麼大嗎？

與當代中國的疆土相比，秦的版圖雖然有限，但在當時它已經是一個多民族的統一國家。那時淮河、秦嶺以南大部分土著都不是講漢語的。漢朝在未控制西域之前，基本上就是在秦代版圖的基礎上再稍微向外擴張那麼一點。從兩漢開始，歷朝設置郡縣（或後來的府縣）建制的地域範圍，在近兩千年裏變化不大。唐幅員最大時的範圍四至讓人印象深刻。但在河西走廊以西，真正有中央政府派出官員駐守的，總共不過二十處。唐朝控制蒙古高原前後不過四十年，控制新疆和新疆以西的時間長一點，也沒有超過一百四十年。唐在這些地區施行的都是「羈縻」統治，即用「冊封」方式向各地統治者頒賜可以世襲的官號，以「朝貢—回賜」制度維持後者與朝廷之間的從屬關係，同時從政治經濟核心地區撥發巨額財富，來支持一支彈壓其地的兩三萬人規模的常駐部隊，並設立極少州縣以管轄為駐軍提供後援服務的小群漢族移民。各羈縻地區與朝廷之間的這種從屬關係，與其說是中央與地方政府之間的關係，還不如說是處於一個有差等的國際體系之內國與國之間不完全平等的外交關係。而唐代疆域內劃分出府縣制地域和羈縻地域的分隔線，其走向與著名的「黑河—騰衝線」十分接近。

在中國地理學意義上，黑河—騰衝線將中國版圖分隔為面積大略相等，但人口密度相差十五六倍之多的兩部分。不過這條線所蘊含的意義還遠不止如此。它實際上還是有條件從事雨養農業（以及對降水需求更高的稻作農業）與基本只能從事牧業的中國東西部的分隔線，同時也大體上劃分出漢族與非漢族的歷史活動區域。與黑河—騰衝線的提出略約同時，拉鐵摩爾揭示出另外一條與之頗多暗合之處的界線。他把這條線以西、以北的地區稱為中國的亞洲內陸邊疆。兩條線最大的不一致在於對東北地區的處理。黑河—騰衝線把它劃在人口密集的中國東部，而拉鐵摩爾則將它劃入中國的亞洲內陸邊疆。從歷史上看，東北地區有大批漢族從事農業開發始於清末，所以就討論歷史問題而言，拉鐵摩爾線畫得更準確一些。包括採納漢唐建國模式的宋朝和明朝在內，依賴漢文明建立起來的王朝國家所能鞏固的疆域，基本都位於拉鐵摩爾這條線的東側。

從公元一〇〇〇年以後直到清亡的將近千年裏，只有元和清兩個王朝才真正把亞洲內陸邊疆完整地括入中國國土。上述兩個王朝分別由蒙古族和滿族建立，這絕非出於偶然。我們看到，漢唐式國家對其版圖的鞏固，需要由漢族移民充當拓展國家治理體制覆蓋面的先行隊和後續支

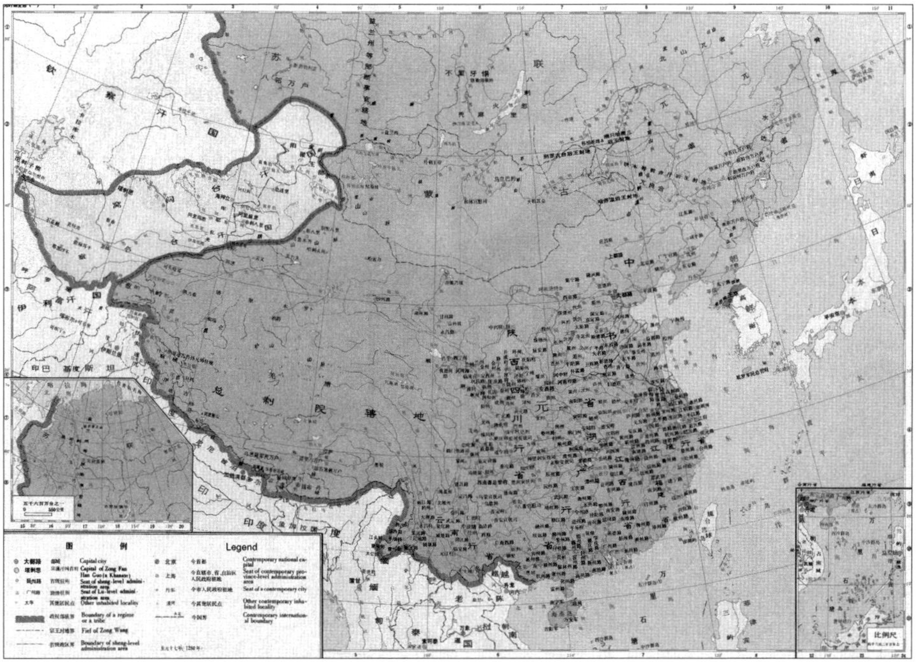

圖 6.1　元時期全圖（至元十七年，一二八〇年）（譚其驤主編：《中國歷史地圖集》第七冊，中國地圖出版社，一九九六年）

撐，持續不斷地移入被國家納入統治範圍的那些地區。直到唐朝為止在南部中國仍顯得相當稀疏薄弱的府縣制網絡，之所以能在此後變得密實起來，與北方漢族農業人口的大規模南遷有密不可分的關係。可是在黑河—騰衝線以西那些無法維持農業生計的地方，傳統時代的漢族移民就難以持久立足。因此，中央政府對那裏的行政管控與軍事鎮遏設施就始終無從培植起本土化的經濟支持和文化響應。中央政府耗費巨大的遠距離「輸血」一旦中斷，那裏就重新回到「化外」狀態。如果現代中國繼承的是宋朝或者明朝的版圖，試想今天的中國能有多大？很明顯，正因為繼承了元和清的遺產，中國才會有今天這樣廣袤的版圖。

當然，漢唐國家模式也不是完全不具備將一部分邊遠的羈縻地區「馴化」為國家疆土的功能。唐代控御邊疆的羈縻體制為後來歷朝（包括元與清）繼承，被羈縻地區的地位歸屬會分別遵循兩種不同的方向逐漸演化：一是從土官、土司建制，經由土流並置、改土歸流而實現內地化，最後變成府縣建制地區，穩定地被納入國家版圖；而長期滯留於冊封和朝貢關係中、未能向土司建制進一步演化的那些地域，就會隨著東亞進入近代國際關係的過程，從羈縻政權向著與中國相分離的對等國家轉化，最後形成中國周邊的「外國」。

那麼，羈縻地區沿著上述兩個不同方向分道揚鑣，表現在地域空間內又會是怎樣一種狀態呢？如果以已經發生的歷史事實作為經驗判斷的依據，我們就有理由把直到民國初年尚未改土歸流，因而依然存在土司設置的地域，認定為傳統中國有能力推行土司建制的最邊緣區位。如果以上説法可以成立，那麼可能被漢唐型國家建構模式推展到最遠的中國與「外國」之間的邊界，就應當位於清代乃至民國初土司建制地區的外緣。這條外緣線雖然向西超越了黑河—騰衝線，但依然離開後者並不太遠。換句話説，中國西部的大部分地區仍被排除在由上述外緣線所限定的地域之外。

這就是説，如果直到清末為止，歷史中國只是遵循漢唐式國家建構的單一模式持續演進和擴大，那麼當代中國就不可能擁有今天這樣遼闊的疆域。當今中國境內屬於「內陸亞洲」的那一大部分領土，因此很可能無緣被劃進中國的邊界線之內。所以，傳統中國在它跨入近代前後，一定早已擁有除漢唐體制之外的另外一種國家建構模式。多虧了另外這種模式的推動，才使中國有潛力把歷史上的「西域」穩固地括入版圖之內。

上述「另外一種」模式，就是從漢唐等帝國邊疆發展起來的內亞邊疆帝國模式。它萌芽於遼，發育於金，定型於元，成熟、發達於清。這個秘密最早是被雍正皇帝一語道破的。他説：「中國之一統始於秦。塞外之一統始於元，而極盛於本朝。」他所説的「中國」是「小中國」，而我們今天繼承的中國，則包括了由秦最先統一的小中國，再加上由元代統一而為清朝所鞏固的塞外中國部分（也就是拉鐵摩爾講的中國的亞洲內陸邊疆）。那是一個名副其實的大中國。英語中的 Chinese 既指「漢語的」、「漢族的」，又指「中國的」，正反映了直到近代為止漢語「中國」一詞所曾具有的那兩層迥然不同的含義。

清朝的版圖結構不僅包含著「內地十八省」以及從漢唐體制繼承而來的土司建制地區，還有一大片地方，包括內蒙古、外札薩克蒙古（大致相當於今蒙古國的區域）、青海、西藏、金川土司，還有南疆回部，均由參辦外藩（指內、外札薩克蒙古）各部事務的理藩院一併負責署理其地政務。從理論上說，其版圖結構中還包含所謂「外屬」，所指為已從「羈縻」體制下獨立出去的那些國家。因此，「外屬」又與「外國」一起被歸類為「域外朝貢諸國」。理藩院要管理的事很多，包括旗界、封爵、設官、戶口、耕牧、賦稅、兵刑、交通、會盟、朝貢、貿易、宗教。把它們合在一起，體現的正是一個國家在它的疆域內所履行的主權職能，漢唐宋明等朝從未在其羈縻地區履行過這些體現其主權的職能。所以對外藩等部的治理不是來源於漢唐型專制君主官僚制國家建構模式，而是出自一個內陸邊疆帝國的架構。

清朝編寫過一部以皇帝名義頒佈的《欽定歷代職官表》，力圖表明本朝所有的各項制度皆淵源有自，都有傳統的法度或成例可依，以此來論證自己統治的合法性。但它為理藩院追溯其前代來源的努力卻難以遂願。理藩院在明朝和兩宋都毫無印跡可尋，不過本書還是從元代宣政院看到了理藩院的前世身影。這當然是對的。因為元宣政院除主管全國佛教，還負責署理吐蕃地區的諸多政教事務，正與理藩院之掌管外藩等部的職能相同。再往前追溯到唐，這本書隨便把唐代鴻臚寺當作了理藩院的源頭。其實由鴻臚寺承擔的與羈縻各部的交涉事務，在性質上更接近於外交部禮賓司的職責範圍。宣政院與理藩院在漢唐型國家模式裏沒有可與之相比擬的機構，就因為它們別有來源。

兩種國家建構模式的理想治理目標也完全不一樣。漢唐模式的理想治理目標是：「車同軌，書同文，行同倫。各要其所歸，而不見其為異。此先王疆理天下之大要也。」這句話裏前九個字出自《禮記》，是自兩漢以來漢文明所長期追求的國家治理的理想目標。後面的話是對開頭九個字的發揮。這個目標不容易馬上達到，所以會有很多權宜的措置。但是不管如何權宜，理想目標都是要用以漢語、漢文、儒家倫理為構成要件的漢文明對全部國家版圖實行全覆蓋。清朝和元朝完全沒有這樣的目標，清朝承認滿文、蒙文、漢文、藏文、維吾爾文五種使用人口最多的文字都是官方文字，有一部書就叫《五體清文鑒》。民國時講的「滿蒙回漢藏五族共和」，那「五族」概念的起源就是《五體清文鑒》。這樣的氣派是在漢族的王朝看不見的。清朝治理的就是這樣一個多元化帝國，所以它的國家建構模式跟漢唐完全不一樣。它對漢族地區的治理主要繼承了漢唐模式，那是一個小中國，它被包容在一個大中國之內。在這個意義上，我們再回過頭去看元朝的統一，會發現它並不只是把一個遵用不衰的國家建構框架搭建到一個更大的版圖上而已，它實際是創造了一個新的，後來又在清朝充分發展起來的國家建構模式。

三 空前繁榮的跨地域文化交流

到十三世紀後半葉，蒙古帝國已經瓦解，分裂成很多個國家，這些國家之間時而也有矛盾、衝突乃至戰爭。但是無論如何，在由蒙古勢力統治的那片廣大領土上，最高統治者都是成吉思汗的直系子孫，而且與成吉思汗相隔還沒有幾代。歐亞大陸從來沒有經歷過這樣的時代，人們在如此遼闊的地理範圍內可以相對自由地往返移動。已經過去的戰爭當然很殘酷，「王鉞一揮，伏屍萬里」，這話看來雄壯，卻是用多少生命、鮮血和眼淚換來的。當這樣一大片土地上的人們從失去自己親人和家園的痛苦中幸存下來，重新開始在各領域從事創造性活動的時候，蒙古帝國的統一版圖提供給人們的舞台就和過去的時代大不一樣了。

中國很早就建立了驛傳制度，楊貴妃吃的荔枝就是利用驛傳來急遞的。但是過去沒有「驛站」這個詞，查閱《廣韻》，「站」字還只有久立的意思。它在現代漢語裏還有一個意思是 station，那是始於元代的後起之義。蒙古人把很寬的路叫作 jam，該詞在元代又用於指稱包括驛道在內的整個驛傳系統，漢語以「驛站」對譯之。其中「驛」是 jam 的意譯，而「站」則是它的音譯。這是因為「站」字在元代還保留著閉唇尾聲母 -m，讀音與 jam 很相近。「站」作為 jam 的漢語音譯語詞，既與驛傳意義相同，也在漢語中轉而兼指驛傳系統中可供停駐的設施。因而它又變得可與「鋪」字相通，於是獲得 station 的新義。元代一部學做刀筆吏的教科書裏說：「站驛，安也。舡馬車轎之所曰站；使客傳舍曰驛。」可見在公文專用語裏「站」字意思很窄；但在日常用語裏它也可以指稱利用驛傳的過客留宿歇息的「次舍」或「傳舍」。你們看，不同語言或文化之間的交流過程，細究起來竟會曲折得如此有趣。驛站的設施本來是供官方使用的，不過也有人假公濟私。使用驛站的憑據是驛牌，有了驛牌就能使用驛站的設施。晚上可以住在那兒，並且根據你的身份等級供給相應的酒飯，第二天早上騎著經替換的體力充沛的馬匹再出發。這樣的驛道設施從北京開始，沿著歐亞內陸一直到達伏爾加河的薩萊城，那裏是金帳汗國的首都。如果往西南走，可以從雲南一直走到今天的巴格達。從巴格達再往北不遠，直抵大不里士，也就是當時伊利汗國的首都。元朝的漢人說：「行萬里如履庭戶」，出行萬里，就好像在自己家的院子裏散步。從西歐向東直到東亞，過去需要打通好幾個相對封閉的貿易圈、經過無數關卡才能聯通的交流網絡，在元代變得空前地暢通便捷。

因此有人把蒙古人統治的一百年（一二五〇至一三五〇年）稱作歐亞舊大陸的世界體系時代。世界體系的出現，一般認為是一種近代現象，但是在近代之前歐亞大陸已經有過一個世界體系。元代中國各種各樣的外來文化就是在這樣一個近代之前的歐亞舊大陸世界體系背景下傳入的。泉州有很多阿拉伯文字的伊斯蘭教元代文物，而留在北京牛街的伊斯蘭教文物卻多是波斯文書寫的。因為阿拉伯人可以從波斯灣通過海路直接到達中國南方，而經過陸地到達中國北方的中亞僑民大部分來自流行波斯語或以波斯語為宗教用語的突厥語國家。波斯文於是也就變成了十一世紀之後伊斯蘭教向中國北方傳播的一種重要媒介。伊斯蘭教傳入中國雖然很早，然而「元時回回遍天下」，才為回族在後來發展成一個全國性民族奠定了最基本的局面。基督教東方教會亦以其舊稱聶斯脱里教派在元代重回中國。它過去曾因為在三位一體問題上和正統看法不同，而被東羅馬教廷判為基督教異端，趕出東羅馬，遂向東在歐亞草原及伊朗尋求發展，並沿著草原和綠洲一路東傳。聶斯脱里教派在唐代傳到過長安，當時以「景教」知名，至唐德宗時被禁。在元代，它隨著蒙古統治再次從中國周邊地區傳入漢地社會。

圖 6.2 是元後期泉州一位聶斯脱里教徒的墓碑。碑面下方中間鐫刻的四個字符組合，按直書右行的款式解讀，所拼寫的大概是漢文「葉氏墓記」四個字。這就是所謂「八思巴字」。八思巴是藏傳佛教的一個高僧，受命於忽必烈，創制出一套脱胎於梵文、藏文字母的書寫體系，用以拼寫元朝境內的各種語言。墓主人應是漢族婦女，大概嫁入信仰聶斯脱里教的家庭，故死後按基督教儀式埋葬，

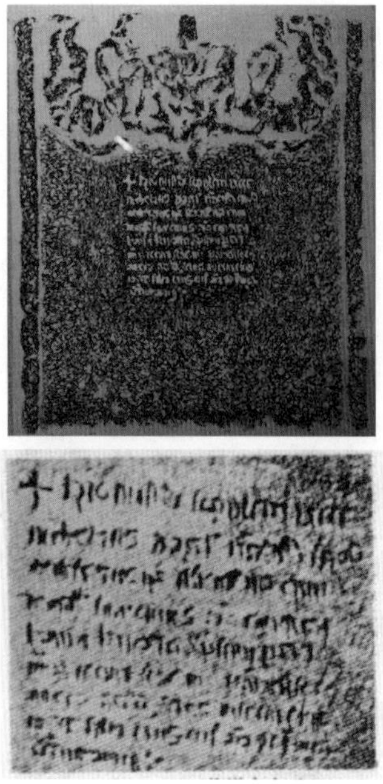

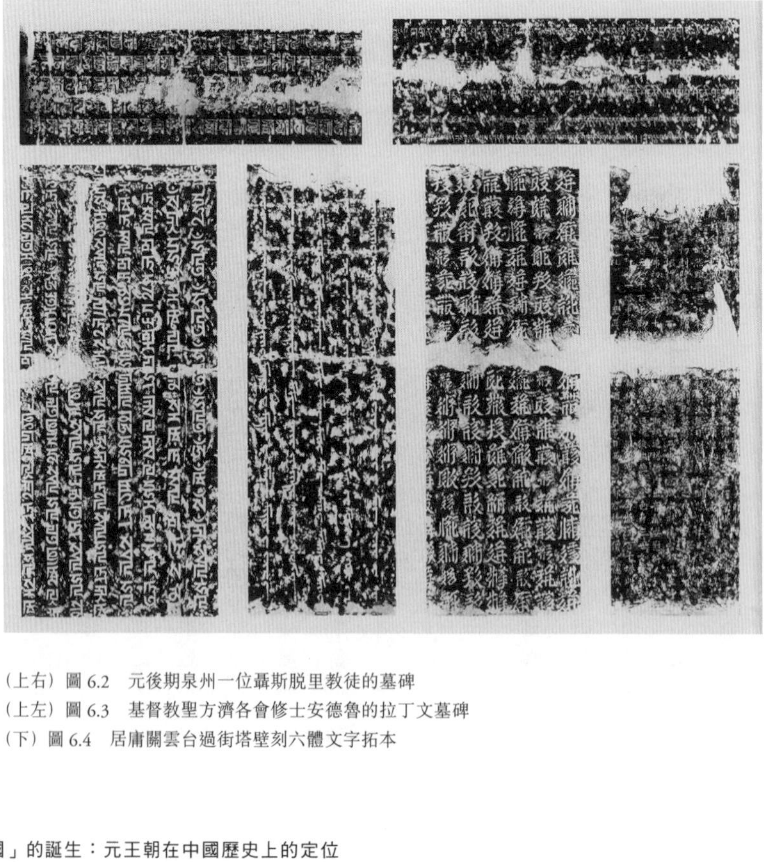

（上右）圖 6.2　元後期泉州一位聶斯脫里教徒的墓碑
（上左）圖 6.3　基督教聖方濟各會修士安德魯的拉丁文墓碑
（下）圖 6.4　居庸關雲台過街塔壁刻六體文字拓本

在墓碑上留下的則是用八思巴字母拼寫的漢語姓氏。元朝並不要求所有人都講蒙古語，而是設計一種字母，讓各種語言都能夠用它拼寫各自的書面語。可惜這套字母體系被設計得太複雜煩難，使用起來很不方便，所以一旦失去官方強制推行的壓力，便即刻無疾而終。圖 6.3 是基督教聖方濟各會修士安德魯的拉丁文墓碑。碑主人生前來中國傳教，死於晚元，安葬在泉州。

當時的文化交流並不限於「中外」之間，也發生在元代中國境內不同的民族與文化區域之間。元代後期在位於燕山支脈一段狹長山谷間的居庸南口，翻建了一座上有三個白塔的過街塔樓。建塔時在塔基券門的壁面上鐫刻了很多題記，包括用梵文、八思巴字蒙文、回鶻文、藏文、西夏文和漢文形式書寫的陀羅尼經咒語，以及後五種書面語的造塔功德記。尤其值得一提的是出現在這裏的西夏文題記。一二二七年西夏被滅國，以後党項人四處流散。事實證明，到了元末党項人還在這個地方活動，捐錢造塔並用西夏文將功德記刻在券門壁面上。梵文的陀羅尼經咒語一直保留在佛經裏，成為一種僅供口誦的書面語片段而已。

圖 6.5　杭州吳山寶成寺大黑天神造像

杭州有很多元代留下的藏傳佛教造像。圖6.5為大黑天神（Māha Kāla）造像。大黑天神是藏傳佛教中著名的護法神，但漢人對他印象是負面的。有詩云：「北方九眼大黑殺，幻影梵名麻紇剌。頭戴骷髏踏魔女，用人以祭惑中華。」杭州靈隱山旁的飛來峰，有元代鐫刻的梵文咒語、綠度母造像和寶藏神造像等。綠度母是西藏佛教特有的崇拜對象。飛來峰上還有楊璉真加師徒的造像，南宋滅亡以後忽必烈派了一個西夏出身的藏密高僧到南方從事文化鎮壓，就是楊璉真加，他主持盜掘了紹興的南宋皇陵。

講到元代的中外文化交流，最有名的當然是馬可波羅。馬可波羅其人的存在沒有問題，現在還保留有他的遺囑，但是他究竟來過中國嗎？從上個世紀七十年代以來，它逐漸變成了一個受到質疑的問題。這裏沒辦法詳細展開，只介紹幾本相關著作。

英國學者吳芳思曾經是北大的工農兵學員，回國後做過很多年的大英圖書館漢文部主任，是一個對中國非常友好的學者。她寫了一本書，書名就是「馬可波羅到過中國嗎」。雖然她本人是懷疑馬可波羅真的來過中國的，但本書還是力求客觀地反映在這個問題上的各種不同看法及其依據。

南開大學的楊志玖先生隨後出了一本《馬可波羅在中國》，在書名裏就直截了當地表達出與吳芳思相反的看法。楊先生早在上個世紀四十年代就從《永樂大典》裏發現過一條重要旁證，表明馬可波羅到過中國。據他的遊記所言，馬可波羅是順道陪同一位出嫁波斯的蒙古公主，一同由海路離開中國的。書中還舉出了隨行返國的三名蒙古使臣的名字。楊先生在《永樂大典》裏找到一則給遠赴波斯的三使臣發放出差補貼的檔案文書。文件簽發於一二九〇年，其中涉及的三人名字竟與《馬可波羅遊記》所載完全一致：

《永樂大典》：	兀魯？	阿必失呵	火者
《馬可波羅遊記》：	Oulatai	Abishihe	Coia

儘管該文件沒有提到馬可波羅和那位出嫁的公主，但它記載的三個人名與馬可波羅的陳述密合無隙，已足可視為馬可波羅所言不虛的有力佐證。

二〇一三年，德國有位學者 Hans Ulrich Vogel 又出版了一本討論這個問題的了不起的書。作者寫道，仔細研究遊記的內容，可以發現其中「更多的說法能證明這個威尼斯人確實到過大汗的帝國，而不是相反。根據我多年考察所獲得的對本書的總體評判，我最終決定將這部專題著作取名為『馬可波羅親歷中國考』」。該書開列「引用書目」的附錄部分達到九十二頁之多。可以說它是學者手邊不可或缺的一部世界性的馬可波羅研究指南。

我們知道，信息若是經由多重承轉環節的長距離傳遞，必定要發生嚴重的扭曲和走樣。因此，《馬可波羅遊記》有關元代中國的大量感性、具體、翔實而又十分準確的細節描述，只能是由某些曾長期生活於中國的人們直接帶到西歐去的。即使馬可波羅沒有來中國，那麼也必定有某個或某些名為約翰．波羅或馬可．斯特勞思的人們，曾在元代中國的大地上漫遊過。就這個意義而言，馬可波羅是否來過中國，甚至可以說已經變成了一個偽問題。

四　漢文明在元時期

見識過多元文化在元代交相輝映的圖景，或許還不能驅除頑固地佔據在人們意識深層的一個相關問題——元代漢文化的命運又到底如何？它是不是像很多人想象的那樣被蒙古人摧殘得一塌糊塗？我們的歷史教科書從來沒有講過「崖山之後無中國」，但從這些課本裏獲得中國歷史基本知識的很多人卻有這樣的看法。教科書也沒有說過漢文明在元朝統治下一蹶不振，可是有這樣認識的人卻很多。所以我覺得我們的歷史教育是有問題的，因為它還沒有把有些應當加以充分闡揚的基本觀念強調到位。歷史教科書像陳寅恪那樣表彰了「宋元之學問、文藝」及思想了嗎？當然沒有。所以我還要在下面講講漢文明在元代的生存發展狀況。

漢文明在元代有三座高峰：文人畫、雜劇與元青花。

顧安、張紳和倪瓚的《歲寒竹石》圖，可以當作在最極端的意義上顛覆兩宋「院畫」（即官方畫院裏專業畫師的作品）之正統格調的典型來閱讀。一個人寫字，另一個人畫竹子，倪瓚更是把原來的紙張接長，再在旁邊補畫一

圖 6.6 《歲寒竹石》，（明）顧安、張紳、倪瓚，紙本水墨。現藏台北故宮博物院

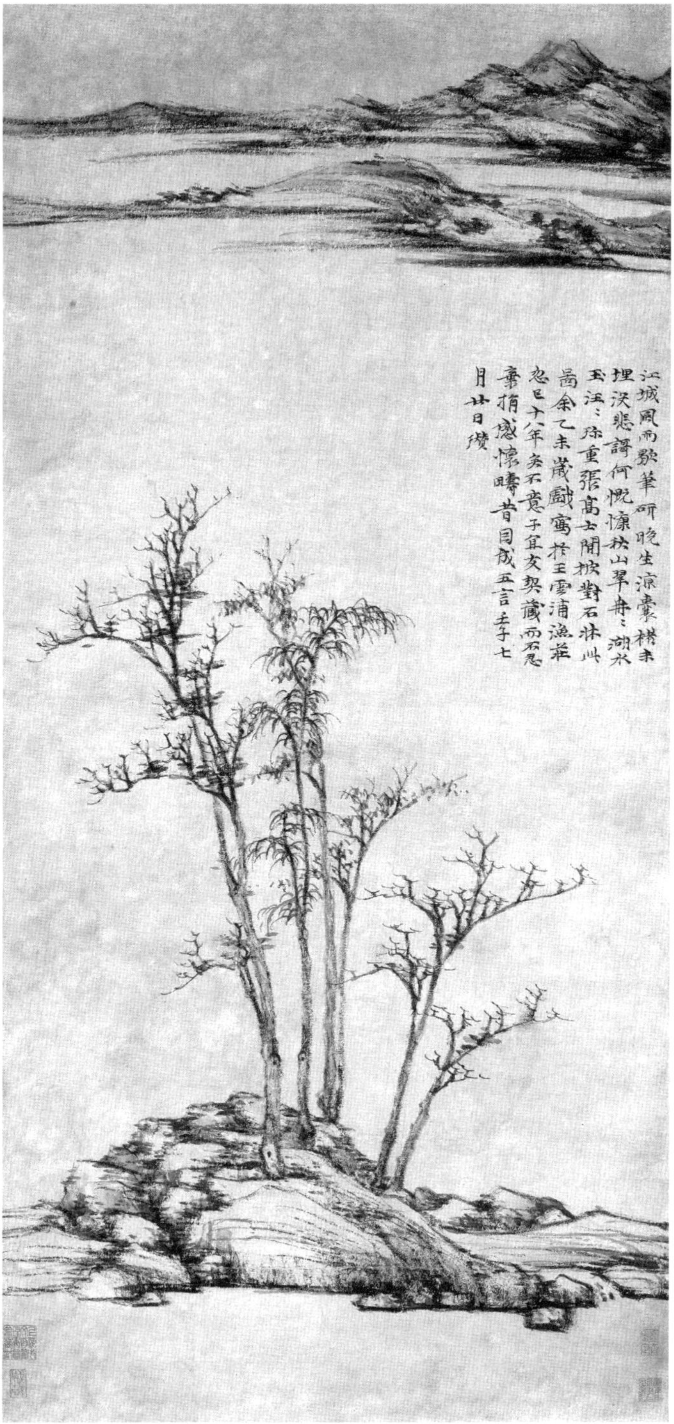

圖 6.7 《漁莊秋霽》，（明）倪瓚，紙本水墨。現藏上海博物館

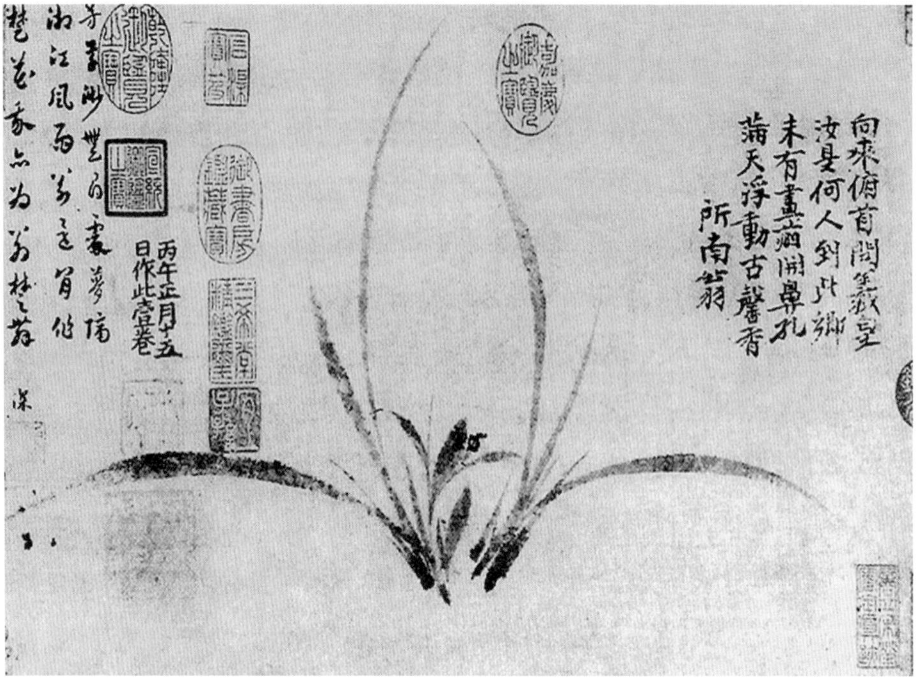

圖 6.8　《墨蘭》，（元）鄭思肖，紙本水墨。現藏大阪市立美術館

塊大石頭。整幅畫就像是用想到哪裏就塗到哪裏的方式拼湊而成，看起來毫無章法佈局可尋。文人畫的特徵，與兩宋院畫一比較就很容易看出來。首先，如果說院畫多以工筆勾勒然後填色其中，那麼文人畫不取勾勒設色的畫法，而是以書法的運筆方式滲入畫中，甚至連書法本身也以長篇題款的方式變成整幅作品的有機構成部分。例如倪瓚的《漁莊秋霽》圖，畫上本來沒有字，流傳在外多年之後又為倪瓚所遇，他於是補了一長段題款在上面。一幅構思嚴謹的畫怎麼能有地方容得下事後再加上去的那麼多字？它的完整性和佈局平衡不是全部被破壞了嗎？但是畫家就這樣做了。其次，院畫總體上講究細緻「逼真」的刻畫，會把屋頂上的瓦片、禽鳥身上的羽毛、植物的花瓣葉莖都細緻入微地描摹出來，而文人畫重「寫」不重「描」，注重發揚「逸筆草草」（倪瓚語）、「取其意氣所到」（蘇軾）、「樹石不取細」（米芾）的風格。復次，院畫喜以珍禽異獸、牡丹紅梅等為題材，以濃墨重彩的「青綠」著色來炫耀富貴氣象，而元代文人畫則強調用水墨來表現畫家寄託在梅蘭竹石、雲煙山水之中的優雅淡泊的情操。宋元之際的鄭思肖畫過一幅有名的《墨蘭》。為了表示不忘宋朝，

他畫的蘭花像是無處生根的。畫上自題「所南翁」，意為屋門朝南開，因為南宋在「北朝」（指宋元對峙時期的元政權）之南。

此外，元代文人的山水畫還有一個表現在基本佈局中的顯著特徵。美國學者高居翰把它概括為 hills beyond a river，漢譯為「隔江山色」，他有一本講元文人畫的書，即以此為書名。中國學者徐書城則用「一河兩岸，前後三段」表達出類似的意思。畫面中的近景是江的這一面，遠景是江的對岸，中間是江流，其中或許還有幾片沙洲。元文人畫描寫重巒疊嶂的山景時，把前人偶一為之的一種誇張方法大大加強了。它把構圖的視點提高，使大地似乎朝向觀者一方前傾，因而能由近及遠地呈現層層山脊和蜿蜒幽深的谷澗。「隔江山色」以及對山體縱深向度的突顯，體現著元代文人的山水畫創作仍堅持在描摹景物的自然形態和「意似便已」的「信筆」寫意之間追求平衡的不懈努力。這與明中葉起「宛如層層擺置的屏風」般「突兀地冒起」的群山圖像（徐小虎語），乃至晚明文人畫以極度狂放的變形將「筆墨的抽象美」推到「唯我獨尊的地位」（徐書城語）都迥然不同。

接著來看雜劇。漢地社會中戲劇的起源，一般被追溯到唐代的「踏搖娘」，是一種帶點說唱的舞蹈表演。戲劇與說唱不一樣，董解元的《西廂記諸宮調》是說唱，表演者用第三人稱給聽眾講故事，所以屬於「他言體」。戲劇則是「自言體」，由演員分別擔任劇中的各種角色，在舞台上各自都以「我」的身份說話和行動。我們現在可以確切地加以了解的最早的戲劇形式就是元雜劇。從說唱和舞蹈過渡到戲劇，就是從他言體的表演到自言體表演的過渡。但是在中國戲劇史上似乎找不到這樣一種過渡發生的跡象。直到金末和元代，山西出現了戲台，這一地區出土的墓裏面也發現了反映戲曲表演的壁畫、棺槨畫和石刻浮雕。

戲劇表演會不會是從外部世界傳入漢文化的？我找到了一點點可能的線索，但還遠遠不到能做出什麼結論的地步。元雜劇中的一段戲稱為「一折」。這個名稱從哪裏來的呢？梵文裏的 angkam 有三個意思：鉤子、彎曲，還有戲劇中的一幕。元雜劇裏的「折」，或許不是從漢語「折」字的原有詞義中派生出來的；它很可能就是 angkam 的漢語對譯詞。翻譯者選擇其「鉤子」或「彎曲」之義，意譯為「折」，指的卻是戲裏的一個段落。元雜劇從北方傳播到南方，「折」作為一個專用術語，被南方漢人改為「齣」字。在南方的漢語方音裏這兩個字發音相近，只有吐氣或不吐氣的區別。再往後，又因為「齣」字太難寫，遂以筆畫較少的同音字「出」來代替它。「折」作為元雜劇術語的遺跡，只被保留在「折子戲」這一用語中。

「折」在南方被改為「齣」，表明南方漢人並不認為它與漢語中「折」字的本義，即將某物「折」成一段一段的意思有什麼聯繫。若元雜劇的「折」字真出於梵文，戲劇這種表演形式是否有可能是從外部傳入漢語世界的？我們知道回鶻（今譯維吾爾）有《彌勒會見記》，就是一部佛教戲劇。儘管在回鶻語的《彌勒會見記》裏表示一幕的詞沒有採用梵文的 angkam，可是還不能斷然排除山西的戲劇源於回鶻佛教戲劇的可能性。所以還需要耐心等待新發現的證據。敦煌變文沒有發現前，我們始終很難解釋中國的話本小說是從哪裏來的。文學史家找不到話本的來源，只好說它從唐代傳奇演變而來，儘管唐宋傳奇跟話本的差別非常大。敦煌變文一發現，話本小說的來源問題立即就順理成章地解決了。變文原是僧人講佛經故事的稿本，後來也用這種形式講世俗故事，成為話本小說的前身。

隨著元朝把統治中心建立在北京，雜劇的中心也轉移到北京。元滅宋後，雜劇進入杭州。它很快向本土化的方向演變，部分改用南方漢語方言唸和唱，與南方的一些音樂表演元素結合在一起。於是就有了明清的傳奇戲，其中以崑劇最為著稱。所以傳統中國的戲劇史上有兩次戲劇高峰期，一是元雜劇，二是明清傳奇。二者中最知名的作品，分別是《竇娥冤》、《牡丹亭》。不過元雜劇中所含忠君報國之類的道德說教，有許多其實是在明代才加到原先的演出本裏去的。元雜劇注重的是故事情節的奇險曲折，較少道德灌輸。有人甚至公然在散曲裏揚言：「寧可少活十年，不可一日無權。」那是一個政治及正統文化的約束都較少的時代。

再簡單講講元青花。元青花用的鈷塗料是從西亞進口的，所以明人所稱「蘇麻離青」或「蘇泥勃青」，均源於波斯語 lājavard-i sulaymānī，譯言「蘇萊曼青色」，它來自伊朗西北叫蘇萊曼的地方。該詞未見於現存元代文獻，但它曾流行於元朝應該沒有問題。「蘇麻離」或「蘇泥勃」，分別是 su[-lay]-ma-li（最後音節 n-、l- 相混）或

圖 6.9　元青花龍紋象耳瓶，因藏於英國大維德基金會，又名大維瓶

su-nay-ba[ni]（第二音節 l-、n- 相混；第三音節 b-、m- 相混）的漢字音寫。中國本土鈷料中錳、鐵成分的比例與進口鈷不同，用它做不出元青花的效果。元青花是進口鈷料、江西高嶺土，再與中國的瓷器技術相結合的產物。它從一開始就是一種外銷產品。伊朗博物館收藏的元青花盤直徑四十五點五厘米，漢人用不了這麼大的盤子，那是專門為中西亞生產的餐具。景德鎮壟斷了這種進口鈷料，可能是它的一個商業秘密，所以只有它能造青花瓷。景德鎮紅衛電影院地下出土的一件青花瓷碎片上寫著非常漂亮的波斯文句子，說明景德鎮工匠裏甚至有從西方來的技術人員。不然上面的文字不會書寫得那麼神采飛揚。

圖 6.9 這對瓶子叫大維瓶，原本是元代江西一對夫妻出錢燒製後，作為功德貢獻給道觀的。我們確鑿地知道元代能燒元青花，實際上始於這對青花瓶在上個世紀二十年代的重新發現，因為瓶頸部位的題款明確交代了它們的燒製年代。元亡後，明朝府庫裏面還存儲的進口鈷料，一直用到宣德前後。所以成化前的青花瓷質量很好，之後只好用國產鈷料替代進口產品，青花的質量就下降了。大約從正德年間起，又從雲南獲得一種回青，應該也是進口

的。此後青花質量又逐步提高。所以康熙時青花瓷成為一種大家都知道的名品。我們現在知道的元青花，大多燒製於元代後期的三五十年間。但是數年前在河北軍閥張弘略的墓裏出土了一個青花盤。此人死於一二九六年，是滅宋的元水軍總帥張弘範之弟。上述發現將元青花的生產年代又提前了幾十年。

到元末，東南海岸線戰亂頻仍，進出口貿易受到嚴重影響，青花生產需要將銷售市場從海外轉到國內。為了適應國內消費者的審美口味，描畫在青花瓷上的圖像多轉而表現繡像小說或者戲曲裏的人物和故事場景，如蕭何追韓信、三顧茅廬、鬼谷子下山，等等。這些圖像有不少是從刻本讀物裏的插畫直接描摹而來的。

上述三項突出表現，至少有兩項，即元雜劇和元青花，未必屬於衡量一個時代文化發展時的主要領域。因此，還應留心一下元代在漢文明各主幹領域內的狀況如何。不過這需要對傳統四部之學有通貫精深的學識，才能把元代的表現放在其中加以比較。那不是我能做得到的。因此我將主要借用清代四庫館臣對元代各門學問的評說，作為此處敘說的參證。

《四庫全書總目》的「經部總敘」，用「學凡六變」來概括從兩漢直至清前期經學的流變。它對經學各階段的評述，大體兼持褒貶。清儒稱讚漢代經學「篤實謹嚴」，弊端在拘於成說而乏創意。對魏晉到唐末宋初的經學，他們未予表彰，僅以「各自論說，不相統攝，及其弊也雜」一筆帶過。可見在他們眼裏這是一個經學衰落的時期。程朱理學的長處是「務別是非」，弊端則一出於「悍」（主觀偏執）。所以不但一概排斥漢唐「經師舊說」，而且「學脈旁分，攀緣日眾，去除異己，務定一尊」。元代經學則被置於「自宋末以逮明初」的階段裏，其長處、其弊端都與宋時相彷彿。是說蓋為陳寅恪論儒學史以宋元並稱之淵源所自。明代經學的特徵是「各抒心得，及其弊也肆」，放肆到「空談臆斷」的境地，亦即梁啟超所謂「束書不觀，遊談無根」。所以才有清初興起的實事求是之學以糾正之。很明顯，在這樣的認識框架裏，傳統經學的低潮分別在魏、晉、隋、唐和明，而不在元。

清儒對元代經學的評價並不低，與他們很欣賞元代科舉考試除「經義」外還要考「經疑」的制度設計有關。他們以為，考「經疑」能促使應試者對經典文本下苦功夫，「非經義之循題衍說，可以影響揣摩者比。故有元一代，士猶篤志於研經」。元代用朱熹所作《四書章句集注》取士，「闡明理道之書，遂漸為弋取功名之路。然其時經義、經疑並用，故學者猶有研究古義之功。……至明永樂中，『大全』出而捷徑開，八比（即八股文）盛而俗學熾。科舉之文，名為發揮經義，實則發揮註意，不問經義如何也。且所謂註意者，又不甚究其理，而惟揣測其虛字語氣，以備臨文之摹擬，並不問註意如何也。蓋自高頭講章一行，非惟孔曾、思孟之本旨亡，並朱子之四書亦亡矣！」。這裏提到的「大全」，即明前期頒佈的《四書大全》、《五經大全》，也就是古代的高考參考資料。有了參考資料可資依賴，再沒有人孜孜留意於經文本身了。所以在清人看來，儒學再次走向低坡，是在明永樂之後。兩部考試「大全」、一種以八股著稱的固定文章程式，束縛起士人的眼界和思想，對儒學的損害實在要遠甚於元代。

元代的史學成就也很不尋常。元修「三史」中，《金史》「卓然有良史之風」。《宋史》雖因「取辦倉卒」受到很多批評，至有後人試圖改寫者，然而「考兩宋之事，終以原書為據，迄今竟不可廢焉」。潘昂霄《河源記》據其弟親歷述黃河源頭，是「前志傳聞，率皆瞽說」所不可比擬的。汪大淵《島夷誌略》也一樣，對南海諸國皆「親歷而手記之」，比所輯信息多得自口耳的南宋《諸番志》優勝不少。元修《至大金陵新志》，「薈萃損益，本末燦然。無後來地誌家附會叢雜之病」。清人不大看得起史論，認為它比不得考據，可以信口橫決，不著邊際，但對胡一桂的《十七史纂古今通要》卻不吝好評：「宋以來論史家汗牛充棟，率多龐雜可議。……此書議論頗精允，絕非宋儒偶見者可比。一覽令人於古今興亡，了然胸次。」乾嘉考據派祖述其學術淵源，近推顧炎武，遠溯胡三省、王應麟。後兩人的學術活動入元後都持續數十年。其史學成就究竟屬宋屬元？這又使我們回到不能把宋元截然切開，更不能將它們視若冰炭、作黑白兩極看待的問題。

元詩和宋詩相比亦不差。四庫館臣謂宋、金、元、明四朝詩「各有其盛衰，其作者亦互有長短」。宋詩極盛於歐陽修、梅堯臣、蘇軾、黃庭堅的時代，但「黃太史必於奇，蘇學士必於新，荊國丞相必於工。此宋詩之所以不能及唐也」。金詩學蘇黃，故難有超越；而元人則以詩騷而下「古祖漢、近宗唐」高自標置，並因而自詡「能得乎風雅之聲，以一掃宋人之積弊」。迨至明代論詩仍流行「舉世宗唐尚元」的風氣，以至有憤憤不平者要選編一部宋詩集來替兩宋打抱不平。經學、史學、詩學都是漢文明最主要的構成部分，它們在元代哪有絲毫陷於沒頂的跡象？

最後看一張元代世界地圖，上面竟畫出了非洲好望角的海陸輪廓線。原圖已失傳，現在存留於日本的幾種臨摹本，其底本都源於從朝鮮半島東傳的一幅朝鮮王朝重繪本，製作於一四〇二年，取名《混一疆理歷代國都之圖》。據該圖題跋，它主要依據元末蘇州人李澤民的《聲教廣被圖》，參以天台僧人清浚《混一疆理圖》所載「歷代帝王國都沿革」的相關資料畫成，而圖中的朝鮮部分，已經重繪者「增廣」。所以從《混一疆理歷代國都之圖》，我們可以推知《聲教廣被圖》所反映的元代江南社會的世界地理知識。

仔細觀察這張圖可以發現，圖幅左上部看似居中有兩個大島的湖泊，其實就是地中海和它以北的黑海。此圖有一個摹本將尼羅河西源地山脈標注為「者不魯哈麻」。日本學者指出，它是阿拉伯語 Jabal al-qamar 的漢字音譯，意思是「月亮山」。它顯然就是西歐的托勒密地理學對尼羅河上源山脈的命名。這個例子有力地證明，該圖有關歐亞西部的地理知識，源於穆斯林地理學，包括被穆斯林地理學所吸收繼承的希臘羅馬古典地理學知識在內。

波斯灣在本圖上被表現為一組通向大海的河流，可能是輾轉描摹者在對已走形圖像的意義難以辨認的情形下依樣畫葫蘆的結果。但只須依原有線條稍加重新勾勒，就可以復原出一個很接近實際形狀的波斯灣，它與托勒密傳統中幾近長方形的波斯灣很不一樣。這表明穆斯林地理學家用本土知識替代了不夠精確的古典世界地理知識。本圖對非洲南端的處理也是這樣。不僅如此，就是在穆斯林地理學範圍裏，比魯尼作於十一世紀、卡茲維尼作於十三世紀，甚至穆斯濤非作於十五世紀的世界地圖中的非洲，都不如這張圖接近非洲南端的實際情況。

《混一疆理歷代國都之圖》上關於中國以外的地理知識是從穆斯林世界來的，而有關中國的地理知識當然源於本土學統，宋代《禹貢圖》就是證明。那麼這兩部分知識拼接起來，是否就足夠形成一幅能覆蓋整個舊大陸的「世界」地圖呢？還不夠。所以圖中有一塊留出大片空白的

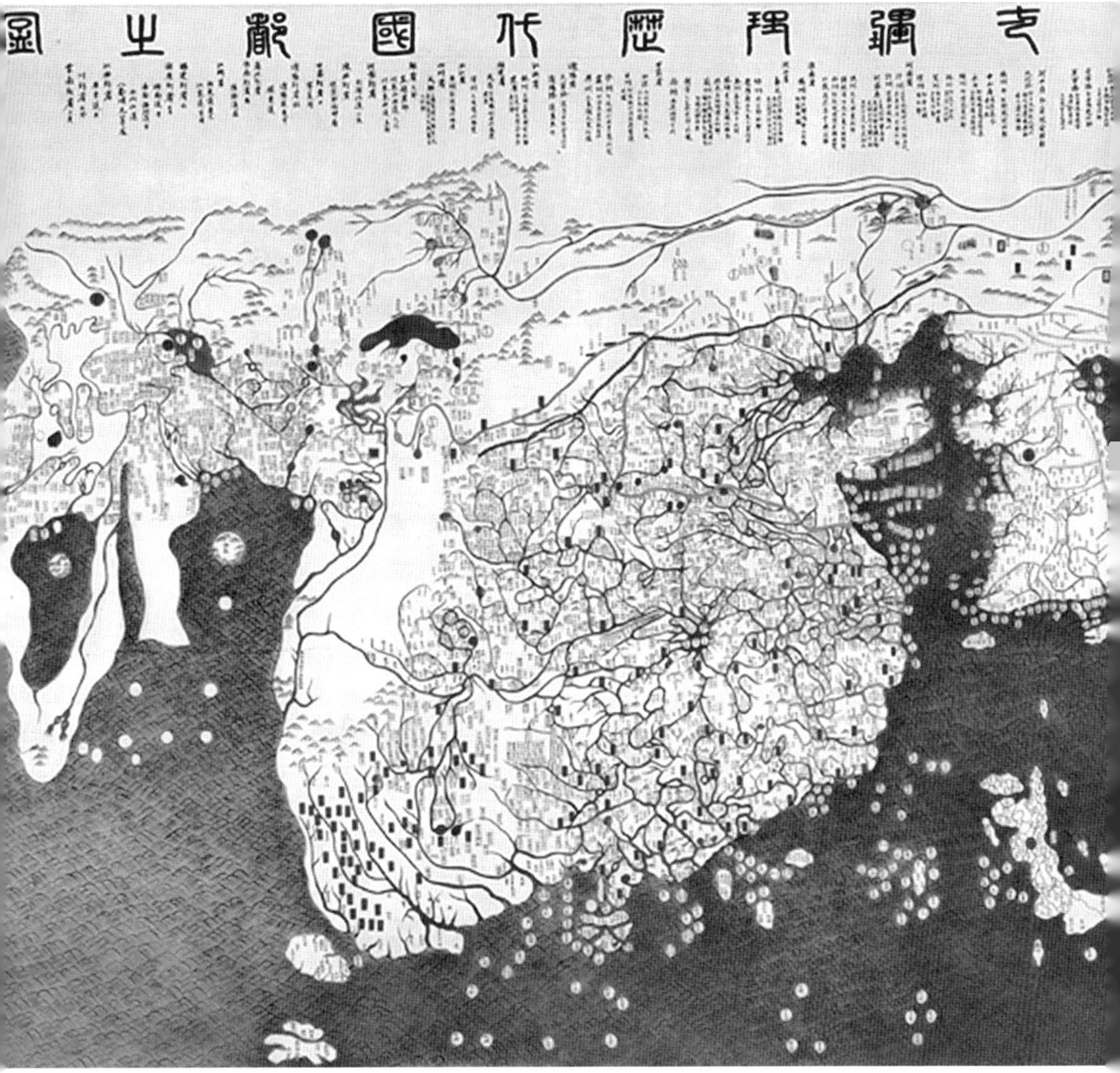

圖 6.10 《混一疆理歷代國都之圖》。一四〇二年由朝鮮在兩幅中國地圖的基礎上製作。原圖已不存，一五〇〇年摹繪本現收藏於日本京都龍谷大學圖書館

地方，只寫著「陜西漢中道按治土蕃地」和「古土蕃地」兩條記注。前者是指今天四川和青海的藏區，後者指今西藏自治區轄地。對西藏以西，直到印度次大陸東半部，還有中南半島，元代漢人也缺乏現實中的最新地理信息，只好根據《大唐西域記》、《蠻書》之類唐宋歷史資料，把一大堆歷史地名，比如諸葛亮城、驃國、勃律、廣蕩城等，憑臆測標注在各處。在一幅當代世界地圖上，就這樣被嵌入了一塊位置錯亂的「歷史地理區域」。

五　文天祥與中國傳統時代的國家觀念

崖山當初是廣州灣裏的一個島，現在已與從前隔岸相望的大陸連成一片。一二七九年三月十九日，元朝海軍發動最後的攻擊，以崖山島為基地的宋軍一天之內完全潰敗。小朝廷內文臣第一人陸秀夫拿劍逼著妻子跳海後，登上幼帝的舟船。他對小皇帝說，在杭州被俘的宋帝已受盡屈辱，陛下你不該再受這個罪。他於是把小皇帝綁在自己身上，一起投海。朝中武將第一人張世傑戰敗後突圍出去，遇到颱風全軍覆滅。宋朝就這樣徹底滅亡了。

文天祥當時已經被元軍俘獲，在元海軍的戰艦上親眼見證了故國的滅亡。這個時候他就已經下定了死的決心，「雖刀鋸在前，應含笑入地耳」。

其實在這之前，他就曾經求死。宋朝的官員當時都隨身帶著毒藥。最後一次兵敗後，他吞下了帶在身邊的全部「腦子」，就是冰片，又喝了很多水。可是大約因為喝下去的水不乾淨，導致嚴重腹瀉，意外地把毒都排出去了。崖山之戰後，元人把他從廣州由陸路押解到北京。他寫信給江西父老，準備沿途絕食到江西，好在那裏與故舊訣別後赴死。但他路過江西而毫不知情，又一次求死不得。在北京他堅定地拒絕輪番勸降，絕不肯在元朝政府裏任職，最後英勇就義。文天祥已經做到了當時的道德標準要求他做到的一切，足以名列中國最偉大的道德英雄之列。連蒙古人都說：「趙家三百年天下，只有這一個官人。」

文天祥被處死，是在他到達北京幾年之後。當時曾出現流言，「或疑公留燕，所以久不死者」。事實上這種針對他的猜疑早就已經開始了。在他從廣州被押解北上時，有人寫了「生祭文丞相」的揭帖，像傳單一樣沿途散發，希望能被文天祥本人讀到。人還沒死，就當著你的面誦讀為你寫的祭文，這是什麼意思呢？「大意在速文丞相死國」，即巴望他盡早殉國。文天祥在北京等了好幾年，他自己說：「當倉皇時，仰藥不濟，身落人手，生死竟不自由。及至朔庭，抗詞決命。乃留連幽囚，曠閱年歲。孟子曰：『夭壽不貳，修身以俟之。』如此而已。」這就是說，他一面以必死之心抗命不從，一面修身等待元朝對他的最後處置。他並不拒絕可行的選擇。所以他說：「儻緣寬假，得以黃冠歸故鄉，他日以方外備顧問，可也。」如蒙元朝從寬釋放，讓他以一個道士身份歸田故鄉，那麼以後國家若有大事要他提供諮詢，完全是可以的。文天祥一再強調「黃冠」、「方外」，是在表白他此生再不能入仕於元，即進入政府做官。但是元朝沒有給他這樣的機會。

他所持守的，本是兩國相爭、各為其主的立場。在「北國」業已完全征服「南國」之後，他是承認「北國」君臨天下的合法性的。只是原先各為其主的立場，現在就隨即轉變為遺民立場。所謂遺民是指在被滅亡的那個王朝得過一官半職的人們。他們對已滅之國負有一種道德上的責任，即儘管可以做新王朝的順民，但不可再在新朝做官。遺民的身份不世襲。文天祥有一個兒子，後來接受了元朝的官職，不幸死在上任的途中。他沒有在宋朝入仕，因此他完全可以這樣做。

所以文天祥之死，不是因為他視元政權為「用夷變夏」，故拒絕接受一個蒙古族出身的皇帝及其統治，而是因為元朝只給了他或者入仕，或者赴死這樣兩種選擇。就此意義而言，文天祥並不如很多人想象的那樣，必與元朝不能共存。這一點從他對待投降元朝後還接受了元朝官職的二弟的態度上，可以看得更清楚。知道二弟降元後，他寫信給幼弟說：「我以忠死，仲（指二弟）以孝仕（為盡孝供養老母親，故須入仕元朝），季（指幼弟）也其隱。……使千載之下，以是稱吾三人。」他以為千載之後的人們會為弟兄三個人的不同選擇而同樣稱讚他們。他紙面上寫的是「三人」，心裏想的卻是「三仁」，即商朝末年微子流亡、箕子裝瘋、比干直諫而死，被孔子稱讚為「殷有三仁焉」。此說的證據，就是當他聽說二弟到京城面覲元帝時所寫的詩。

去年別我旋出嶺，今年汝來亦至燕。
弟兄一囚一乘馬，同父同母不同天。
可憐骨肉相聚散，人間不滿五十年。
三仁生死各有意，悠悠白日橫蒼煙。

——《聞季萬至》

同父同母之人，頭頂所戴終為不同之天。這不是在譴責二弟，只是在慨歎個人脆弱的命運面對勢易時變的無奈。「三仁生死各有意」，他這裏用的是「三仁」，意思與前引「使千載之下，以是稱吾三人」全同。他的說法反映了儒家傳統有關忠與孝、忠與恕之間的內在緊張。他的選擇和道德考量，與所謂「夷夏之辯」基本不相關。

宋亡之後出現的遺民很多。文天祥對元的觀念與態度，代表著這個群體的共同選擇。現在舉他的同科進士謝枋得為例。此人與文天祥一樣，以文弱書生帶一幫烏合之眾抵抗過元軍。兵敗後躲進武夷山，靠開方賣藥和算命謀生。元平定江南後，派程鉅夫到江南尋訪「好秀才」，即可以出任要職、治理國家的優秀人才。程雪樓（程鉅夫號雪樓）遍歷南方各地，最後開出一張三十人上下的名單，據說其中第一名就是謝枋得。他曾拜訪過謝枋得，以朝廷的意圖相告。謝枋得寫了一封信答覆他，信裏說：「大元制世，民物一新。宋室孤臣，只欠一死。」元朝治下，一片新氣象。不過我是宋朝舊臣，苟全性命足矣，萬不可出來做官。他躲來躲去好幾年，還是被地方官尋著，送到北京。於是他只好在那裏絕食而死。那時離宋朝崖山之敗，已有十年。

元亡後，也湧現出許多忠於元朝的遺民；見於記錄者甚至比宋遺民還多。新建立的王朝，面對這麼大一片江山，都會缺少管理的人手。所以明朝也到處尋找在地方上有號召力的人，而且朱元璋真的是要以「不為君用」之罪殺人的。但還是有人冒死不肯從命。下面這首詩，是一個叫王翰的人為此自殺前寫的。

昔在潮陽我欲死，宗嗣如絲我無子。
彼時我死作忠臣，覆氏絕宗良可恥。
今年辟書親到門，丁男屋下三人存。
寸刃在手顧不惜，一死了卻君親恩。

——《絕命詩》

他自述說：當年明軍攻佔潮陽時就曾想死。但那時膝下無子，無人能延續宗脈，只好活下來。元亡十年，明朝廷的委任書送到家裏，這時候他已有三個兒子，兩個已經長大。於是他把最小的孩子委託給一個朋友，然後以一死報答元朝君主之恩。明朝推翻蒙古人統治，在錢穆看來是「中華重光」。但當時人認為不過是尋常的改朝換代而已。朱元璋造反時聲稱「驅除韃虜」，成功後卻說：「元雖夷狄，然君主中國且將百年。朕與卿等父母皆賴其生養。元之興亡，自是氣運。與朕何預？」他連元朝被他推翻的事實都不想承認，只說元是亡於群雄，他再從「群雄」或「群盜」手裏奪得天下。可見他並不否認元朝統治的合法性。

現代不少人對文天祥的誤讀，與他們對元代及清代歷史地位的合法性總是心存芥蒂相同，都是把近代才產生和流行的民族主義觀念錯用來思考傳統中國歷史的結果。尤其需要加以強調的是，從上個世紀八十年代以來，把單一民族國家看作現代國家典型形態的民族主義舊觀念，早已在全球範圍的政治實踐中得到糾正。對於用已經過時的民族主義眼光去看待尚不存在民族主義的傳統時期中國史的非歷史主義態度，我們需要保持警惕。

元史研究是現代中國歷史學最早與域外學術在交流中並長爭先的領域。時至今日，對元史的理解依然需要有超越平庸的、開放的眼光和氣概。今天就講這些。如果因為聽過這個講座，你們中有人對從前有關元朝的看法有所動搖或疑惑的話，我將會感到十分鼓舞。謝謝各位！

推薦閱讀

- 韓儒林主編：《元朝史》上、下，人民出版社，二〇〇八年第二版

  比較系統、準確而平實地綜述元朝一代各方面歷史的斷代史著作。對蒙古帝國如何過渡到元王朝的敘述尤見功力。

- 余大鈞譯注：《蒙古秘史》，河北人民出版社，二〇〇一年

  寫成於十三世紀的著名蒙古文史詩，被明政府逐詞逐句以漢字音譯，用作蒙漢互譯的教材。本書將它重譯為現代漢語文本，加以簡注，並收入明初簡略而口語化的逐段「總譯」以為附錄，甚便於讀者在兩種漢譯文本之間從事對照比較。欲感知當日蒙古人豪放粗獷的精神氣質，最宜閱讀是書。

- 卜正民：《掙扎的帝國：元與明》（「哈佛中國史」第五冊），潘瑋琳漢譯本，中信出版集團，二〇一六年

  把同處於「小冰期」的元明兩朝放在一起來比較和講述，把朱元璋建立的「法家的古拉格」看作連接共同塑造中國專制政體的「兩段歷史的紐帶」。生態、家族、信仰等話題亦給本書帶來不少從常見的中國史讀物中很難體味到的新鮮感。

- 劉迎勝新撰：《二十五史簡明讀本·元史》，上海古籍出版社，二〇一八年

  對明初為元朝官修的「正史」進行高度濃縮及最必要訂補的現代漢語簡寫版。為適應一般讀者觀覽，以人物傳記構成全書主體。總計不過二十萬餘字；通讀一過，即可藉以躲避舊著的冗仄舛駁，而大略感受其體例及書寫風格之敦實博瞻。

- 溫海清：《從遊牧部落到世界性帝國·元》，「細講中國歷史」叢書第十冊，上海人民出版社，二〇一八年

本書寫得平易從容，不因求新而以新異炫俗，不因求細而以瑣屑掩其綱目。是可讀性很強的一部面對大眾講述元史的書。

- 傑克．威澤弗德：《成吉思汗與今日世界之形成》，溫海清、姚建根漢譯本，重慶出版社，二〇〇六年

作者是「誤入」歷史學領域的人類學家；而且直到本書寫作完成之時，他也還沒有變成一名真正的蒙古史專家。內陸亞洲從十三世紀直到它進入現代為止的全部歷史，可以說都處於「蒙古時代」。蒙古帝國與現代世界確實就這樣緊密地聯繫在一起。喜歡元代歷史的閱讀者們，大半會覺得此書值得一讀。

- 南京大學歷史系元史研究室編：《元史論集》，人民出版社，一九八四年

自二十世紀五十年代至八十年代初中國元史研究領域內最優秀的論文合集。粗知元史的非專業讀者如欲進一步走近專門家，看看他們究竟是如何從事元史研究的，本書足以為他們打開緊靠在專家書桌前的那兩扇窗子。讀讀《中國北方民族與蒙古族族源》會讓你懂得，在論文的字裏行間可以注入怎樣的「天馬行空」的神韻。讀讀《元嶺北行省諸驛道考》，你可以知道最傑出的老一輩學者心目中「博士論文」的模樣。

第七講

白銀與明代國家轉型

劉志偉

我很高興有機會在清華大學講這個題目，因為這個問題，就是八十多年前在這個校園提出並做出奠基性的研究的。當時，清華大學經濟系有一個研究生，名叫梁方仲，他以中國田賦史為課題做畢業論文，提出中國現代田賦制度是從以白銀為徵收手段的一條鞭法開始的，他把賦稅普遍用銀繳納同當時社會經濟的一系列轉變聯繫起來。他在畢業論文基礎上寫成、一九三六年發表的一篇論文，一開頭就提出：

> 從公元十六世紀開始，我國明代嘉靖、萬曆年間開始施行的一條鞭法，為田賦史上一絕大樞紐。它的設立，可以說是現代田賦制度的開始。自從一條鞭法施行以後，田賦的繳納才以銀子為主體，打破二三千年來的實物田賦制度。這裏包含的意義，不僅限於田賦制度本身，其實乃代表一般社會經濟狀況的各方面。明代自十六世紀初年正德以後，國內的農工業的生產方法及生產關係，雖然沒有重大的變化，但因歷史上的機緣，如西洋航海術的進步等，使中國與外國的貿易卻逐漸興盛起來，國內的社會經濟情形亦逐漸從自然經濟時代發展到貨幣經濟階段上去。一條鞭法用銀繳納不過是當時大潮流中的一條旁支。但除去用銀一點足令我們注意以外，一條鞭法還有種種在賦法與役法上的變遷，與一向的田賦制度不同。從此便形成了近代以至現代田賦制度上主要的結構。但一條鞭法實際只是一個籠統的名稱，它是一種發展，它在各地施行，時間先後不一，所以內容也有精粗深淺的不同。

這段話非常清楚地指出了十六世紀中國的白銀流通與社會經濟轉變的聯繫。他在十多年後發表的文章裏又進一步提出，這個轉變與明代國家的轉型有著直接的關聯。梁方仲的這個研究，很早就引起費正清教授的重視，他創辦哈佛大學東亞研究中心時做的一項事情，就是在一九五六年開始出版、持續了六十多年從未中斷的《哈佛大學東亞研究叢刊》，而收入這個叢刊第一種的，就是梁方仲先生這篇題為《一條鞭法》的論著的英文本。費正清為英文本寫了一篇前言，指出：「這部專論對於任何有關近代中國貨幣經濟發展的研究具有重要的背景價值。」可見，費正清雖然自己不專門研究經濟史，但他在當時已經非常敏銳地認識到，中國貨幣經濟的發展對於解釋近代中國歷史轉變有著重要意義。

在五十年代以後的中國史學研究中，這個從白銀流通的視角理解明清國家與社會轉型的題目，偏移出當時主流史學體系的解釋框架，自然被邊緣化了，或者轉換為資本主義萌芽論述框架內的議題。在明清社會經濟史研究中，除了境外少數學者，如全漢昇先生，仍然在白銀流通問題上有所推進外，很少在梁先生提出的問題的脈絡上有實質的推進。

近些年來，這個議題越來越被學界重視，各種研究成果接踵而出，甚至有成為明清經濟史研究的熱門課題的勢頭。學者們越來越認識到，白銀在明清社會的歷史轉變中，扮演著舉足輕重的角色。十六世紀以後白銀流通的影響，不限於經濟生活的變化，更觸發了明清時期的政治、社會和文化的轉型，甚至也規限著最近五百年的歷史走向。不過，以我膚淺的印象，近年來關於白銀與明清社會轉變的研究，大多仍然未真正擺脱五六十年代以來明清經濟史的問題脈絡，一般論述多從商品經濟或者市場發展的角度來討論白銀的歷史角色，著眼在世界貿易體系對中國經濟的影響，對中國市場經濟發展或不發展狀態做出評論。我今天在清華大學做這個發言，希望能夠把當年清華大學的學子提出來的這個問題，帶回大家的視線；下面我循著梁方仲先生打開的門徑，以一條鞭法作為樞紐，引出關於白銀對明清時期國家與社會轉型產生影響的視角。這個話題已經冷落多年，今天重新熱起來也多循不同的視角和問題脈絡去展開，我這裏講的只是自己一點學習體會和粗略的思路。期待著大家的批評。

一　明太祖建立的國家財政體制

今天我們要討論的問題，是白銀如何成就了明朝國家的轉型，所以，我們首先要看看明朝是怎樣一個國家形態，它的社會經濟是一個怎樣的結構。

明王朝在財政資源配置方面，主要包括以下幾個部分：在邊防軍事供給中實行的軍屯、民運和商運開中，維持宮廷及中央政府運作的稅糧和上供物料，支付官員薪俸的鈔、米，作為地方政府運作的主要資源的里甲差役和雜役，還有驛傳系統和作為地方治安系統的民壯，等等。

財政體制及其運轉方式，是一個國家和社會結構的重要表徵。朱元璋建立明王朝的時候，在國家運行的資源配置方面，白銀可以說是毫無地位的。明王朝國家財政資源，除了維持王朝的消費和國家的行政運作外，主要用途之一是保障邊防軍事供給。明朝把元朝統治勢力趕到漠北以後，元朝的勢力並沒有真正被消滅，蒙古政權還在離北京不遠的地方存在，對明王朝構成無時不在的威脅。所以，明王朝需要在長城沿線部署大量軍事力量，防禦蒙古勢力的南侵。從遼東半島一直到嘉峪關，屯駐著大量的軍隊，這是明王朝建立時面對的一種比較獨特的形勢。

在這樣一種處境下，明朝財政體制的設計和運行，其首要目標，是維持邊防軍事供給。不過，解決這個財政供應需求的方式，不是通過貨幣或實物調撥，而是通過別的途徑。一是由軍隊自己在邊防地區屯墾，二是通過商人協助向邊鎮輸送糧食，三是周邊省份將以税收途徑徵集的糧食往軍隊運送。這幾個財政供應方式中完全沒有白銀的角色。至於宮廷和中央政府的運作，税糧也就是我們平時所說的田賦是基本的部分，但税糧不是唯一的來源，還有很重要的來源是通過各種途徑向地方派辦，即所謂的上供物料。簡單舉例，如宮廷和中央政府要蓋房子，所需材料要派辦給省府州縣，地方官員找人燒磚、運送建築料，以此作為維持國家運作的重要資源。中央政府對貨幣的運用，是下撥，而不是上納。這樣的貨幣流通，靠國家發行貨幣來進行。明初的時候主要是印鈔，間或也鑄錢。至於官員薪俸，因為水準非常低，發放基本上是用鈔和米支付，與白銀沒有關係。地方官員的收入，更多依賴差役和其他非正常途徑。至於地方政府的財政資源，更與白銀沒有關係，都是以差役方式派給下面州縣的編戶。國家系統中很重要的驛傳系統和地方治安系統也都是通過差役，跟市場還有貨幣的流通沒有太直接的關係。總之，整個國家的管理，在資源獲取和配置上，基本不需要用貨幣來支付和作為核算手段。一些需要通過貨幣方式支付的環節，主要是使用國家控制發行的寶鈔，作為貴金屬的白銀並沒有進入財政運作領域。

明王朝初期能夠實現上面所說這些財政資源的獲取和配置，在制度基礎上主要是繼承了元朝的遺產。我們在這裏不可能把它繼承元朝的遺產逐一詳細列舉和解釋，只是簡單舉一些例子。比如寶鈔制度就是直接從元朝繼承下來的；村社（里社）制度也是從元朝繼承下來，在明朝成為很基礎性的一種制度；驛傳系統是直接接收元朝的；衛所兵制的管理運作也都繼承了元朝傳統；還有很重要的南糧北運的財政格局，也是繼承元朝的。所有這些從元朝接受下來的遺產裏，我特別想要強調的，是作為明朝國家體制的重要基礎的「配戶當差」制度。這項制度是由元朝的「諸色戶計」制度進一步完善而來的，了解這個制度是我們後面整個討論的出發點。

元朝的「諸色戶計」制度，就是編入《元典章》裏聖旨所說的「軍民士庶，諸色戶計」，其中大德十年（一三〇六年）詔書中說：「諸色戶計，已有定籍，仰各安生理，毋得妄投別管名色，影蔽差役，冒請錢糧，違者許鄰佑諸人首告，並行治罪」，表達了「諸色戶計」制度的基本內容和性質。什麼意思呢？就是把所有人按照他們的職業編入固定的戶籍。元朝的戶籍區分非常詳細，教書的叫儒戶，做工匠的叫匠戶，開商店的叫鋪戶，等等。按職業固定下來戶籍是不能改變的，還要根據其戶籍為國家服役，並以嚴厲的懲罰措施，防止編戶脫籍逃避戶役。那麼所謂「配戶當差」是什麼呢？「配戶當差」不是明代時候的說法，而是當代學者、中國社會科學院歷史研究所的王毓銓先生提出的一個概念。我認為這個概念非常重要，也非常精準地表達了制度的性質，所以在這裏就直接把王先生《明朝的配戶當差制》一文中的話當成我們討論的起點。

> 以戶為編制單位，把人戶編成若干不同的役種，為每一役種立一役籍（版籍、冊籍），驅使他們去承擔他和他朝廷的各類生產、造作、兵防、奔走、祗應差役。這種以戶為編制單位的役法就叫作「戶役」。

我認為，要理解宋代以後的國家體制，「戶役」是一個非常重要的概念，後面我的討論還會一再地糾纏在這個概念裏面。我今天講的內容和很多歷史書講的不一樣，主要也是因為我把戶役看成國家財政資源的主要來源，是理解明代社會的一個最基礎性的範疇。我對戶役的含義和制度角色，與通行的理解有很大的差別。按照我的理解，戶役是明朝國家制度最根本的基礎，明王朝的整個國家就建立在戶役制或說配戶當差制度之上。這種配戶當差的制度在實際運作中主要依賴於里甲制度。剛才已經說到，里甲是直接從元朝的里社制度繼承而來的。關於里甲制度，有很多可以深入研究討論的地方，不是三言兩語可以說清楚，我在這裏只能強調幾個里甲制度的關鍵點。

里甲的基本單位是「戶」，這個「戶」和我們今天派出所發出的戶口本中的「戶」不是同一個概念。今天戶口本上登記誰是戶主，誰是戶主的父母、配偶、兒女，等等等，是一個家庭成員的概念；里甲體制下的戶是一個由「人丁事產」構成的範疇。里甲是配戶當差運作的基本單位和基本方式，其責任是「管攝一里之事」。我們如果把里甲看作類似今天的居民委員會這樣的單位，就會以為它只是在管小區裏面的事情，其實不是。從朱明王朝的宮廷和中央各部到省府州縣大小衙門，所有的資源大都是由里甲供應的。所謂管攝一里之事，就是要承擔所有這些屬於國家運作資源的供應責任。

里甲運作另外一個需要強調的原則，是「以丁糧多寡為次」。《明太祖高皇帝實錄》裏講：「凡十年一周。先後則各以丁糧多寡為次。」這句話很容易讀錯。有人把它理解為每十年輪一次，先後順序按照丁糧多寡確定。其實，想想就知道這是錯誤的解讀。為什麼呢？如果真的是這樣，相當於說每一輪中第一年由最有錢的人來負責供應，到第十年由最窮的人來負責供應，這顯然是不可能的。所以這個先後不是講十年一輪的先後，這裏是指按照丁糧多寡確定承擔貢賦責任的順序，也就是說，當朝廷有需要的時候，先抓誰來出錢出力，誰要出更大的力、更多的錢。比如說，如果我們在課堂上施行這套制度，現在沒有粉筆，我就要找最有能力（可能是錢包裏最有錢）的同學去買回來。

為什麼要特別強調這兩點呢？因為明朝初年建立的秩序，以這樣一種機制正常運作，最需要保證的一個前提，就是老百姓不能跑掉，都要被束縛在里甲裏面待著。因此，這樣的體制下人不能隨便流動，財產最好也不要流動。這樣一種國家體制在原理上與現代國家很不一樣。為什麼很多研究在這些問題的理解上總是會有偏差，常常造成誤讀？因為我們很習慣用現代國家的邏輯來理解古代國家的運作，而古代國家，尤其是中國的王朝時期，不是按現代國家的原理在運行。明初國家運行的基本原理，如朱元璋所說：「為吾民者，當知其分，田賦力役出以供上者乃其分也。」也就是說，王朝國家的編戶齊民的本分就是向統治者提供他所需要的一切，換句話說，這叫作「趨事執役以奉上」。這裏很明確地說是庶民的責任，那當官的呢？其實當官本身也是一種特殊的服役，因為服了當官的役，所以免除其他的役。剛才我說到里甲的責任是「管攝一里之事」，這個所謂的「一里之事」，就是「趨事執役以奉上」，很明顯這是要維持一種人身控制關係。這是明代國家結構最基本的一個原理。

此外還要特別提到的是，一般的教科書在講到明代財政資源的時候，常常會用現代經驗與常識來理解，最典型的就是把田賦理解為土地稅或者實物稅。幾乎所有英文著作都把田賦翻譯為 land tax，同時把差役理解為人頭稅或者力役，英文翻譯一般為 corvée，也有翻譯為 service levy，這個意思還比較接近，但人們一般都會理解為是一個人頭稅性質的負擔。在這個理解基礎上，把明代中期以後賦役制度變化的內容，則大多理解為由人頭稅轉為土地稅，由實物稅改為貨幣稅。我一開始說到常見的理解明代白銀和國家轉型的理路，大多是在這樣的邏輯下展開的。根據一般的理解，把賦役納銀，理解為賦役徵收貨幣化，而這構成由實物賦稅到貨幣賦稅、由人頭稅到土地稅的趨勢，這種轉變常常被理所當然地從現代性的意義上理解。我認為，實際上的變化不是這樣一種近代化的轉變，以這樣的邏輯理解白銀對明朝國家和明代歷史的轉變產生什麼深刻的影響，也會產生很大的誤導。下面我想具體談談這個轉變的內容是怎樣一回事。

我們先把話題拉回到「趨事執役以奉上」這樣一種王朝時期編戶的基本義務上。王朝時期的所謂賦役，其實就是「趨事執役以奉上」的主要形式。也就是說，對於君主和王朝來說，都是當差。這種當差，包括繳納夏稅、秋糧，也包括屯田、開中，還有編派里甲差役、辦納上供物料、僉充民壯、驛傳，等等。

這裏講的夏稅秋糧，就是所謂的田賦，人們一般把它理解為土地稅、實物稅，但就其本質而言，繳納田賦其實也是當差的一種特殊方式。這一點是王毓銓先生很早就提出並反覆強調的很重要的一個觀點，可惜他講了很多年，學界卻沒有太多人予以重視。王先生有一篇文章，標題就用「納糧也是當差」。他講田賦是當差，而不是土地稅。這個看起來似乎很難理解，但其實，只要大家不從概念出發，而是從我們的生活經驗出發，對於年紀稍長的中國人來說，理解起來應該不會那麼困難。為什麼這麼說呢？在中華人民共和國成立之後，農村的土地稅叫作「公糧」。那個時候農民交公糧，並不是現代國家意義上的稅收，性質上其實也是當差。當時有一個說法，叫「為國家種田！」。這不就是當差的意思嗎？那個時候，除了公糧外，農民還要強制性地交納餘糧，形式上是賣，實際上不是一種自由交易，明明白白也是一種義務，一種當差的義務。

當然，我們可以辯解說，由於國家性質不同，二者不能簡單等同起來。但就農民從事農業生產而產生的負擔的性質來說，就生產者與國家的關係來說，其實都是一樣的當差。關於納糧也是當差這個命題，王毓銓先生在文章中說得很清楚：

> 徭役固然是差役，納糧也是差役。納糧不僅是差役，而且還是「正役」。
>
> 如此稅糧，如此正役，中國古代的稅糧（夏稅秋糧）不是一個公民向其國家繳納的所得稅，而是一個人身隸屬於或依附於帝王的編戶民服事其君父的封建義務。故曰納糧也是當差。

我們不妨具體看看明代時這種納糧的制度。首先，是按土地面積科徵以米麥為主體的田賦，按土地的肥瘠、墳衍、水旱、沙鹵、遠近確定不同的等級，還按土地的官民屬性定下高低懸殊的科則，按作物的品種徵收不同的實物。這看起來確實是一種土地稅。但不可忘記，這些稅糧的徵收，是以戶籍為徵稅的基本依據、以戶為賦稅負擔的基本單位的，這一點特別典型體現了當差的性質。前面幾條不用多講，看起來都是土地稅的徵收規則，但是強調後一點非常重要，就是以戶籍為田賦徵稅依據。明初的時候建立了戶籍黃冊，同時也設立魚鱗圖冊這種土地冊。如果田賦是土地稅，那麼它就應該以魚鱗圖冊作為徵稅依據，但是魚鱗圖冊從來沒有被用作徵稅依據。徵稅依據的是戶籍，並且以戶為賦稅負擔的基本單位。每一戶下面登記著其應該承擔的賦稅責任，就是應該向這一戶徵課的稅額。

至於實際的賦役負擔輕重，是由丁糧多寡分攤的，而不是直接按照土地面積計算。

戶籍裏面登記的「事產」，具體包括了田地的數量、類別、科則、徵納物和附加負擔，可見戶籍不只是一個人口登記，更是核定戶等以作為分派差役輕重的依據。更重要的是，交納稅糧的徵收和運送，包括運輸任務和相關成本，是由編入戶籍的里甲人戶來承擔的。這是田賦在性質上也是一種差役的鮮明特徵。很多學者講到明代田賦的時候，忽略了田賦繳納的運送負擔，以致對人戶在田賦上面的實際負擔做出不符實際的判斷。我剛才提到人民公社時期的交公糧（請注意，公糧在性質上是農業稅，沒有用田賦或土地稅的名稱）。在平原地區，比如華北平原各個地方去交公糧的運輸成本可能差別不大，但是在南方的山區，這個差別就很大。有些村子要走一天的路才能到交公糧的地方，那是要人力去負擔的。如果你家有十畝地，要交一百斤的公糧，不要以為你的負擔只是一百斤糧食，還有運輸的負擔；而且不是運送到州縣，在明代前期是要運送到京城或國家指定的倉口。朱元璋時代南京是首都，糧要運送到南京，後來永樂皇帝遷都到北京，就要運送去北京。這完全是一種役。

納糧是一種役，還體現在稅糧徵收和解運實行連帶責任制。如果一里一甲中有人戶不能完納，甚至逃跑了，同一里甲的其他人戶要負擔他的責任。但這種連帶責任，並不以逃跑者的田因此轉到同里甲的人手上為條件。在這個意義上，也說明稅糧並不單純按照土地來徵收。

明代還有強制性的種植任務和懲罰性的徵收，這也是一種役。此外，稅糧的登記、核查、徵收按戶籍定額化，並與差役負擔掛鉤，數額確定了以後不能隨便更改，不管土地被淹、坍塌還是丟荒失收，又或者被他人霸佔，只要在戶籍中登記了，就必須承擔。所有這些，都令我們有理由認為繳納田賦就是當差。

除了田賦以外，還有另外一種很重要的國家財政來源，就是上供物料。本來，物料採購的任務是編派給里甲，由官府出錢去買。但是後來官府給的錢不足額，甚至常常乾脆不支給，最後就成了里甲編戶要負擔的一項很重要的賦稅。如果按明代後期可核算的標準推算，我估計每年大概有一百萬兩以上的額度。而且其數額負擔是很隨意的，今年修宮殿、有戰事，或者宮廷有大事發生，可能派多一點；明年沒事則可能派少一點。

明代財政負擔裏，「四差」的重要性不亞於田賦。所謂「四差」，分別是均平、均徭、民壯和驛傳。這是明代中期形成的主要的差役分類，即我們平常說的徭役的主體部分。我大體解釋一下其基本的攤派方式。

均平來自里甲正役。按照明初制定的黃冊里甲制度，里甲是承擔差役的基本單位。里甲正役的任務，是管攝一里一甲之事，主要職責是催徵錢糧，勾攝公事。所謂「公事」，是一個很模糊的沒有邊界的範疇。開始的時候，可能主要是拘傳罪犯之類，後來官府衙門的各種各樣的需求，都可以在這個名目下向里甲伸手攤派。大家可能都了解一點海瑞的故事。海瑞是個清官，他到任淳安縣時，廢除或減輕了很多里甲的負擔，例如：新官到任接待、縣官到府衙參謁的夫馬百用、縣官朝覲各種用度、書手工食、各官出巡例送吏書銀、縣衙管理每年常例、衙門各種官員的「家伙」（家具用品）、修理公廨的費用，等等。他用心是大大減少里甲的負擔，但他的衙門是破產的，做很多事情都沒有資源。所以海瑞是一個例外，但這也反過來讓我們看到，由於明代其實沒有制度化的地方財政安排，地方政府有很多開支都要由里甲出辦，衙門人員的收入、家具設施、辦公用品、迎來送往的招待、考試的試卷紙、考生的伙食補助、蠟燭、筆墨等也都由里甲供應。這種由里甲正役產生出來的負擔，本來派給里甲辦納，後來逐漸改為按丁田徵銀，因此就有了一個統稱，叫「均平」。

均徭是各衙門運作中所需要的人役，本來也是從里甲戶中僉點應當。大約在明英宗以後，各地陸續將一些比較固定的差役抽出來，制成定額，與正役當役的年份錯開，派給里甲輪流應充。其常見的役包括各衙門皂隸、馬夫、齋膳夫、門子、轎夫、庫子、斗級、巡攔、弓兵、鋪司、倉腳夫等，就是在衙門裏跟班跑腿的、看門的、養馬的、做飯的、看監獄的、守倉庫的。後來，把這些差役分為銀差、力差，銀差直接徵銀，力差也計算其工食之費，按里甲人戶戶下的丁糧額攤派。

民壯本來是維持地方治安的，後來也承擔越來越多的地方行政職責，折成工食銀量，按丁攤派；驛傳是負責官員交通設施、傳遞公文的，其差役本來固定由特定的人戶應當，後來也逐漸按田糧額攤派到所有里甲編戶身上。

講到王朝時期的差役，大家直接聯想到的，可能是出苦力的勞役，也常常理解為按人頭徵發。因此，習慣上常把差役理解為人頭稅。其實，明代的差役，是一種既要出錢，又要出力，還要出物的負擔，而其徵派負擔均平的原則，並不是根據人丁，而是兼顧人丁事產。

從秦漢到明代，講到賦役徵派的理由，有一個基本原則，叫作「有田則有租，有丁則有役」。這兩句話使很多學者以為中國在王朝時期的賦役是由土地稅（田賦）和人頭稅（差役）組成的。但如果我們仔細考察各朝的賦役徵派，可以了解，「有田則有租，有丁則有役」這個原則，其實不是簡單地直接轉換成為徵派方式的。它的實現方式不是根據田地徵稅、根據人丁派役，而是所謂的配戶當差，即朱元璋所說：「凡賦役必驗民之丁糧多寡，產業厚薄，以均其力。」為了實現這個原則，明朝採用的制度是以黃冊里甲制為基本框架的，而黃冊里甲制是登記每戶的人丁事產，按丁糧多寡編排里甲，再在里甲的基礎上以輪流應充和僉點派差的方式進行。也就是說，明代賦役均平原則的實現方式，並不是直接按田地徵稅和按人丁派役，而是一種「役中有賦，賦中有役」，兩者交織在一起。

所以，明朝的田賦不等於土地稅，差役也不等於勞役或人頭稅。談遷《北遊錄》中說：「先朝南京倉米，民自輸挽，必兑漕訖。或半歲，或一歲，而後竣事。」這怎麼是土地稅？這明明是一個役。《明憲宗實錄》卷三三載：「國朝立法，凡一應大小科差，皆論民貧富僉點。」既然根據貧富來派差，又怎麼是人頭稅？

因此，我們要認識到，明朝這套體制，最重要的一個特點，就是「常拘農民在官」。承擔著各級衙門的人力物力資源供應的里甲編戶，應役的時候是到官府當值，隨時聽候使喚和索取。這種負擔是沒有定額的，所謂「凡百官需，悉令出辦」。這個時候維持國家運作的財政資源獲取的方式，是「其大小雜泛差役，各照所分之等，不拘一定之制，遇事而用，事已即休」。這樣一種體制，以「隨時量以戶立差」為基本方式。梁方仲先生解釋明代這種體制的性質時說：「當時的丁稅，並不真正等於現代所說的人頭稅，而是按各丁所屬之戶的財產底大小來訂等級的稅。它的性質，兼人頭稅與財產稅而為一。」也就是明朝《諸司職掌》中說的：「大小雜泛差役，各照所分上中下三等人戶點差。」我們強調這一點，是希望以此說明，這種被梁方仲先生稱為「畫地為牢」的秩序的洪武型的體制，是建立在里甲制基礎上的，而里甲制的本質，是人民都被納入王朝國家的人身控制下，而由「人丁事產」構成的「戶」，是這種人身控制的基本單元，按戶的等級承擔各級衙門的行政運作資源的供應。這種以直接的人身控制來運作的體制，在邏輯上本來並不需要貨幣作為核算和支付的手段。

二　洪武體制的危機與一條鞭法改革

這種王朝國家體制的運作，以政府有能力控制編戶，並且能夠按「均適其力」的原則向編戶徵派賦役為前提。要達到「均平」的目標，最基本的條件，是各級政府能夠準確掌握各個「戶」的「人丁事產」狀況，並根據其變動情況，及時調整並分派賦役負擔。在現實中，里甲編戶的人丁事產隨時可能會有變化，人戶是會有上下升降的，財產多少也會隨時變化。明朝雖然制定了州縣每十年要更造黃冊的制度來掌握這個變化，但實際上，黃冊編了一兩次之後，絕大部分的官員都很難有效去調查和重新編造，大多數情況下都是照抄上一屆的黃冊上報了事。更重要的是，不管是政府官員還是里甲中人，出於種種利益目的，都有可能上下其手，濫權舞弊。最常見的是，僉派差役時，不是把負擔重的派給人丁事產最多的人戶（他們常常就是里長），因為這些上等戶往往就是當地最有權勢的人戶。如此一來，負擔不平均的局面不可避免地愈演愈烈。所以，到明朝宣德年間，建國不到一百年，我們就看到官員在報告中說，逃戶成為嚴重的社會問題。例如被派巡撫江南總督稅糧的周忱曾向戶部報告說，蘇松地方的民戶逋逃成風，「一曰大戶苞蔭，二曰豪匠冒合，三曰船居浮蕩，四曰軍囚牽引，五曰屯營隱佔，六曰鄰境蔽匿，七曰僧道招誘」。意思是有的投靠大戶蔭蔽，有的跑到衛所去，有的冒充工匠到京城謀生，有的入江河湖蕩，有的逃到其他府州縣，有的入寺觀出家，都是因為負擔不起日益加重而失實不均的賦役，以多種方式逃脫官府的戶籍控制。正如宣德六年（一四三一年）兼行在戶部事禮部尚書胡濙等所奏：

> 今天下攢造黃冊宜清理戶口錢糧。比聞各處逃民，有倚軍衛屯堡及藏匿別府州縣不回原籍者……各處人戶，或充軍役，並有垛集充軍，其戶下人丁及貼戶畏避原籍糧差，匿於衛所屯堡者……南北二京富戶、倉腳夫等役，於京城居住者，多有逃回原籍及避他處……各府州縣頑民往往逃避他方……

類似的內容在明朝的文獻中非常常見，大概幾十年時間就已經出現很多問題。對於維持明代體制的國家來說，最嚴重的情況就是隨著人戶逃亡，里甲殘破，數量減少，相當多的編戶在官府的眼皮下不見了。例如江南的太倉就是一個極端的例子，此地在洪武二十四年（一三九一年）有六十七里，八千多戶，到了宣德七年（一四三二年）就剩下十一個里，一千五六百戶，再核實，發現其實只有七百多戶，連洪武年間的十分之一都不到。大家可以想象，如果一個縣十分之九的人都跑掉了，按照原來的資源獲取途徑和機制，宮廷和政府如何運作？主要通過里甲人戶獲取資源的途徑失效了，國家根本運作不下去，所以，明初那種畫地為牢的秩序在幾十年以後就已經破綻百出。

那麼怎麼辦？從朝廷到地方官員都面對著這個危機。因此，我們就看到各地的地方官努力嘗試採用種種辦法進行變通處理。他們處理這些弊病的時候，都要遵循一個最基本的原則，也是中國王朝時期食貨體制的最基本原理。我這裏借用漢代徐幹《中論》中的話，這個話明朝的時候大家經常會講，宋元明清各代也都一再論說。其實我們要明白中國的特色就是要明白這套道理：「夫治平在庶功興，庶功興在事役均，事役均在民數周，民數周為國之本也。」治國平天下必須有政績，派給下面的任務必須均平，要按照人丁地產貧富來分配。這就是所謂「均平」的原則。為了實現這個原則，每一戶的人數財產都必須調查清楚，這是立國之本。明代出現危機以後也必須按照這套原則尋找出路。

明代初年有一個說法叫「事簡里均」。朱元璋非常嚴厲，不准官員隨便害民，當時官員派下去的事情不多，里甲中人戶的財產也比較平均，所以這個體制可以有效運作。但其後，隨著社會的變化，這個體制運轉不再那麼容易。從明代中期到清代，王朝國家一直努力做到「均田均役」。具體的操作方式很多，不能展開講，但基本原則是讓民的財產和負擔更加接近實際，從而達致均平。從地方官採取的各種方式，我們可以看到這個原則逐步實現的途徑是有基本的趨勢的。舉個例子，宣德八年（一四三三年）的時候，直隸巡撫周忱首先在松江，然後又在蘇州做了一系列的改革，這件事開啟了解決剛才所説問題的一條出路。在賦税體制上實行的一些新機制，對後來的歷史影響深遠。周忱改革直接針對的是當地田賦過重的問題。這一問題來自朱元璋在打敗張士誠以後，把原來張士誠控制地區的田沒收為官田。周忱改革的內容，以及這種改革與新舊體制之間的關係，這裏不可能詳細展開講。尤其不能展開討論所謂的官田問題，雖然這是他改革的出發點，但整個問題講起來太複雜。我們直接來看他採用的兩種徵税改革方法：一是「均徵加耗」，就是在原來徵的田賦上加附加税，正税交給中央，附加税交給地方，可以用附加税的方式部分取代役。「耗」就是附加税，徵收税糧的時候有幾種比較重的耗，包括運送税糧的消耗、運送途中老鼠偷吃造成的鼠耗，還有雨淋、船漏水等造成的消耗，都是用各種名義加上的附加税。附加税的多少背後有很大文章可做。原來的差役現在部分地折算成可以計算的實物或貨幣，所以叫平米。二是「折徵例」，就是原來税重的地方按比較低的折納率來徵收。那個時候折納率比較低的是金花銀，每四擔穀子折徵一兩銀子。其他都比較高，一般來説是兩擔折徵一兩。所以原來税重的現在就按金花銀來折。

這個改革表面上只是調整了負擔的輕重，其實開啟的方向意義深遠。第一，以附加税方式部分地取代無定額的差役徵派。第二，地方事務和公共開支來源賦税化。加了耗之後，地方事務的公共開支就從這裏出了，這是非常重要的變化。第三，就是折徵白銀和布匹。松江當時是產布的地方，白銀也不是很多，所以徵白銀同時也徵布匹。其實布和絹這類紡織品在中國歷史上也有貨幣的性質。這個改革以按比率徵收附加税取代無定額派差，而支付手段的折納也影響了後來兩三百年運用貨幣計算和支付的方向，這是一個非常重要的轉折點。改革開啟了由原來的按照丁糧多寡點差的戶役向著按丁田攤派的税收轉變的方向，這個轉變就是我們後來所見的國家轉型的最核心內容。皇帝按照自己的需要隨時向下攤派任務和根據財產人口多少徵稅是兩種完全不同的國家運作模式。徵收賦稅標準化、定額化，可計量，按比例徵收，很自然地導致形成了明確的可計算的課稅客體——丁、田。這樣一個轉變的趨勢，最後都通向了一條鞭法。

關於一條鞭法，教科書一般都會說，萬曆九年（一五八一年），張居正在全國範圍內推行一條鞭法的賦役制度。但是一條鞭法不是張居正發明的，也不是張居正推行的，它是自下而上的自然發展的結果。大體上說，從明宣宗時候的平米法、金花銀和柴薪皂隸這一類的做法開始，到後來明英宗正統年間整個差役體系中那些常態化的差役固定為均徭，到了嘉靖時候各地再用均平法作政府財政資源的來源，這些都不是由中央政府制定和推行的制度，跟中央政府沒有多少關係，而是基層幹部做的事情。伴隨這個過程的，是夏稅秋糧逐漸也開始折銀，具體的發展過程，各個地方有差別。不過所有這些改變匯合在一起，形成了所謂一條鞭法的制度。

均徭和均平是最能夠體現這樣一個改革的性質的。例如均徭法，皂隸就是隨從，門子就是看門的，膳夫就是衙門裏做飯的，這些差役原本都是從里甲編戶中僉點人員來承擔。里甲需要負擔的，除了這些比較輕的役，還有一些很重的役，比如解戶，被點到應這個役，要去運送稅糧，就有可能傾家蕩產。這種親身應役的方式，負擔輕重不能預先確定，不能計量，承擔差役的人丁事產也不可能按比例分攤，先天性地不可能按照負擔的輕重均派，加上作為編僉分派輕重依據的冊籍等級與實際情況不符，負擔自然嚴重不均。後來各種解決方法都朝著一個共同的方向，就是將差役的負擔都折成白銀計算，按照人丁和田糧均攤每一種負擔的額度。很多地方是一半按丁的總數均攤，一半按田的總數均攤。政府徵收了白銀之後，再僱請人來做看門、做飯等差事。至於均平，把招待上級官員的費用，還有科舉紙張的費用等，做一個預算，算出一年需要的總費用，之後也按照丁多少田多少攤派下去，這樣就形成定額的，有比率、用貨幣計算的賦稅。

所有這些變化都在張居正出生之前已經發生了，只是這些改變，開始都是局部分別實行的，到了嘉靖年間，隨著民壯、驛傳等也開始折銀，且稅糧折銀比較普及之後，這些不同的項目就有可能合併起來。尤其在南方有些地方，既然都是按同樣的計算標準，就把原來分別計算的項目合併到一起。凡是按田畝攤派的合併在一起叫地銀，按丁來攤派的合併在一起叫丁銀。所以，以前有教科書講一條鞭法攤丁入地不徹底，到清代才更徹底地攤丁入地，這是一個誤解。其實，清代攤丁入地的丁，本身就是一條鞭法的產物，沒有一條鞭法就沒有丁銀。簡單說，既然不同的賦役項目都按同樣的原則折算成可計算的稅收，就可以把原來分別編派的項目合併起來。所謂「一條鞭」就是合併成為一條的意思。不過，這裏所說的合併，主要在編派、會計和核算的環節，在徵收的環節是否合併，各地做法不一樣。合併之後，丁銀和田銀都由官府徵收起來，「計畝徵銀，折辦於官」。什麼是「計畝」？這涉及這個時候作為賦稅單位的「丁」的意義問題。明代後期，特別在南方地區，所謂的「丁」大多都是按田或按糧計算出來的，例如很多時候是五十畝等於一丁之類。所以不要以為丁一定是人口，很多情況下，丁只是一個賦稅單位。

在這樣的一套制度下，最關鍵的一個問題，是需要價值穩定、最能被接受的標準化的計量單位和徵納物。這個時候，明初的法定貨幣寶鈔已經不值錢了；至於銅錢，明朝雖然也間中鑄過一些銅錢，但是從來不曾有計劃地好好發行。明朝市場上流通的銅錢大量都是民間流傳的宋代的錢。因此，當財政運作越來越依賴可計量的貨幣媒介的時候，最方便、最有效的自然就是用貴金屬白銀作為財政稅收的核算標準。這個時候，正好發生了另一重要的歷史轉變，就是白銀貨幣時代的開始。白銀在王朝貢賦領域的角色迅速凸顯，與貢賦運作的實現均平的方式的發展，相互配合，互相推進，形成了後來國家轉型的主要動力。講到這裏，我們需要先把目光轉投到白銀上。

三　白銀進入王朝國家運作體制

白銀貨幣在明朝歷史轉變上的重要影響，近年來在學界越來越被人們關注，已經成為一個熱門的學術議題。但這其實不是一個新的發現，在上世紀就已經是明清史和經濟史學界非常關注的問題了。關於明代的白銀問題，梁方仲先生比較早就做了專門的研究，他的兩篇論文，《明代銀礦考》和《明代的國際貿易與銀的輸出入》對明代白銀貨幣問題做了奠基性的研究，他的好友全漢昇先生在上世紀六十年代又在白銀問題上進一步深入，他的研究也非常重視白銀對中國歷史發展的影響。為什麼白銀在中國這麼引人注目？全先生在《明代的銀課與銀產額》一文中，引用了一位在菲律賓住了很多年的歐洲傳教士大概十七世紀三十年代寫的話：

> 在這個異常龐大的國家（中國）中，任何生活所需的物產都非常豐富，……那裏的大小不同的船隻，幾乎數不清那麼多，每年都裝運各種食物和商品，駛往鄰近各國交易。其中光是駛往馬尼拉的，每年經常有四十艘，或四十艘以上。……這些商船又往暹羅、柬埔寨等國貿易。……它們把世界上所有的銀子都運回去，……因此，中國可說是世界上最強盛的國家，我們甚至可以稱它為全世界的寶藏，因為銀子流到那裏以後便不再流出，有如永久被監禁在牢獄中那樣。即使中國的銀子，並不比在過去六十六年貿易中，自墨西哥運出來的為多，它已經能使那裏的商人變成最為富有；何況事實上中國的銀子更多於這個數目，因為除來自墨西哥的銀子以外，中國商人又自其他地區把銀子運回本國。在世界上已知的各民族中，中國人著實是最渴望取得銀子和最愛好銀子的一個民族。他們把銀子當作是最有價值的東西來保有它，因為他們甚至輸出黃金來換取白銀，也在所不惜。當他們看見銀子的時候，他們總是很喜歡地看著它。我這樣敘述，絕不是由於道聽途說，而是多年來親眼看見和親身經驗的結果。

這段話非常生動地告訴我們，明代中國和白銀有非常緊密的關係。這位傳教士對中國人在海上的貿易情況的描述可能和大家了解的知識不太一樣，人們通常以為鄭和下西洋以後中國人就斷了和海洋的聯繫，其實這是不對的，中國與海洋的聯繫從來沒有斷過。這位傳教士說中國商人駕著船在全世界到處跑，帶去各種各樣的商品，然後把世界上的白銀都運回了中國。他很生動地描述說，白銀進了中國之後就被禁閉起來了，中國人把它當成最寶貴的東西來控制，甚至不惜運出黃金以換回白銀。中國人對白銀垂涎三尺，運出各種有價值的商品換回白銀，主要的驅動力來自哪裏？我們不妨先從中國內部的需求著眼。

白銀在中國貨幣史上的地位及其歷史角色，曾經經歷了一些重要的變化。雖然在一般人的觀念中，古代中國是一個自然經濟主導的國家，但一般被看成商品經濟標誌的貨幣，從很古老的時候開始，就一直在日常生活和國家運轉中有著重要的位置，發揮著不可或缺的作用。但是，在古代中國的貨幣體系中，白銀本來沒有什麼地位。顧炎武在《日知錄》中論曰：

> 唐宋以前，上下能行之貨，一皆以錢而已，未嘗用銀。《漢書．食貨志》言，秦併天下，幣為二等，而珠玉龜貝銀錫之屬為器飾寶藏，不為幣……《通典》謂，梁初唯京師及三吳荊郢江湘梁益用錢，其餘州郡則雜以穀帛交易，交廣之域則全以金銀為貨。而唐韓愈奏狀亦言，五嶺買賣一以銀。元稹奏狀言，自嶺已南，以金銀為貨幣，自巴已外以鹽帛為交易，黔巫溪峽用水銀朱砂繒彩巾帽以相市。《宋史》仁宗紀，景佑二年詔，諸路歲輸緡錢，福建二廣易以銀，江東以帛，於是有以銀當緡錢者矣。《金史．食貨志》，舊例銀每鋌五十兩其直百貫，民間或有截鑿之者，其價亦隨低昂，遂改鑄銀，名承安寶貨，一兩至十兩，分五等，每兩折錢二貫，公私同見錢用。又更造興定寶泉，每貫當通寶五十，又以綾印製元光珍貨，同銀鈔及餘鈔行之。行之未久，銀價日貴，寶泉日賤，民但以銀論價。至元光二年，寶泉幾於不用，哀宗正大間，民間但以銀市易。此今日上下用銀之始，今民間輸官之物皆用銀，而猶謂之錢糧，蓋承宋代之名，當時上下皆用錢也。

宋金元以後，白銀逐漸進入貨幣領域，到明代，隨著前面所說的變化，白銀應運而生地登上了舞台，成為王朝國家機器運轉的基本資源。為什麼是白銀？白銀跟其他貨幣相比有什麼優勢？或者說在明代的歷史場景裏白銀是怎樣變成特別受歡迎的東西？

我們先簡單看一下明代的貨幣制度。明代比較規範的貨幣體制是在洪武八年（一三七五年）確定的，以大明寶鈔和銅錢作為法定貨幣，前者是主幣，後者是輔幣。確定了兩個法定貨幣以後，又特別確定了一個折換率，大明寶鈔一貫換銅錢一千，同時也有跟白銀的折換率：兑換白銀一兩。這是法定的兌換率。但是這套體制明確規定民間不能把金銀作為通貨來使用，只是可以用金銀跟國家換鈔。這樣造成的結果是，有地位有權力的人用金銀，沒權沒勢的人用鈔。

朱元璋確定的明代貨幣制度的基本結構，對於歷史研究者來說，需要反過來讀出其實際情形。國家禁止民間用金銀交易，恰恰說明民間其實喜歡用金銀交易。洪武年間，南方的商人都是用金銀來定價的。朱元璋不喜歡這一點，因為商人用金銀做通貨影響到了國家發鈔的權力，導致國家發行的寶鈔貶值。這到後來成了一個不可逆轉的現實，而且情況非常嚴重。但商人用金銀定價是因為大家都喜歡用，到了宣德年間更是如此，「民間交易惟用金銀，鈔滯不行」。所以戶部官員「請嚴禁約」，之後出了告示，居民用金銀交易要治罪。但是我們同時看到一個事實，大小官員和皇帝都很喜歡金銀。

關於皇帝對金銀的態度，我們可以看到明成祖也就是永樂皇帝時期的一些很有趣的材料。時任刑部尚書的鄭賜接到湖廣江夏縣（武漢）來報說有人父親死了，葬具用了白銀做材料，奏請皇帝治罪。永樂皇帝說，朝廷因為鈔法不通而禁止用銀交易，但人家父親死了，要下葬，一時情急，不是因為貪利故意違法的，就好心一點放過他吧。此時皇帝已經表現出比較寬鬆的態度。還有一個更有趣的故事。也是永樂時候，有守城門的軍官來報告，抓到一個人，在進城的時候檢查他的行李發現有金鐲和銀錠。皇帝就問當時的刑部尚書劉觀這個人違什麼法，刑部尚書回答說：「法不得以銀交易，百姓不得用金首飾。」明太宗就表示，法律只是禁止交易，沒有禁止儲蓄，讓軍官把金銀還給人家。他還罵了軍官一頓，說你的職責是盤查奸細，百姓違法跟你有什麼關係。這次不追究你的責任，以後再這樣就要治你的罪。由此可見，上流社會、皇帝貴族對銀的態度並非深惡痛絕。

除了皇帝以外，官員們對白銀也有很強的渴求。因為白銀從唐代以後，特別在金元時已經是很重要的通貨，是財富的象徵。到明朝，這種觀念早就深入人心了，官員對白銀的需求很大。下面這個故事是明宣宗時候的事，當時有一個非常廉潔的官員顧佐，有一些官員奏報說他接受了皂隸的金錢後放任皂隸回家。皇帝就問楊士奇，你不是說他很清廉嗎？楊士奇說，現在的官員薪俸都非常低，只是有一些人為他服務，所以官員讓他們一半的人出了錢回家去，這樣官員可以得一點收入。政府裏面的官員都這樣，我自己也這樣，先帝知道這事以後還給大家加了薪水。皇帝聽了以後感歎現在的官員這麼清貧，就罵告狀的人，要治他的罪。這個時候雖然是明代前期，但是官員們已經私下裏讓當差的皂隸交錢之後回家了，這是官員們很重要的收入。交錢回家的這部分人叫「柴薪皂隸」，後來成了正式的制度。宣德年間「令隨從皂隸，不願應當者，每名月辦柴薪銀一兩」。過去我們歷史學界不太重視這件事，前幾年浙江師範大學的胡鐵球教授寫了《明代官俸構成變動與均徭法的啟動》一文，提出：「皂隸折銀給官員們帶來了巨大的利益，這也是明代賦役貨幣化的開端，且其規模遠遠超過了金花銀每年的一百萬兩，僅以宣德時期明代文武官員八萬計，每員平均撥給柴薪皂隸二點六七名計，僅柴薪銀一項，就達二百五十六萬兩，是金花銀的二點五倍，若加上直堂、馬夫等項，至少是金花銀的五倍以上。」雖然有學者認為胡鐵球教授的計算不太準確，但我相信，皂隸折銀的確可以視為明代財政貨幣化的開端。

另一項制度就是金花銀。金花銀的出現直接是由永樂遷都後出現的北俸南支問題引起的。永樂皇帝遷都北京以後，官員們還是要去南京領取俸糧，所以大家一般都會在南京領完俸糧以後就地賣掉。但是人人都這樣做，就會導致南京市場上的米供大於求，所以南京市場上的米很便宜，一兩銀子可以買七八石。到了明宣宗前後，就有很多官員提議在江南直接徵收白銀，在北京用白銀發薪俸。這就是金花銀，是明代財政收支白銀化非常重要的轉折點。

國家運作裏這種資源收支方式的轉變，可以稱為國家行政資源財政化。國家財政體系的根本轉變，最重要的條件，是要有價值穩定、計量標準統一而王朝政府又樂意接受的貨幣媒介作為核算和支付手段，白銀是在這種轉變的時機下，應運登上歷史舞台，擔負起這一關鍵角色，此後各種開支都逐漸統一使用白銀來計算和支付。

這樣一種財政貨幣化的轉變趨勢，早在宋代就發生過。但是，宋代沒有像明代後面那樣發展成為一種新的國家財政體制，也沒有帶來國家形態的根本轉型。這裏面有很多可能是特殊的歷史因素，我們還不能展開深入探討。但宋代與明代相比有一點明顯不同，就是其貨幣始終以銅錢為主幣，貨幣流通的一個突出問題是錢荒，銅錢不夠用。後來雖然出現了紙幣，但是紙幣的發行和流通並不穩定，而且沒有一套相應的金融機制發展起來，尤其是中央銀行調節幣值的機制一直沒有相應的發展。所以，雖然宋代就社會經濟發展和財政賦稅體制運行的關係而言，朝著貨幣化和定額化比例賦稅轉變的動力一直都存在，但這個轉變卻不可能靠錢或鈔的流通來實現，宋代以後的財政體制沒能朝著明代改革的方向前進。

相對於宋代，我們看到明代這個轉變能夠成功，很大程度上要歸功於白銀。白銀與銅錢、紙鈔相比，最重要的一個區別，就是作為貴金屬，不需要通過國家的力量來發行和控制幣值，同時能夠在市場和政府財政運行的流通領域滿足持續增大的貨幣量需求。這個貨幣量需求問題，也許是明代白銀能夠扮演這個角色最基本的一個優勢。因為作為一個靠龐大的官僚體系運作維持的王朝國家，財政核算和收支全面以貨幣為手段，貨幣的需求量一定非常高，而且貨幣財政運轉與市場流通的相互推動，會形成一個可能無止境增長的貨幣需求，所以，在沒有一個發達的金融體系配合發展的情況下，國家財政運轉朝著全面貨幣化的方向轉變，白銀可以說為明朝國家轉型提供了一種時代的機緣。

對於明代財政和市場流通領域的貨幣需求量的估算，學者之間有很大的差別。我自己估算，明朝後期的財政規模大概是每年三四千萬兩白銀，假設都用白銀支付，這樣的規模是非常大的。為什麼這樣說呢？我們看一下明朝的商品流通市場。我們先把主要用銅錢作為流通手段的農村小市場交易擱置起來，只看長距離貿易的市場流通。根據吳承明先生對明代長途運銷商品量的估算，糧食大概八百五十萬兩，棉布大概二百三十萬兩，絲織品大概三十萬兩，總共加起來一千多萬兩。這幾宗明朝最大規模的長距離貿易商品大體上能反映出市場的白銀流通量的規模。在這裏我們還不能夠把貨幣流通的速度因素考慮進來，如果考慮進來，長距離貿易市場流通所需的貨幣量可能還要少很多。再考慮到白銀的市場需求主要是在長距離大宗貿易，日常生活中使用的主要還是銅錢，我們大致可以認為，明代財政運作的白銀需求量遠遠高於當時市場流通的白銀貨幣需求量。

這樣的白銀需求造成的結果就是，與宋代一樣，也存在一種以長期趨勢呈現的通貨不足的危機。明代學者唐甄就說：「當今之世，無人不窮，非窮於財，窮於銀也。」因為中國本土的銀產量是不夠的。為什麼明朝立國以後用了很多兵力向雲南進軍？就是需要銅和銀。儘管雲南的銀礦也開採出來了，中國的銀產量還是很低。根據全漢昇先生的統計，明代平均每年的白銀課稅收入大概是十萬兩，佔銀產量的百分之三十。也就是說，從洪武到正德年間，大約每年有三十萬兩的銀產量。如果生產出的白銀周轉速度很快，而且大部分能一直在市場上，每年三十萬兩也可以維持經濟運轉。但是中國的社會經濟中還有一個很重要的因素，白銀能夠作為財政支付手段其實是因為在大家心目中白銀是財富的象徵，中國人又喜歡把財富儲藏起來，所以大家收了白銀就用壇子裝好埋在地裏。結果是，銀一方面集中在少數有權有勢的大官僚、大商人甚至皇室手上，另一方面他們收了銀子以後不會再拿到市場流通。這是白銀貨幣很重要的一個缺點，它成為儲藏的手段，退出市場流通。白銀在明朝除了用於財政領域的支付和核算之外，還有儲藏的功能，因此每年三十萬兩左右的產量遠遠無法應付社會上對白銀的需求。

歷史總是充滿了偶然性的機緣巧合的。當明朝國家運轉由於前述轉變而形成了大量的白銀需求的時候，白銀就來了。在發現新大陸之前，日本是中國白銀的主要來源地，中國在東海、南海地區的貿易使用的白銀主要來自日本。更大量的白銀，來自歐洲人推動的世界市場。1492年哥倫布開闢新航路之時，就是中國對白銀的需求上升的時候。十六世紀中期，西班牙人在西屬美洲發現了兩座大銀礦，分別位於秘魯（今玻利維亞）的波托西和墨西哥的薩卡特卡斯。這兩大銀礦的開採是影響後來世界歷史進程的重大事件。西班牙人開採的白銀主要運往兩個地方，一個當然是西班牙，另一個就是現在菲律賓的呂宋。白銀運回西班牙，工業更發達的英國和荷蘭等國把工業品賣給西班牙換回白銀，之後這些白銀又跟著印度洋航線往東被運往馬六甲、菲律賓，後來葡萄牙甚至直接就把白銀運到了澳門。而呂宋則由於中國商人的帆船貿易，成為大量向中國輸出白銀的重要口岸。這兩種貿易路線，在我們現在叫作環南海的地區形成了世界市場上最大的白銀聚集地。很多研究著作都指出，當時世界上一半的白銀都流入了中國，至於具體的流入規模，不同學者的估計相差很大，相對保守一點的估計，在明代大約總共有二億兩。根據萬志英的估算，明代後期流入中國的白銀每年大概三百七十萬兩，是中國本土白銀產量的十倍之多。

一般講世界歷史，都會把西班牙和西屬美洲這兩個地方稱為白銀帝國或者白銀王國。但是通過剛才那個傳教士講的話和後面要講的事實，我們知道其實世界上還有另一個白銀帝國，就是明清時期的中國。這三個白銀帝國，一個是白銀主要產地，一個是操縱著世界上白銀流通的西班牙，還有一個是把世界上的白銀都吸納起來的中國。明代中期以後的世界是這樣一個世界：中國商人把中國生產的絲綢、茶葉、陶瓷等運到呂宋和馬六甲等地，同歐洲人交換白銀。這種貿易的動力，毫無疑問首先是中國對白銀有非常大的需求。十六世紀末的時候，白銀和黃金在東南亞、印度和歐洲的比價差異極大，歐洲黃金貴而白銀便宜，中國相反。比如說歐洲十四兩白銀換一兩黃金，中國則是七兩白銀換一兩黃金。白銀在中國的價格相對於歐洲市場如此昂貴，顯然是中國對白銀的巨大需求造成的。那麼，中國白銀市場價格高昂而吸引全球白銀流向中國的原因是什麼呢？

一個比較直觀的解釋，是從白銀作為市場流通手段的角度直接引出來的，這就是認為這個時候中國的市場迅速擴展。近年來白銀問題在中國引起熱議，可能是因為弗蘭克的一本書，書名原文是 *Reorient*，意思是重新轉向。翻成中文時改用「白銀資本」為書名，是因為這本書的確非常詳細地講了白銀如何運到中國，和它對中國經濟的影響。王國斌教授在這本書的序言中討論白銀對中國經濟的影響時說：

> 中國在商業經濟的擴張中似乎對白銀有一種無限的渴求。十六世紀和十八世紀大量白銀流入中國照理會引起通貨膨脹，但實際上沒有出現這種情況。這就意味著，中國經濟有能力吸收更多的白銀，擴大手工業者和農民的就業和生產。

他和弗蘭克都認為大量白銀的流入沒有引起通貨膨脹，意味著當時中國有同等甚至更高比率的生產力，進而推論中國經濟中市場的發展有更大的潛力。這是按照一般經濟學的邏輯做的一個推論，但我們要問的是，十六世紀的中國真的有這樣巨大和迅速膨脹的生產力和市場空間嗎？當時中國的經濟真的有這種規模的擴張嗎？明代中國對白銀巨大需求的動力來自哪裏，是市場擴張、經濟增長還是別的領域？從我們在前面講到的關於明代白銀需求量的粗略估算可以看出，當時白銀在中國的流通，大量是在貢賦體系領域，而且流通的方向也是貢賦領域，而做出這樣的估計的主要歷史依據，就是前面討論已經揭示的，當時國家財政資源的獲取、流動和分配，需要大量的白銀作為支付手段。從這個意義出發，我們可以討論白銀怎樣改變了明代以後中國的國家轉型。

四　白銀驅動的國家轉型

基於這樣一種估計，我們認為，在世界市場上流通的大量白銀流入中國，首先是驅動了王朝國家的財政體制轉型，這種轉型可以從一些簡單清楚的變化中看到。我們如在基本古籍庫搜索明朝的文獻，會發現很多「納糧當差」的字眼，意指編戶對國家承當差役的責任。但是，這個概念在清朝的文獻裏面卻消失了。在清朝財政賦稅體制下，編戶對國家承擔的財政責任叫「完納錢糧」。這個看似簡單的差別，隱含著明朝的國家到清朝的國家發生了深刻的轉型。相應發生的一系列變化，也很明顯有跡可循。例如：明代的「稅糧」、「戶役」到清代叫「地丁」；明代地方政府戶口賦役管理最難對付的積弊是「花分詭寄」，到清代則變成了「隱匿田糧」；明代的人戶傾向於把戶的規模拆分，將田寄在別人名下，清代剛好倒過來，戶不但不拆分，反而要做大，要把別人的田弄到自己名下；明代常見的土地問題是「寄莊」，清代則是「不在地主」；明代逃離國家管制的叫「逃戶」，清則似乎沒有逃戶，都叫「流民」了，因為不需要逃脫戶役。所有這些變化，在性質上很關鍵的一點，就是明朝的等級戶稅變為了後來的比例財產（地、丁）稅。

這些變化並不只是一些簡單的用語或現象的改變，其實質是國家的財政體制發生了很深刻的轉變，即由原來的編戶齊民對君主國家的無定額的貢賦供應轉變到以貨幣為基本支付手段的定額化管理的財政體制。明代以後一條鞭法的各種弊病，比如徵收白銀給農民帶來負擔，條外有條、鞭外有鞭的加賦等，都只有在這種新體制下才會發生，才會成為問題。因為在之前的體制下，不存在所謂加賦，朝廷和政府需求，主要由里甲供應，可以隨時令里甲「出辦」。只有後來政府財政運作可以通過計算，有了定額核算制度，加賦才成為問題。同時，也只有在這種新體制下，地方財政才得以逐漸形成，一是漸漸從中央集權財政體制剝離出來，二是地方政府公共事務資源的非財政性來源逐步財政化，這些都是在一條鞭法新體制下啟動的。

更深刻的變化，體現在作為明朝國家體制基礎的里甲戶籍制度的改變上。我們前面講過，明王朝的體制建立在畫地為牢的里甲制上，里甲的基本單位是戶，戶的構成是家戶的人丁事產，這是朱元璋建立的國家體制的基礎。一條鞭法將納糧當差變為按地丁繳納稅糧，引出的轉變，就是里甲的「戶」從家戶變成了登記納稅單位和納稅責任的「稅戶」。要了解這個改變，我們可以比較兩份文件。本來應該用明代的黃冊，但是黃冊正本已經基本無存，我這裏用一份明初編製黃冊之前頒發的戶帖，來看看當時所謂的「戶」由什麼內容構成；另一份是明代後期的實徵冊，反映出當時作為賦稅徵收單位的「戶」的內容發生了什麼變化：

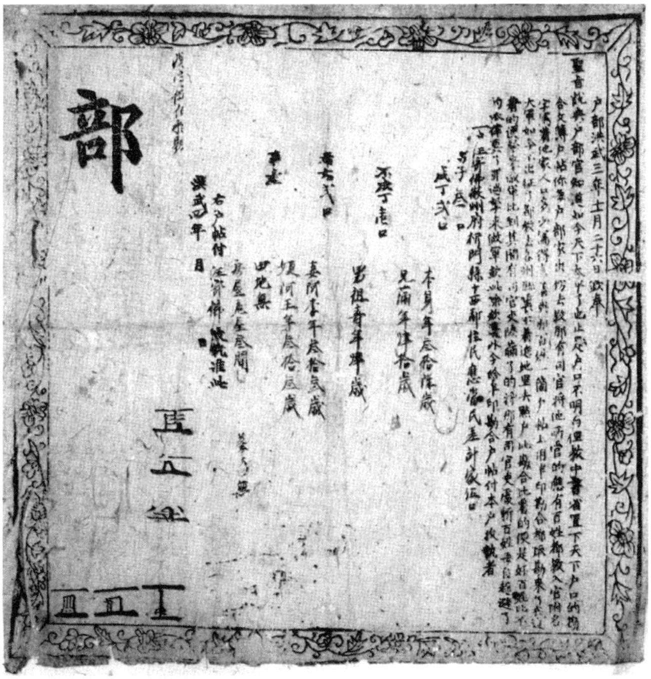

圖 7.1　中國社科院歷史所藏《洪武四年徽州府祁門縣汪寄佛戶帖》〔引自王鈺欣、周紹泉主編：《徽州千年契約文書》（宋元明編）第一卷，花山文藝出版社，一九九一年，第二五頁〕

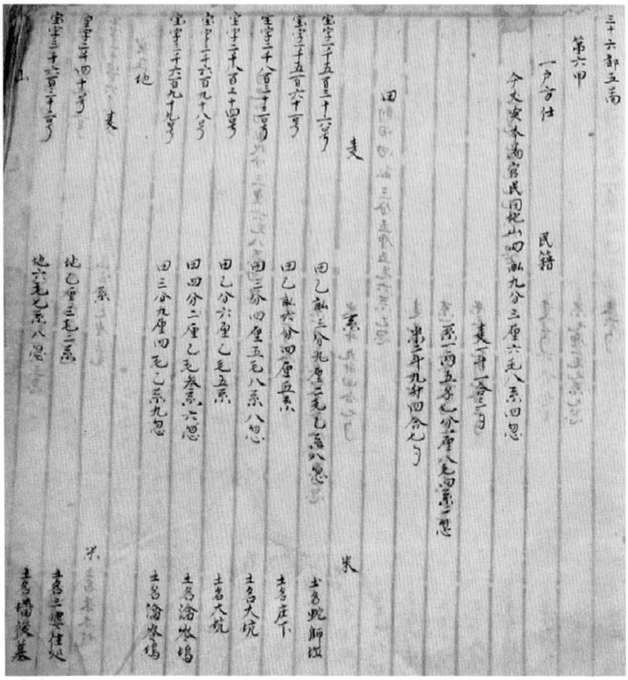

圖 7.2 《萬曆十年歙縣三十六都五圖實徵冊》，中山大學圖書館藏

圖 7.1 是一份戶帖。這一戶裏有「成丁二口」，記錄了戶主本身和兄長的年齡，還有一個「不成丁」，即不滿十六歲的小孩，另有兩名婦女。這幾個人構成了一戶，這是所謂「人丁」；後面還有「事產」，包括了房屋、田地、孳畜。這份戶帖所包含的，就是後來在里甲體制中黃冊登記的基本單位「戶」的內容，由男女人口和財產構成。但是到了萬曆年間，政府需要掌握的「戶」的內容已經變了，如圖 7.2 這份實徵冊所示。

從這份實徵冊中我們可以看到，這一戶屬於該都圖第六甲民籍。戶下登記內容，是土地財產以及稅額。不但登記有田的總數，而且有每一塊田的字號，還有該戶下應承擔的稅額。應該說明，這個時候的黃冊仍然沿襲洪武的樣式，但已經不用作徵稅依據，實際用作徵稅依據的是實徵冊。由此可見，用作徵派賦役依據的冊籍，其中登記的「戶」的內容已經發生了根本的改變，這個變化表明，政府需要掌握的「戶」的內涵已經變了，前者是家戶，後者是納稅賬戶。這種改變具有重要的意義。

隨著「戶」不再是一個承擔差役的「家戶」，而成為一個「納稅戶」，其登記的內容由作為課稅客體的田地和

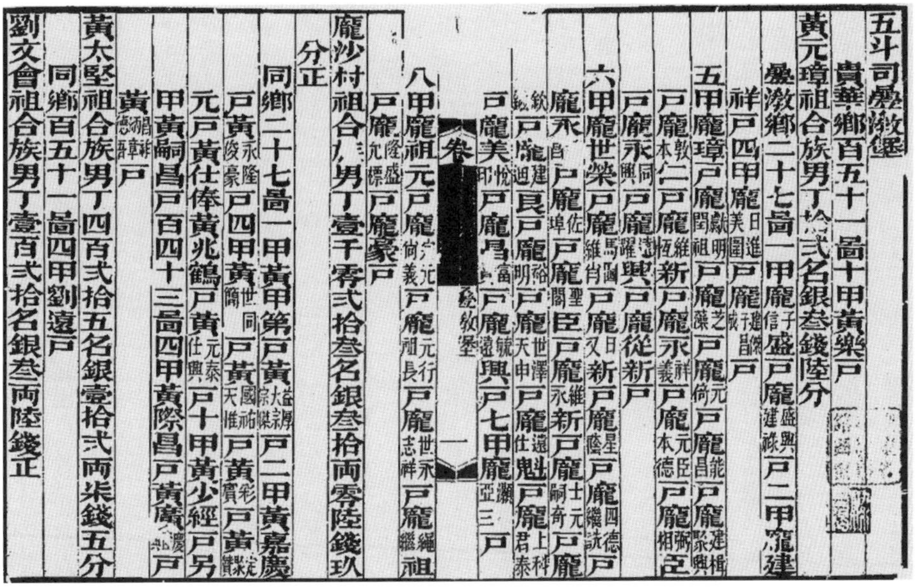

五斗司疊滘堡

貴華鄉百五十一啚十甲黃樂戶

黃元璋祖合族男丁拾式名銀叁錢陸分

疊滘鄉二十七啚一甲龐子信盛戶龐盛興建祿戶二甲龐建

祥戶四甲龐日進美園戶龐[illegible]戶

五甲龐璋戶龐獻明閏祖戶龐芝之藻戶龐元倚戶龐能昌戶龐建楫聚興

戶龐敦本仁戶龐維極新戶龐祥義戶龐元臣本德戶龐弼相臣

戶龐同興戶龐遠躍興戶龐從新戶

六甲龐世榮戶龐馬圖維肖戶龐日又新戶龐星蔭戶龐四德繼詠戶

龐永旹戶龐佐埠戶龐聖闊臣戶龐維永新戶龐士元嗣奇戶龐

欽鎰戶龐建迴良戶龐裕明戶龐世澤天申戶龐遠仕魁戶龐上科君泰

戶龐美悅耶戶龐富[illegible]戶龐號遠興戶七甲龐灝亞三戶

卷一 疊滘堡 一

八甲龐祖元戶龐宗元尚義戶龐元行祖長戶龐世永志祥戶龐繩繼祖

戶龐隆盛允標戶龐豪戶

龐沙村祖合九男丁壹千零式拾叁名銀叁拾兩零陸錢玖

分正

同鄉二十七啚一甲黃甲第戶黃益大淳宗傑戶二甲黃嘉慶

戶黃永隆俊豪戶四甲黃世同簡戶黃國祐天惟戶黃彩寶戶黃定聚贊

元戶黃仕倖黃兆鶴戶黃元泰仕興戶十甲黃少經戶另

甲黃嗣昌戶百四十三啚四甲黃際昌戶黃慶廣[illegible]戶

黃[illegible]戶

黃太堅祖合族男丁四百式拾五名銀壹拾式兩柒錢五分

同鄉百五十一啚四甲劉遠戶

劉文會祖合族男丁壹百式拾名銀叁兩陸錢正

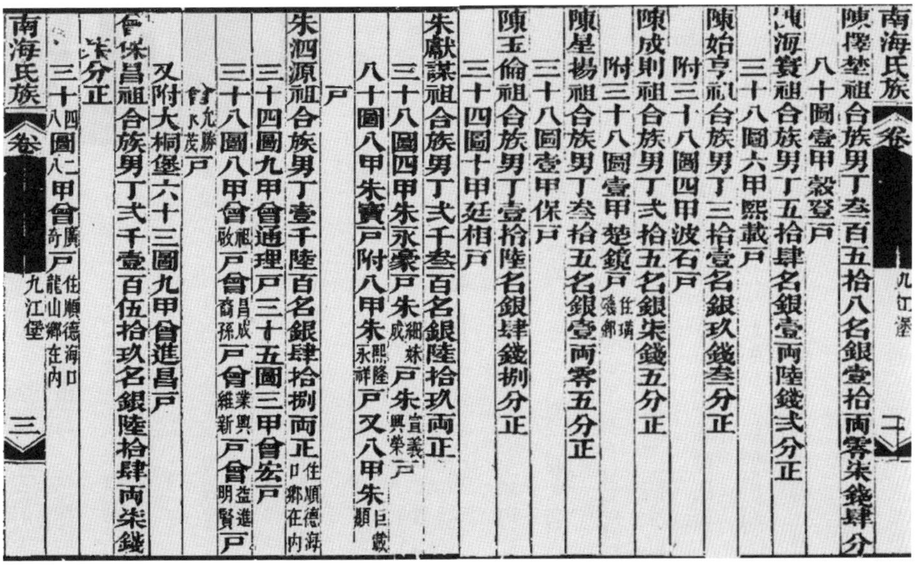

南海氏族 卷 九江堡 二

陳橰埜祖合族男丁叁百五拾八名銀壹拾兩零柒錢肆分

八十圖壹甲穀登戶

陳海寶祖合族男丁五拾肆名銀壹兩陸錢式分正

三十八圖六甲熙載戶

陳始亨祖合族男丁三拾壹名銀玖錢叁分正

附三十八圖四甲波石戶

陳成則祖合族男丁式拾五名銀柒錢五分正

附三十八圖壹甲楚鏡戶任璜張鄉

陳星揚祖合族男丁叁拾五名銀壹兩零五分正

三十八圖壹甲保戶

陳玉倫祖合族男丁壹拾陸名銀肆錢捌分正

三十四圖十甲廷相戶

朱獻謀祖合族男丁式千叁百名銀陸拾玖兩正

三十八圖四甲朱永豪戶朱細妹成戶朱宣義興榮戶

八十圖八甲朱寶戶附八甲朱熙隆永祥戶又八甲朱巨載顯

戶

朱泗源祖合族男丁壹千陸百名銀肆拾捌兩正住順德海口鄉在內

三十四圖九甲曾通理戶三十五圖三甲曾宏戶

三十八圖八甲曾祀敬戶曾昌成裔孫戶曾業興維新戶曾益進明賢戶

曾允勝茂戶

又附大桐堡六十三圖九甲曾進昌戶

曾保昌祖合族男丁式千壹百伍拾玖名銀陸拾肆兩柒錢

柒分正

三十四八圖二八甲曾廣奇戶住順德海口龍山鄉在內

南海氏族 卷 九江堡 三

（上）圖 7.3、（下）圖 7.4 《南海氏族》，現藏於中山圖書館派徵賦稅依據的「糧額」構成，這樣一個戶頭就可以不限於一個家戶，戶裏面包含的社會單元的範圍可以是相當大的。我們來看一些清末的例子，圖 7.3、圖 7.4 是一份清代後期廣東省南海縣戶籍與宗族的記錄。

我們看圖 7.3 中有「龐沙村祖」，整個宗族有一千多個男丁，擁有八十七個「戶」名。所以這裏的戶不是宗族裏面的家戶，而是這一個宗族能夠共同使用的納稅戶口。再看圖 7.4 的例子，其中顯示的是朱獻謀祖，是一個兩千三百人的宗族，只有一個「戶」。這兩個例子看起來差別很大，但反映出同一個原理，就是一個圖甲制下的「戶」不是一個家戶，一個宗族既可以共同擁有很多個「戶」，也可以只有一個「戶」。這個事實意味著，清代的戶籍體制，雖然仍是國家控制編戶的系統，但作為戶籍基本單元的「戶」不再是由自然人或家庭構成，而是納稅客體的登記單位，而這個登記單位，可以由不同的社會組織，根據以不同方式達成的契約關係來控制。在這種戶籍體制下，國家不一定需要直接控制個人或家庭，而是通過控制這些作為登記單位的「戶」來實現國家的權力運作。現在經常講明清以後社會變化的一個趨勢，是基層社會自治化，國家通過向士紳和鄉族組織授權，通過政府與個人之間的中間組織來進行，這樣的一些組織和中介的產生和發揮作用其實就是以戶籍制度的這個變化為前提的。

為什麼如此？因為在原來按戶等攤派差役的登記戶役制度下，如果兩千多人一個戶，這個戶就一定會承擔重役，而重役的全部負擔派下來，這麼大的群體中由誰來應役，是難以解決的。所以明朝人講，當時的情形是：「父子當差，則一日不讓，兄弟應役，則移時不甘。」雖然是父子兄弟，但是當值只能一人輪一日，多一天也不幹。因此在原來的戶役制度下面，是不可能有剛才提到的那種大家族的，有的話也不可能一個大宗族全部登記在一個戶上。所以明朝逃避賦役負擔的主要手法，就是「花分」子戶，把戶拆分細小化，甚至一個家庭都可能分好幾個戶，藉此來逃脫差役。而到一條鞭法後，戶只是登記賦役責任的稅戶，只是一個賬戶，一個戶頭，就可以由多個家庭共同來使用。當然，這些家庭根據什麼原則，不同的主體共同使用一個賬戶的基礎在哪裏，就成為我們認識這個新秩序的關鍵，這個問題不是我今天要講的內容，先擱置起來。

那麼這個國家形態的根本性轉變與白銀有什麼關係呢？

到這裏，我們要回到前面討論過的戶籍賦役制度的變化上。我們不妨概括地回顧一下前面討論的內容。在王朝汲取財富資源的非財政性方式下，明朝各級政府運作的資源，主要來自差役（人力和物力）徵調，而差役徵調的體制，是建立在一個以家戶為單位的承當差役的社會組織系統（里甲）之上的，各級政府根據這個體系中各個家戶的人丁事產多寡（即承當能力的大小）徵調和派辦人力和物質。根據「事役均」的原則，大戶負擔重，小戶負擔輕，其輕重的差距不是按比例攤派，而是以類似累進的方式，重者賠累或至傾家，輕者或悠遊免役。這種體制造成的結果，第一是作為差役供應單位的戶的規模，總是趨向於以小家庭為單位立戶，以讓賦役負擔最小化；第二是政府通過戶籍體系直接控制家戶中的個人；第三是負擔的輕重不可預算，也難以做到均平合理；第四是各級政府及其官員的開支來源是一種無定額的攤派，總的趨勢是不斷增加。這些特點造成了第五，社會上大量的人口脫離國家統治體系，以無籍之徒的社會身份存在；而這樣的狀況，造成的後果是第六，明朝國家的統治模式和社會秩序發生動搖，而中央各衙門和各地的地方官員陸續採用各種變通的方法來獲得行政資源。

各級衙門採用的辦法有一個共同的趨勢，就是藉助可以預算的定額和可以按比例攤徵的一般等價物作為賦稅徵派的核算和支付手段，取代原來的無定額無比例的索取。在一個主要經濟生活和生產系統仍然以實物為主要手段的社會經濟體系下，國家財政資源的獲取要以可計量的方式實現平均化的目標，最有效也最能夠被接受的，是以貨幣為核算和支付手段。在以往歷代王朝，都可以看到這種以貨幣核算為攤派、支付的手段實現民戶負擔「均平」的趨向。但是，過去一直都不可能真正全面實現，除了編戶對君主承擔的貢賦義務不是一種現代國家意義上的稅收之外，很重要的限制，在於缺乏在規模上足夠支撐貢賦全面實現貨幣化的貨幣流通量。而明代中後期白銀大量流入中國，以及白銀作為通貨的特性，恰恰適應了我們前面已經討論的國家財政體制轉變的需要，並反過來成為一種推動力。對這個問題做細緻分析是非常複雜的，在這種口頭演講的場合，我只能把看法提出，深入的討論需要以另外的方式進行。

白銀成為賦役繳納手段後，改變了整個賦稅財政體系的運作機制。明中期開始越來越重要的白銀，主要不是作為流通手段在市場上發揮職能，而更多地作為支付手段，被用於處理權力和資源的再分配。白銀確實被廣泛應用，但流通的結果是白銀大量進入國家權力運作的系統中。這種情況下，白銀流通就不必然伴隨著市場發育，甚至可能導致市場的萎縮。當然，長期來看，白銀作為支付手段進入政府資源運用領域，最終還是一定會拉動市場的擴大。但更值得注意的是，以白銀為運作手段的國家與依賴控制關係來運作的帝國是不一樣的，國家權力與老百姓的關係以及整體的社會結構都發生了轉變。

所以，白銀流通的意義就主要不是在市場和商業領域體現出來，而是在社會和國家結構層面。此前帝國運轉的資源是以國家權力對具體人戶的控制為基礎的，但是這種控制又不是州縣官府對民眾個人的直接控制，而是通過里甲制實現的。納銀之後，老百姓與州縣之間轉變成為類似納稅人和現代國家的關係，國家可以不控制具體實在的家戶，而控制納稅賬戶，這就提供了國家與社會之間產生各種中介力量的空間，以及社會成員之間交往和組織的新可能性。在這個意義上，代替里甲制度而建立新的賦役攤派徵發的組織和機制成為必要、成為可能，並有可能實現普遍化。

我們很難簡單地用國家控制加強或者削弱來描述這個變化，這是國家與社會以及社會成員之間交往方式的結構性轉型，王朝國家跟鄉村基層社會、跟一般的編戶齊民老百姓的關係發生了根本的改變。一個國家或一個王朝，它不可能不控制個人，當它直接控制不了，白銀的運用使它實現控制的時候，就可以靠社會中產生出來的中間組織這一層力量。正因為國家有了這個轉變，鄉村就可以自治，就可以有所謂的自治化。從這個角度來看，這個自治化不是國家的削弱，而是使得後來編戶齊民的性質以及王朝國家統治編戶齊民的機制發生根本的改變。在這種情況下，維持大一統更多是通過鄉村中的禮儀秩序和王朝正統的文化象徵，清朝在這方面是做得最成功的。

結語

明王朝是以王朝國家權力對編戶的控制為基礎的，這種控制以「畫地為牢」的里甲制為基礎，以「配戶當差」的方式實現。在這種體制下，社會經濟的變化，令維繫王朝國家統治秩序基礎的均平原則難以維持。國家不會隨便改變制度，明朝也是講祖宗之法的，但是明朝還有一條原則叫「有治人，無治法」。所以地方官員在不改變王朝制度的前提下，採取了種種權宜變通措施，都朝著利用白銀貨幣作為核算和支付手段的方向發展。

這些措施逐漸匯合為所謂「一條鞭法」，在這種由配戶當差轉變為定額化的貨幣賦稅的新體制下，百姓與政府之間由王朝編戶轉變成為納稅人與國家的關係。王朝國家的統治不是通過直接控制單個家戶，而通過對納稅賬戶的掌控來實現，掌控納稅賬戶絕對不是州縣官和六房書吏可以做到的，因而在國家與社會之間形成了各種新的中介機制，社會成員之間的交往和組織方式也有了更多新的可能。

這些轉變能夠發生，主要是源於地方社會的動力。這和以前自上而下的財政改革不一樣。明朝的自下而上變革的一條鞭法，形成了以白銀為基本核算和支付手段的新財政體制，改變賦役攤派的對象和徵收辦法。這一轉變的意義不在於調整賦稅負擔的輕重，而在於使既成的社會事實整齊劃一。這個既成的社會事實，就是朱元璋建立的通過里甲制度實現的畫地為牢的社會秩序的解體，為清朝之後新的王朝國家形態和社會治理模式奠定了基礎。

清朝也有白銀不足的問題，但是清朝的銅錢發行做得很好，特別是有日本的銅作為支撐，所以清朝在貨幣供應上基本是穩定的。後來也出現了一個嚴重的問題，就是鴉片貿易導致白銀外流。為什麼當時白銀外流不到一千萬兩人們就惶惶不可終日？因為明朝中期以後一直到清朝的國家體制是與貨幣制度密切聯繫在一起的。鴉片戰爭非打不可，不然國本都沒有了，這套體制就運行不下去了。到了清末大家有了更多辦法，包括鑄幣和發行紙幣，等到民國引進銀行制度，那又是另一個世界了。

這樣一個討論最後都會回到明清的國家轉型問題上來。其實包括大一統國家、基層社會自治化和鄉紳支配等，這些東西背後都是可以關聯起來的。最基本的就是轉型之後的新制度提供了中介的空間，基層社會可以通過各種方式組織起來，用各種力量實現國家社會控制的功能。這些年有很多討論說到市民社會、市場化和民族國家等，這些概念肯定不能直接照搬進來，但是它們背後隱藏的一種社會轉型的趨勢還是可以關聯起來進行思考。

剛才講到的變化背後更大的問題是：世界上一半白銀都進來了，明清中國是不是世界體系的一部分？是不是和世界同步的發達國家？我們千萬不要做簡單推理。剛才我講的內容，背後包含著我對明清白銀時代的歷史的一個基本看法。我認為，弗蘭克在《白銀資本》中講，「全球市場的輪子是用白銀的世界性流動來潤滑的」，中國也可以說是白銀的世界流動的一個重要部分，但白銀流入中國以後，主要是在國家統治領域和私人財富佔有中作為支付手段來使用，並轉換為一種財富形態。所以，同弗蘭克這句話相對應地，我們可以說，中華帝國的社會轉型和國家運轉機制，是用主要來自世界市場的白銀來驅動的。此時中國與世界市場的聯繫當然非常緊密，卻不是這個世界體系的一部分，這是我們要認識到的。

由於白銀在中國的流通是在貢賦體制主導下發生的，我們要認識白銀流入對中國歷史的影響，需要研究貢賦體制與市場體制之間的關係，尤其是市場要素、價格機制、貨幣流通方向和速度等問題，都需要聯繫貢賦體制運作來認識。除此以外，明代以後的國家與社會結構，包括集權的政治模式和地方社會的自治化，都由於白銀在貢賦領域的運用而發生了帶有結構轉型性質的改變。這個改變，形成了我們今天所謂的「傳統社會」的基本架構。

推薦閱讀

- 劉志偉編：《梁方仲文集》，中山大學出版社，二〇〇四年
- 全漢昇：《明清經濟史研究》，聯經出版事業公司，一九八七年
- 森正夫：《明代江南土地制度研究》，江蘇人民出版社，二〇一四年
- 邱永志：《「白銀時代」的落地：明代貨幣白銀化與銀錢並行格局的形成》，社會科學文獻出版社，二〇一九年
- 劉志偉：《貢賦體制與市場——明清社會經濟史論稿》，中華書局，二〇一九年

第八講

「大一統」的命運

從「康乾盛世」到「晚清變革」

楊念群

我今天要講的題目叫作「大一統」的命運。為什麼要用這個題目做演講主題？因為我比較關心的一個問題是，在以朝代更替為主要線索的中國歷史敘述譜系中，清朝作為一個異族政權與過去以漢人統治為中心的朝代到底有什麼區別？它最突出的特點是什麼？這是我們研究清史時所面臨的最大挑戰。我給出的答案實際就隱藏在「大一統」的命運這個標題裏面。我認為清朝和前朝最不一樣的地方就是真正實現了「大一統」的統治格局，這種統治格局及其實踐不僅表現在國家或地方的「治理」層面，而且在「正統性」的構造等方面也有嶄新的建樹。今天的講座，我想從四個方面給大家重新梳理一遍清史，並嘗試解釋清朝統治的特點。

我們首先會概括提煉出清朝有別於前朝的若干特徵，然後對如何評價所謂「康乾盛世」提出一些不同的看法。一提起康雍乾三帝的統治，大家的腦海裏可能立刻會出現一個直觀反應，覺得那是一個極盛的時代，但它到底是不是盛世或者說這個盛世到底有多少含金量，其實仍需要我們重新加以解讀。乾隆時期過後，清朝開始慢慢由盛轉衰，直到西方勢力大舉入侵，最終誘發了晚清變革，那麼晚清變革的發生及其特點到底是什麼？清朝皇帝與官僚士人對變革的態度，如何從被動接受轉變成一種自覺意識？都需要加以分析。最後我想簡單討論一下「新清史」的研究方法及其得失。最近幾年美國流行一個研究派別叫「新清史」，想從「內亞史」的視角對清史進行一個全新的解釋，那麼，他們的新觀點到底有何啟發，在多大程度上能夠成立，則是需要仔細加以研判辨析的課題。

一　清朝有別於前朝的四個特點

1.「大一統」的真正實現

清朝統治有別於前朝的第一個特點就是實現了有史以來真正意義上的「大一統」。這個「大一統」局面究竟實現到了什麼程度？主要就表現在對邊疆地區的實際控制和治理達到了歷史上的最高水平。大家可能會問：元朝是否也實現了「大一統」呢？元朝的統治面積確實比清朝大很多，但是它的實際控制和治理程度遠沒有達到清朝的水平，特別是沒有建立起與前朝相銜接的「正統性」，這是只有清朝才真正實現了「大一統」的一個重要原因。

我們可以先從疆域規模的大小來做些比較。根據葛劍雄教授的統計，中國古代「分裂」的時間要多於「統一」的時間。以唐朝為例，唐朝統治的時間大約是二百八十九年，其中只有一百三十一年是統一的，其餘時間唐朝領土都由藩鎮割據並被吐蕃、南詔等勢力分割，統一時間只佔唐朝的百分之四十五，分裂時間則長達一百五十八年。與之相比，清朝統一的時間是一百八十六年，佔二百六十八年的百分之六十九，是中國歷史上統一時間最長的朝代。所以僅僅從統一時間上來說，清朝也達到了歷朝的最高峰。

明清兩代的疆域差別非常大，圖8.1是明代疆域圖，我們可以看到明代北面的一大片土地都被元朝的蒙古殘部所佔據，西北部新疆地區也是蒙古控制的勢力範圍，東北是女真實際控制的地區。所以明代的疆域大體上是和蒙古人與女真的統治地區平分秋色的。

再看清朝的疆域。清朝把蒙古各部當時佔據的區域全部合併在了一起，形成了完整統一的廣大疆域。我們從地圖上直觀來看，明代的領土面積大致只有清朝的一半。

我們經常把「大一統」當作口頭禪，那究竟什麼是大一統呢？我認為「大一統」至少包含三個要素：第一是必須佔有最廣闊的土地空間，也就是說統治的疆域必須足夠大。第二是擁有廣大疆域的政權還必須擁有正統性，維持秩序不能僅僅依賴暴力征服控制所有的地區，統治者必須說清楚他擁有某塊土地的理由是什麼，必須為軍事佔領尋找到文化上的根據，這就是「正統性」的含義之所在，或者用現在時髦的法律語言說就是要擁有某種合法性或正當性。當然，中國王朝建立「正統性」不是憑藉現在所說的法律意識和規範，而是必須尊重數千年積累下來的構建王朝體系的一系列制度安排和文化底蘊，這種制度安排既是實在的政治舉措，也是帶有象徵意義的文化建構；皇家甚至要持續舉行許多看上去比較形式化的禮儀，由此才能構造出一種對前朝傳統的認同感。第三個要素是王朝的統治必須具備足夠的德性。古代文人常講「王霸之辨」，說的就是利用霸道佔領土地和以王道進行治理是兩個完全不同的概念。

一個王朝要同時擁有這三個「大一統」的要素是非

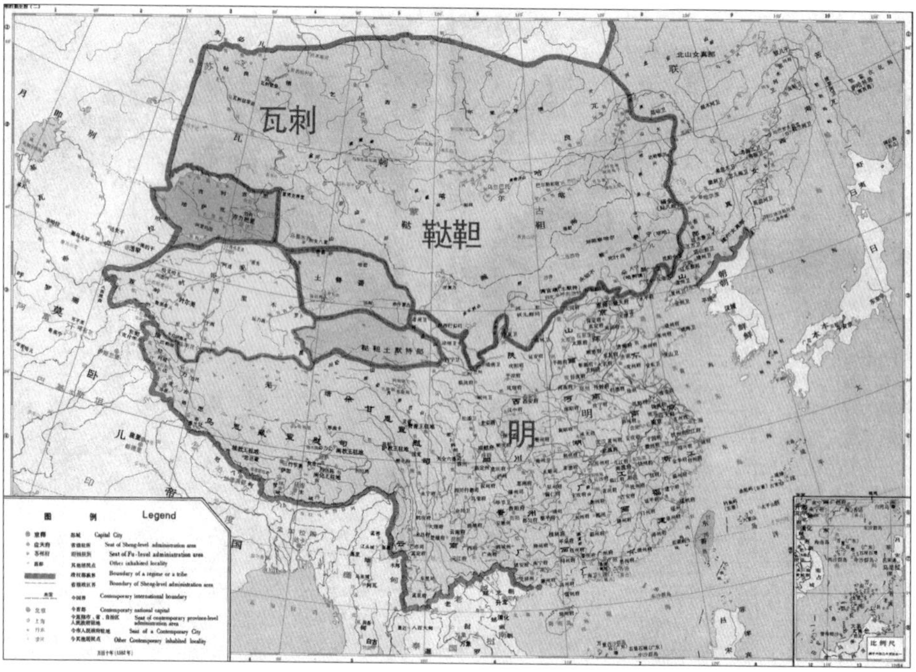

圖 8.1　明代疆域圖（萬曆十年，一五八二年）（譚其驤主編：《中國歷史地圖集》第七冊，中國地圖出版社，一九九六年）

圖 8.2　清代疆域圖（嘉慶二十五年，一八二〇年）（譚其驤主編：《中國歷史地圖集》第八冊，中國地圖出版社，一九九六年）

常困難的，所以我想提出的第二個問題是：為什麼清朝以前的各朝代都實現不了大一統的局面，而清朝卻做到了？我認為核心問題是以往的朝代無法處理好作為核心的「中國」族群與處於邊緣的「夷狄」族群之間的關係，歷朝歷代總是陷入無休無止的「夷夏之辨」，漢人也經常與周邊異族發生戰爭。比如說，漢代與匈奴，唐朝與突厥，宋、明與蒙古、女真，都長期處於對峙狀態。尤其是宋朝，領土越打越小，從北宋開始就和遼人纏鬥不休，南宋又跟金人打得昏天黑地，最後被趕到了東南比較狹小的地區。為什麼到了宋朝儒學才突然興盛起來？儒家為什麼到這時候才構想出一個脈絡清晰的「道統」譜系？就是因為宋代皇帝和士人都抱有一種文化補償心理，它在疆域佔領和控制方面的能力相對比較差，軍事實力相對比較弱，所以只能仰賴文化教化的力量，靠弘揚道統把「大一統」的第三要素即「德性」因素發揚到極致，來彌補疆域控制能力的不足。宋代的皇帝都深具文人氣質，你看宋徽宗畫得一手好畫，寫得一手好字，宋朝也被認為是君臣關係相處最為融洽的一個時代，甚至產生了士人與君主共治天下的說法，這雖然基本是一種幻覺，但也包含部分事實。所以宋代以後儒家才開始有了更多的拓展空間，儒學理念真正從上層下滲到了基層社會，成為普通民眾遵循的信條。

和對道統的重構相平行，宋代夷夏之辨的觀念當時也頗為流行，「非我族類，其心必異」的思想在士人的頭腦中佔據著重要地位。而他們之所以把金人和遼人當作沒有文化的野蠻人，就是因為金和遼的軍事實力都比較強大，導致宋人在心理上一直陷於自卑，產生了一種文化補償心理，既然軍事上打不贏，就一定要在文化上戰勝對方。在大一統三個要素中，宋朝實際上只佔兩個，甚至可能連兩個都沒有，這是宋代實現不了大一統的原因。明代的情況與宋代有一點類似，明代北方一直有蒙古殘餘勢力持續構成威脅，最後居然發生了「土木之變」，明英宗被蒙古瓦剌擄俘而去，重演了宋朝徽、欽二帝的悲劇，明朝上下為此感到羞憤不已，因此也導致明代士人的夷夏對立意識非常強烈，這與明朝在處理疆域問題上捉襟見肘的窘態有關。無法擁有足夠廣闊的疆域是宋明士大夫共同擁有的集體歷史記憶，所以他們通過弘揚儒家道統來彌補疆域缺失帶來的心理陰影。我認為這是清以前的宋明實現不了大一統的深層文化原因。

明史專家顧誠先生曾提出明朝和北方的瓦剌、東北方的滿人構成了對峙關係，基本上是以防禦的態勢來構架整個疆域格局，這是明朝與清朝最重要的一個區別。顧先生認為明朝實際上有兩個體系，一個是六部和州府縣的體系，也就是內地化的體制；另一個是五軍都督府、都指揮使司和衛所系統，這是一套軍事體系。軍事體系和內地的州府縣體系形成雙軌制，對外是軍事，對內是州縣。這種佈局在明代地圖上呈現得非常明顯：邊疆地區依靠軍事體制佈防，沿長城一線基本上由衛所和都指揮使控制，東北地區雖然設立了奴兒干都司，其實際控制權卻最終落入了滿人之手，與內地的州縣體制完全不一樣。明朝實施的雙軌制造成了非常大的錯位和困擾，兩個系統的人口和耕地統計嚴重脫節，而且這兩個完全不同的體系不斷發生衝突，所以明朝在疆域控制上根本無法實現真正的大一統。

2. 清朝的「二元正統性」

那麼，清朝為什麼能夠實現如此廣大的疆域控制呢？

我的看法是，滿人與漢人相比是異族，又居於塞外之地，歷史上像匈奴、突厥、契丹、女真、蒙古這些少數族群，都曾以關外部族的身份主動通過軍事兼併擴大領地。也就是說作為邊緣的小規模族群，為了生存的需要他們必須不斷通過軍事征伐向外擴張，以謀取生存權。以中原和江南為中心的傳統中國區域則一直採取退守、防禦的姿態。滿人入主中原後，清廷依然採取向周邊擴展進取的策略，在佔領足夠大的疆域之後再按各地的習俗分而治之。清廷視周邊民族地區與中原為一體，卻在治理政策上具有高度的靈活性，如在蒙古地區實行盟旗制，在新疆地區實行伯克制，也就是一種遴選當地貴族作為首領的制度，在西南實行土司制度，在藏區實施達賴和班禪為首的政教合一制度。

與此同時，清廷又在邊疆地區直接派遣將領，加強軍事管理，如在漠北蒙古設烏里雅蘇台將軍、庫倫辦事大臣，在新疆設伊犁將軍、烏魯木齊都統，在西藏設駐藏大臣等，都是直接控制而不是通過「羈縻」的方式進行管理。「羈縻」是指全部使用當地首領負責本地治理，中央政權完全不加干預。大家知道，唐朝大致有三百多個內地州，卻有八百多個羈縻州，也就是說，唐代大多數的地盤是任命地方首領進行間接統治的。但是清廷慢慢改變了策略，開始考慮把自己的觸角延伸到內地以外的藩部地區，實行直接統治，比如對西南地區採取改土歸流政策，這是與前朝相當不一樣的統治策略。之所以能夠做到這一點，乃是因為滿人本身就屬於異族身份，他們最初也是由關外荒蠻地帶進入漢人中心統治地區的，因此，對同樣生活在邊緣地帶的其他少數族群更有設身處地的了解。

清朝在廣大地區進行直接滲入式控制的同時，在如何建立其「正統性」方面實施的是「二元統治」模式，它一方面會繼承內地的漢人文化傳統，通過弘揚儒家道統禮儀的方式進行統治；同時滿洲皇帝又尊崇藏傳佛教，在蒙古和西藏等藩部地區實施其宗教化的治理策略，因此，滿人的統治格局明顯存在內外之別。

清朝在內地的統治相當程度上繼承了明代制度。它繼承前代的禮儀文化，通過祭孔、科舉等手段收編漢族士人，把自己的正統性建立在與前朝接續的基礎之上。此外，它還把士人擁有的宋明以來的儒家道統收歸王權控制，實現了道統與政統的合一。宋明儒家認為道統是歸士人掌控的，而政統則歸統治者所有，二者是分開的，所以士人有教化王者的使命。但是在清朝，「政」與「道」實現了合二為一，這實際上就改變了宋、明以來君主與士人之間相對融洽和諧的關係。以康熙的經筵御講為例，在講官講授儒家經典的過程中，康熙帝習慣不斷地插話，到最後終於變得不耐煩起來，說你講的還不如我講的有道理，乾脆要求交換位置，原來教化王者的士人變成了被教導的對象。皇帝與士人經筵御講身份的倒轉，最終實現了道統與政統的合一，兩種權力全部集中到了皇帝一人的身上。這對於中國文化發展的影響是非常深遠的，其後果是整個士林對儒家傳統的理解隨之發生了質的變化。

而在藩部等邊疆地區，清朝建立了另一個「正統性」，其內涵和性質完全有別於內地的儒家道統。清朝皇帝把蒙古宗教領袖哲布尊丹巴奉為國師，並與達賴、班禪等西藏宗教領袖建立了新型的政教交往關係。清朝皇帝也被奉為「轉輪王」或「文殊菩薩」，實際上等於把藩部的宗教信仰當作與內地儒教禮秩相等同的精神支柱，以便籠絡和控制藩部的貴族和宗教領袖，同時也就從文化心理上間接地把藩部民眾收攏進了清朝的統治版圖，藉助其宗教信仰鞏固了對邊疆地區的控制。所以我認為宋、明等

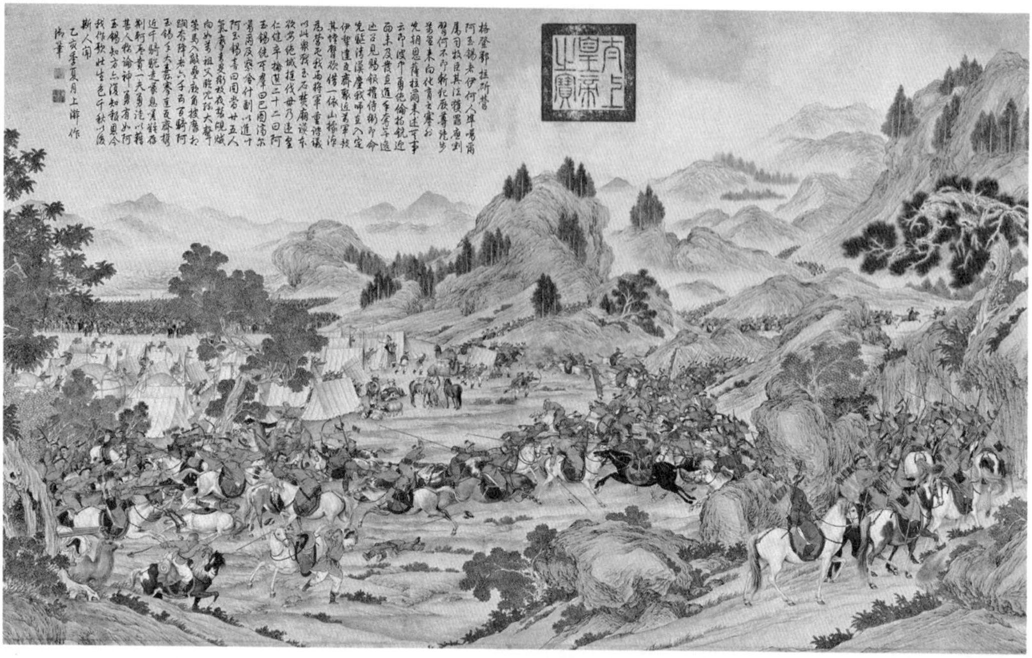

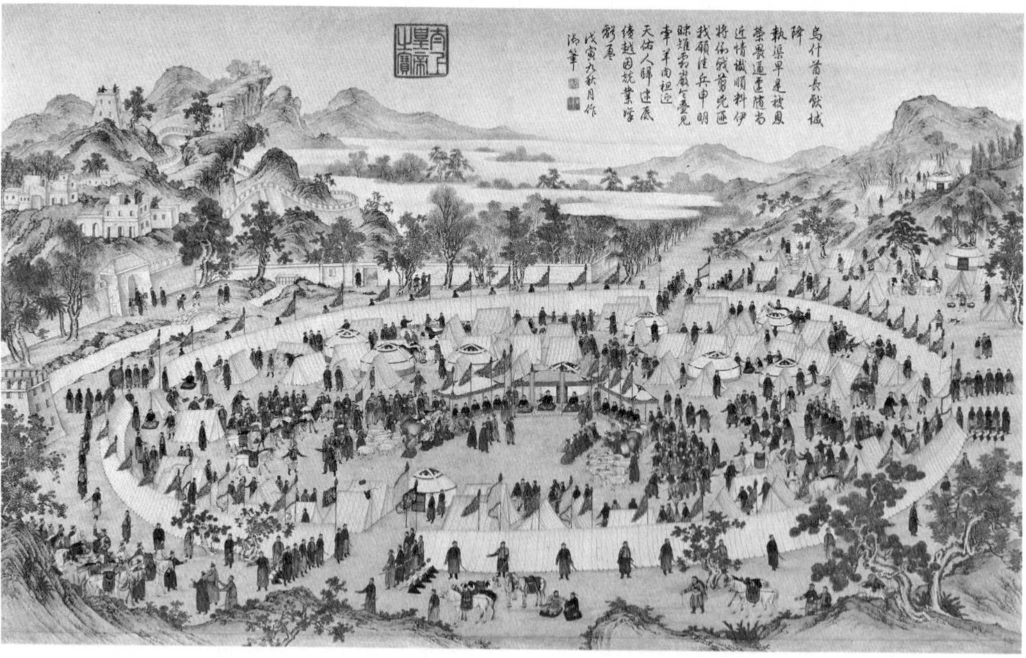

（上）圖 8.3　御題格登鄂拉斫營之戰。郎世寧等繪銅版組畫《乾隆平定準部回部戰圖》之一
（下）圖 8.4　烏什酋長獻城降。郎世寧等繪銅版組畫《乾隆平定準部回部戰圖》之一

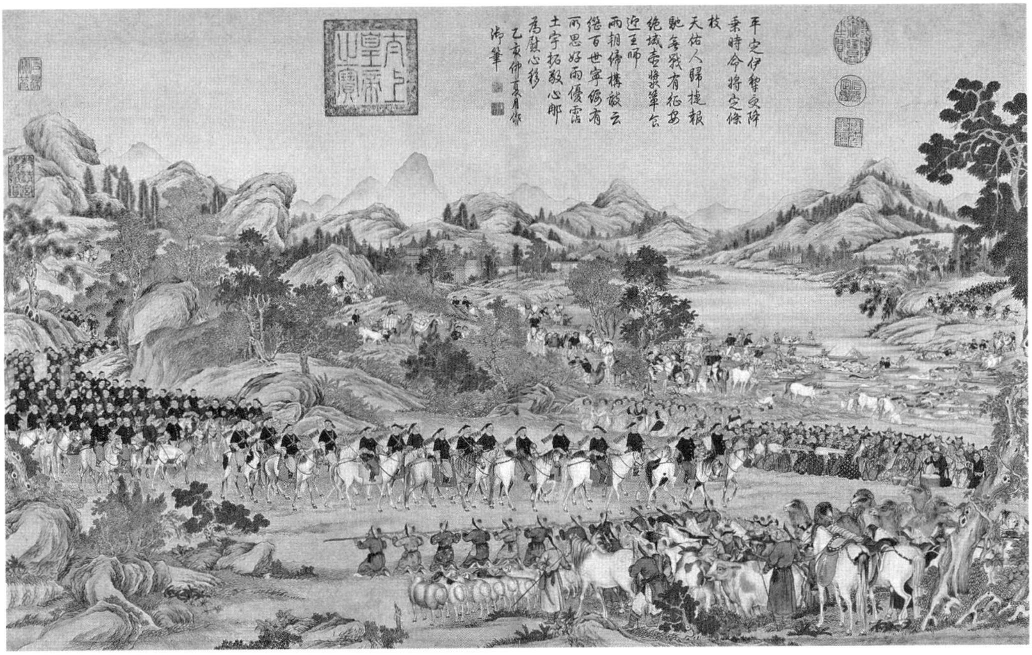

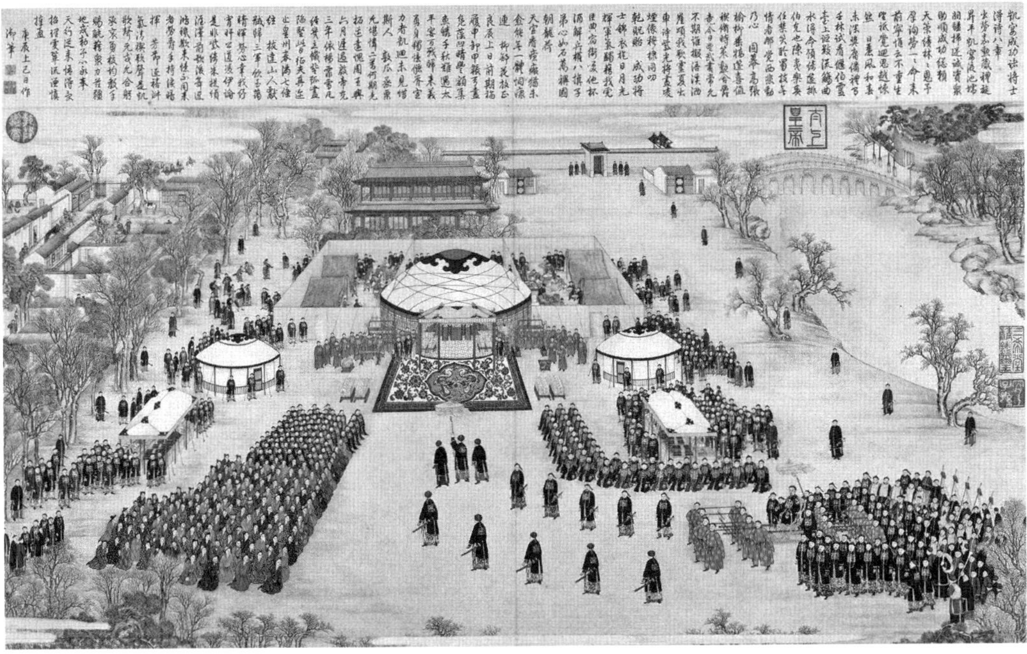

（上）圖 8.5　平定伊犁受降。郎世寧等繪銅版組畫《乾隆平定準部回部戰圖》之一

（下）圖 8.6　凱宴成功諸將士。郎世寧等繪銅版組畫《乾隆平定準部回部戰圖》之一

漢人王朝，只是在內地以儒教秩序為基礎單一地建立了一套「正統性」的運行規則，而清朝則在藩部建立了另一套「正統性」儀軌，因此清朝皇帝同時擁有兩種「正統性」，這與其控制內地和邊疆的空間「大一統」政治地緣格局是相一致的。

圖 8.3 至圖 8.6 是郎世寧繪《乾隆平定準部回部戰圖》的一部分，表現的是伊犁受降（圖 8.5）、大宴功臣（圖 8.6）等場面，從中可以看出清廷和其他少數民族之間怎樣相處——清朝通過聯姻、封爵、宴賜等手段，聯絡邊疆少數族群的王公貴族。

就大一統的第三個因素即德性的擁有而言，自清朝開始最重要的一個變化就是統治者大力培育基層宗族組織，通過修纂族譜、敬拜祖先的方式，把同姓同宗的人群聚合起來，即所謂「敬宗收族」，把儒家倫理通過基層教化的途徑滲透到民間社會。乾隆帝曾經反覆說到「教養」的重要性，就是鼓勵經過先教後養的步驟形成對基層社會的管轄權。

一旦把這些因素全部集中起來，清朝就實現了大一統三要素的整合，即擁有最廣闊的疆域，對前朝正統性予以合理繼承並加以變通，創造性地建立起了「二元正統性」，以及對德性民心的佔有和收束。

3. 什麼是「八旗制度」

清朝有別於前代的第二個特點是「八旗制度」的建立。八旗制度是滿人獨有的集政治、軍事和經濟於一體的集團體系，對清朝統治模式形成了巨大影響，使其完全不同於漢人建立的王朝運行機制。圖 8.7 展示了八旗制度的基本框架：

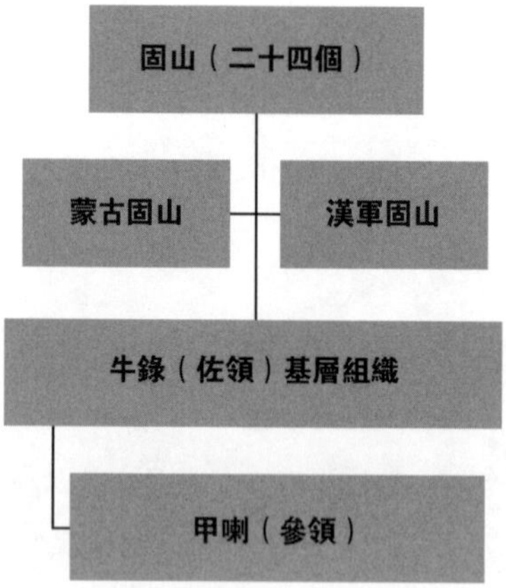

圖 8.7　八旗制度的基本框架

所謂「八旗」，簡單地說就是一種部落貴族民主分封制。最初滿人在東北地區崛起時是以部落組織的形式從事各類活動，八旗指的是八個地位最高的貴族，通過分封制下的軍事—行政—生產一體化的多功能組織結合在一起。八旗制的最初框架是軍事、行政、生產三位一體，但是生產這個功能在入關以後逐步消失了，因為八旗子弟入關之後紛紛轉變為特權階層，只會享受，不事生產。「固山」即滿語中的旗，原來分成八個部分，後來加入了蒙古和漢軍，形成二十四旗。旗下面有作為基層組織的牛錄（佐領），最下面是甲喇（參領），構成一個等級分明的社會組織。八旗設置的基本意圖是想造就八旗共治國政的局面，八旗在議事的時候平等協商，相互制衡，這樣就可有效地制約被推舉為共主的旗主，不允許每一旗主擁有兩旗以上的過強勢力，以防止家族發生內訌。皇太極確立八旗分封制後的最重要特點，就是旗主對屬下旗人具有私領性，也就是把下面的人當家奴一樣對待，每旗旗主有權把本人領有的牛錄再分給自己的子孫，皇太極也無權干預。

根據杜家驥教授的概括，八旗的「八分體制」包含以下內容：一、八旗各自擁立旗主，分置官署辦公，本旗人擔任本旗官。八旗共議國政，人口、財產在八家間均分。二、「八分」是一種特權，「入八分」就意味著有參與議政、處理軍國要務的權力，只有貴族貝勒才有資格加入其中。三、八家所得均分之物，由各旗入八分的宗室貴族進行再分配，不入八分的宗室貴族則沒有此特權，也就是只有嫡出者才具有入八分的資格。四、「內藩」與「外藩」的區別。八旗內所屬各旗包括蒙古、漢軍旗領屬的地界屬「內藩」，各部落蒙古札薩克王公所領蒙古部旗及朝鮮屬「外藩」，形成一個內外有別的圈層等級秩序。五、不同於西周分封，清朝的受封者並沒有實際領地，所分莊園土地只具經濟意義，不是封國領地。各旗兵之駐防地只具軍事意義，受封者只對所領旗、牛錄下的旗人具有私領權，宗室旗主聚居京城，不是地方邦國的國君，這樣就不可能形成地方諸侯割據，進而對中央政權構成威脅。六、受封者與屬下人構成主奴關係，後者對前者有一定的人身依附，包括皇帝與大臣之間也是主子與奴才之間的關係。

原本清朝規定滿人大臣一定要自稱奴才，漢人大臣不一定要自稱奴才。但漢人大臣為了討好皇帝也稱自己是奴才，忘記這一點就會招致麻煩。某次兩個滿人大臣和一個漢人大臣聯袂給乾隆上奏摺，結果兩個滿人大臣自稱奴才，漢人大臣自稱臣。乾隆就質疑漢人大臣說，如果你單獨給我上奏摺是可以稱臣的，但是因為你們三人一起上摺子，另外兩個滿人大臣自稱奴才而你卻稱臣，用心何在？這個故事說明滿人皇帝對主奴稱謂的使用具有高度的敏感性。

有關八旗制度設置的得失及其影響，大致可概括出三方面內容。

其一，宗室藩王聚居京城而不是分封地方，這是入關前同姓分封制的延續，因而清代未發生西漢「七國之亂」、晉代「八王之亂」、明代「靖難之役」這樣的同姓宗藩相互殘殺的悲劇。地方上有異姓藩王也就是八旗制下的漢軍旗叛亂，如「三藩之亂」，但聚居在京城的同姓宗藩無力造反，沒有同姓藩王之變是清朝與漢族王朝正好相反的重要特點。這一特點非常重要，直接會影響到清朝的政治穩定性。

其二，八旗宗室領主、大臣聯旗共議國政，形成所謂議政王大臣會議，保證「入八分」的旗主都有權力參政議政。其結果是保證了宗室對國事的參與權，同時抑制了皇權作用的發揮，導致清朝前期皇權不振。康熙早年受鼇拜等人威脅，自己的想法施展不開，就是議政王大臣會議即所謂「入八分」的體制限制了他的權力。但是，議政王的世襲根本無法保證議政人員的素質，經常出現庸才尸位素餐的情況，這也是後來議政王大臣會議逐漸衰落的原因。

其三，八旗制度下形成的君臣關係的主奴性，造成旗人官員的身份相當低賤，即使是位極人臣的大臣對皇上也要自稱「奴才」，這樣就對官員的為官性格和言行方式產生了巨大制約作用，容易培養出一幫唯唯諾諾、缺乏自主性的平庸官僚，嚴苛的主奴身份決定了大多數清朝官員身上普遍具有奴性氣質。

4. 軍機處的設置與密摺制度的形成

清朝有別於前朝的第三個特點是軍機處的設置，這是對漢人的皇權—內閣互動體制的挑戰。明朝基本上實行的是皇權支配下的內閣負責制，只是因為好幾任皇帝都不理朝政，同時也不設宰相，所以朝政基本由內閣控制，內閣中設有領銜的首輔大臣，比如張居正權力就非常大，基本上可以代替皇帝處理很多軍政要務。但是在清朝，內閣的決策職能被嚴重削弱，由軍機處取而代之。清初世襲的議政王大臣庸才居多，一代不如一代，為官資質受到質疑，故慢慢被疏遠；同時議政王大臣會議又常常掣肘皇帝的權威，在形式上對皇權的集中構成威脅，導致政令行使效率過低。朝野上下都認為需要改革，經過幾代皇帝的摸索，清朝逐步形成了內廷與外朝分立的格局。

據白彬菊的研究，內廷與外朝分立格局的形成大體有四個要點：

第一，內廷的軍事化需求增加，雍正時期最重要的大事就是對新疆地區的準噶爾戰爭，所以特別設立了戶部軍需房與辦理軍需大臣。其特點是這些職位具有臨時性，不是常設機構，皇帝只挑選少量的內廷代理人。

第二，乾隆時期內廷機構越來越常規化。總理事務王大臣的職責擴大了數倍，不僅限於軍事籌劃和執行，還涉及米價、倉儲、賑濟、水利、官員彈劾、祭典程式等繁雜內容。雍正朝與乾隆朝的區別在於，一個是「分立」，一個是「合併」。雍正多疑，猜忌心很重，選擇了幾個辦理軍機大臣，讓他們分別辦各自的事情；但是到了乾隆時期，所有的分立系統「合併」在一起。一個是臨時性機構，一個是永久性機構，最後過渡到了軍機處。「軍機」既可表示「軍務」，也可表示「政務」。大家如果去故宮參觀，還可以看到軍機處的舊址，是一個很簡陋的平房。

第三，密摺制度的形成。以往外朝如內閣和六部（吏、戶、禮、兵、刑、工）處理文件的程序沿襲自明朝，即通過閱讀題本，提出意見，但這個程序一是走流程時間過長，效率偏低，最關鍵的問題是題本內容往往在邸報上公開，保密性很差。密摺則是皇帝只與自己精心挑選出的臣屬保持聯絡的一種特殊方式，相互來往通過廷寄而非明發的渠道進行溝通，保證了信息傳播的私密性，實際成為皇帝控制官僚心理的一種有效手段。密摺能私密到什麼程度呢？舉個例子，雍正在給年羹堯的朱批中說：「朕實在想卿，但有點意見。」在給田文鏡的朱批中說：「朕就是這樣的漢子！」以前很難想象皇帝會像對待朋友兄弟一樣和臣下如此輕鬆隨意地聊天，語態近乎撒嬌，可見這種私密語言是一種調控臣子心理的手段，讓這些奴才因感激涕零而為皇帝忠心效命。

第四，軍機處本身是一個隱秘的秘書班子，密摺——軍機制度也是在這個特殊環境中產生和運作的，這樣有利於皇帝集中權力，使之逐漸擺脫相對原始的「入八分」議政王大臣會議對皇權的制約，促使官僚體系的管理更加有效率和規範化。同時外朝的題本也逐漸變得可有可無，內閣只限於處理日常瑣事，機密政務全部由內廷的軍機處予以掌控。在這個意義上，清朝實現了空前高度的集權，這也是前朝所沒有的特點。

5. 清朝遭遇前所未有的西方挑戰

清朝有別於前朝的第四個特點是西方的衝擊達到了前所未有的廣度和深度。如果按照以往教科書的時間劃分，一八四〇年以後西方衝擊的力度逐漸增強，改變了中國歷朝延續下來的一些制度和體系，可以說是三千年未有之奇變。一方面西方勢力滲透的範圍逐漸擴大，明末利瑪竇等耶穌會士只是在朝廷上層傳教，帶來的西方先進知識十分有限，即使到了乾隆朝英國馬戛爾尼使華時期，像哥白尼「日心說」等先進的西學知識也尚未系統傳入中國，更不用說轉化成具體的科技成果了。第一次鴉片戰爭簽訂《南京條約》也只准許洋人在五個通商口岸活動，但是到了第二次鴉片戰爭簽訂《天津條約》以後，原本只能在口岸活動的外國人從此慢慢開始到內地自由傳教遊歷，這是一個非常重要的轉折點，極大地影響了清朝基層組織狀況和老百姓的日常生活。可以想象一下，一個村子突然來了幾個面目奇特的洋人，又憑空多出幾座教堂，裏面經常從事一些中國百姓完全陌生的宗教活動，這對一個熟人社會的衝擊和震撼將有多大。

西方勢力從沿海口岸向內地的擴展，一波一波地改變了從上層士人到下層民眾的觀念和生活。具體來說有四點變化：

第一，「天下觀」開始動搖。人們忽然發現中國不是一個可以把全世界包容於治下的至大無外的空間，而僅僅是國際秩序中的一員。中國知識人對世界的認知發生了從差序格局到全球秩序的演變，他們的思想開始逐步從唯我獨尊的「文化主義」向抗侮圖強的「民族主義」轉化。

第二，「大一統」觀念逐步瓦解。開始認識到「國」

大末必就是好，人們發現，鴉片戰爭以後把中國打得慘敗的全是一些小國。本來大一統的第一要素就是疆域遼闊，但在與小國屢戰屢敗的情況下，人們開始反思是否疆域廣大就一定是件好事，進而批評「大一統」抑制競爭，缺乏活力，所以就有了多種建國方案的提出。比如地方自治、聯邦制、社區實驗等構想紛紛出台，圍繞這些不同方案有過非常多的討論和爭議。

第三，「進化論」思維的影響逐步擴大，開始替代「黃金三代」論和「文質之辨」論。中國的歷史觀一直習慣於向後看，人們總認為，時代越古老文化越高明，夏商周三代是最值得效仿的朝代；古人還流傳下來一種「文質之辨」論，這種理論認為由文到質、由質轉文是一個不斷循環的過程。文是文雅，質是質樸，過於文雅顯得太雕琢，過於質樸又顯得太野蠻，所以歷史進程總在兩者的循環中不斷推演嬗變。但是進化論一旦被引入進來，這些說法都變得無效了。進化論認為世界歷史的演進有一個起點，中間經過因果關係的連接，最後的發展目標必然指向未來，越是未來的事情就越好，未來的事物才是我們應該向往追求的目標，直到現在我們的整體思維方式都受到進化論的強烈影響，這種影響的源頭完全可以追溯到清末變革。

第四，城市「商會」組織的出現，也就是一種具有現代經濟特質的組織的出現，導致晚清商業與金融體系發生巨大變化。隨著科舉制度的廢除，士農工商四民社會趨於解體，士紳階層逐漸退出歷史舞台。

二　如何評價「康乾盛世」

1.「西師」與「南巡」的意義

大家對「康乾盛世」這四個字似乎已經耳熟能詳，大意是指康熙、雍正、乾隆三個皇帝統治時期，清朝所達到的鼎盛階段。但到底什麼是「康乾盛世」，還是需要進行一些說明和解釋的。就時間來說，「康乾盛世」一般是指康熙二十三年（一六八四年）到嘉慶四年（一七九九年）這個時間段。為什麼指這個時間段？因為康熙繼位的時候年歲太小，三藩之亂的時候，吳三桂的勢力非常大，當時深陷鏖戰之中的康熙帝並沒有必勝的把握，他的統治根基也沒有達到足夠穩固的程度。直到平三藩和收復台灣之後，康熙帝基本可以安下心來穩定地實施各項建設計劃，清朝也集中在這一時期取得了不少成就，所以從康熙二十三年直到嘉慶四年大致一百一十五年的時間是清朝最為輝煌的時期，也被看作中國古代最後一個盛世。

一般我們說「漢唐氣象」與「元朝大一統」可稱「盛世」。但「漢唐」雖文化鼎盛，卻疆域不靖，控制區域的界線總是在搖擺移動；唐朝在藩鎮之亂後更是大傷元氣，難稱一統。元朝雖擁有廣大國土，但在文化成就和治理方略方面卻多有缺失，為後世所詬病，其存在時間也很短，只有九十多年，還不到康乾盛世的年份長度。

下面我想比較概括地講一講「盛世」表現出的幾個面相。

首先是大一統觀念通過「西師」與「南巡」兩個行動獲得了具體實踐。乾隆在《御製南巡記》中說：「予臨御五十年，凡舉兩大事，一曰西師，一曰南巡。」西師與南巡的目的很不一樣：「西師」的目的是兼併準噶爾蒙古，對西北邊疆地區採取「因俗而治」的治理策略，其最終目標卻仍是「內地化」，促成邊疆的政治經濟各方面向江南發達區域靠攏看齊。「南巡」的目的一是籠絡江南士人，二是視察河工。二者一為「武功」，一為「文治」；一為疆域一統，一為「道」、「勢」合一。圖 8.8 至圖 8.10 分別是《乾隆大閱圖》的戎裝相、列陣卷和南巡圖，展現了乾隆盛世的典型風貌。

2. 經濟發展與人口政策

盛世表現之二是經濟發展與人口政策之間形成了新的關係，高王淩就主張應從以下七個視角進行觀察：

第一，人口問題的發現。康熙到乾隆時期人口增長速度之快令人瞠目結舌，康熙初年人口還只有幾千萬，到了乾隆時期人口就增加到了一個億，乾隆末期人口已經增長到三個億。有人說在乾隆末年「中國的馬爾薩斯」洪亮吉就發現人口過多會影響經濟狀況；實際上早在洪亮吉之前九十年，康熙帝就發現了人口增長過快的問題。

第二，那麼清廷到底怎麼處理人口增長過快的問題呢？其重要手段就是想方設法地恢復和發展經濟。恢復經

圖 8.8 《乾隆大閱圖》之乾隆戎裝相。郎世寧繪，絹本設色，現藏故宮博物院

（上）圖 8.9 《乾隆大閱圖》之列陣卷。郎世寧繪，絹本設色，現由私人收藏

（下）圖 8.10 《乾隆南巡圖》。清宮廷畫家徐揚繪製，紙本設色，現藏中國國家博物館

濟的方式是大量開墾土地。乾隆時期各個偏遠地帶最零星的邊角土地都被開墾出來了，這是分散、緩解人口壓力的手段之一。除了儘量擴大耕地面積之外，乾隆時期開始發展「多種作物經營」，用發展經濟滿足人口膨脹後迅速激增的物質生活需要，因為當時中國還沒有限制人口增長的現代思維。

第三，從「盛世滋生人丁，永不加賦」到「攤丁入畝」。這是一個很有效的增長經濟的手段。清初是按人口收稅，但後來康熙帝覺得既然已經到了盛世，就應該進一步減輕百姓負擔，於是決定所有人口只要出生後就永不加賦，同時清朝把人丁應交的稅額分攤到田畝裏去。這是一項非常重要的政策改革，使得人丁的賦稅負擔大大降低。

第四，為了解決糧食供應問題，清廷廣泛推廣蠶桑、棉花、樹植和畜牧等多樣經營方式。從這些舉措的成效觀察，原來經濟史界一直堅持的所謂封建社會只存在一家一戶的小農經濟的論斷是很值得懷疑的，清朝盛世時就已經開始發展多種經營了。

第五，清廷有一整套勸農政策，比如引入優良品種（稻穀、小麥、雜糧和甘薯）。有人說玉米和甘薯是康乾盛世最重要的經濟支撐點，沒有這兩樣作物很難養活三億人。又如增修水利和普及高水平耕作技術。最重要的是鼓勵和保護農產品的省際商品流通，這同樣打破了封建社會只具有一家一戶小農經濟生產規模的論斷，因為省際的農作物商品流通意識和基本框架在清朝就已經建立起來了。

第六，省際交流使得糧食和棉花等農作物品種按地區重新佈局，地區比較優勢得以發揮。如南方地畝多種糧食，北方宜棉地區則改種棉花。到民國初年，形成了江蘇、湖北、河北、山東及河南五大產棉區，佔全國棉田的三分之二。作物佈局是由政府統籌安排的，而不是一家一戶自發決定的。所以康乾盛世之所以能夠養活那麼多人口，與當時充分發揮地區的比較優勢並進行作物佈局有非常密切的關係。

第七，清廷對經濟與人口問題的干預的確存在很大的問題。清廷加強集權與皇帝的性格有關，清朝皇帝過於精明能幹，中央加強對地方的干預卻很難把握好分寸，在不該使力的地方往往干預太深，而在應當干預的地方卻用力不夠。

3. 大型文化工程的實施及其成敗得失

盛世表現之三是清代文化表現出了集大成特徵，至少從規模的宏闊上看的確如此，比如清廷以政府名義集中編纂了許多大型類書，其數量遠超前代。當然如果從文化內涵的積累品質上觀察，是否符合盛世標準還有待討論。這一時期的文化盛況大致表現在以下幾個方面：

第一，大型文化工程的啟動與完成。

「康乾盛世」對於中國古代文化的集大成式發展，表現在形成了一種對古代學術文化進行全面清理和總結的自覺意識並持續不懈地付諸行動，清帝特別是乾隆幾乎想要把所有的文化產品都統一規劃到皇權體制之下。這一時期不僅開啟編纂了一系列大型綜合性文化巨著，官修史書的撰寫特別興盛，而且以考鏡源流為突出特色的乾嘉考據學也極為發達。僅康雍乾三朝一百多年間，官修各類書籍就達一百七十多種。官方調動巨大的人力物力，對數千年浩如煙海的典籍文物進行撰集、鉤沉、訂正、考辨和集中編纂，顯示出大一統帝國的恢宏氣魄。

最具典型意義的標誌性工程就是《古今圖書集成》和《四庫全書》的纂修。這些大型文化工程的開展對系統保存古代文獻確實有益，但也凸顯出很大弊端，那就是在編纂過程中纂修者大多秉承皇權意志，極力消除「私史」撰述；明末清初鼎革之際，曾經出現過很多私家撰寫的歷史，但是到了乾隆時期基本上不允許私人修史，否則很容易遭到文字獄的查禁清剿，所以史書撰寫大都由官方統一規劃、統一口徑，包括歷史觀的闡述也是如此。比如乾隆寫過一本《評鑒闡要》，就是自己閱讀《資治通鑒》的體會，乾隆每隔幾頁就要寫上一些眉批，發表自己對某個歷史事件或某段史實的看法，其中也大量涉及正統華夷之辨等問題。這本書印行之後，所有的歷史學者都必須按照乾隆皇帝眉批中所設定的標準來評價、書寫歷史，很難自由發揮自己的想法。另一方面，清廷在編纂《四庫全書》的時候採取「寓禁於徵」的辦法，往往以徵書為名，設法鏟除各類書籍中的「非法」異端言論，比如說「胡」、「虜」、「寇」這些對北方少數民族帶有侮辱性的字眼或言論必須一律刪除。總之，在邊徵邊禁圖書的雙重政策催逼下，學術自由的風氣遭到了相當大的摧殘。

第二，清代學術思潮出現了從「理學」向「經學」的轉變。

這種轉變與皇帝自身的文化品位和意識形態考量均有關係。有些學者認為，正是因為文字獄的壓迫才導致考據學的興起，我認為這種說法過於簡單。乾隆皇帝本身對輿地名物等學問一直保持著濃厚的興趣，年輕時曾一度寫過一些考據文字，他曾經寫過一篇追索某河道源流走向的文章，還專門派大臣去實地勘察以檢驗自己的考證是否正確。當然，鼓勵士人群趨考證之途也有意識形態控制方面的考量。

康熙帝是注重理學的，但是在尊崇宋學道統的同時，他也意識到理學道統力量的強大有可能會對皇權造成威脅。特別是南宋理學猶重「夷夏之辨」，對北方的異族持打擊排斥態度，過度倡導理學，容易誘使清朝士人把滿人與被視為夷狄的金人做類比，誘發對宋金對峙的歷史聯想，這多少會對清朝統治及其意識形態控制構成威脅。所以乾隆皇帝有意淡化理學的獨尊地位，誘導士人階層回歸漢學研究，通過強化「經學」考證的技術性含量轉移士人潛在的批判性衝動。從「理學」到「經學」的轉變過程中，有四個最具代表性的人物，分別是惠棟、戴震、章學誠和錢大昕。

4. 盛世中流露出的衰敗陰影

盛世表現的第四個方面是在皇朝極盛的光環之下開始出現衰敗的跡象，尤其到了乾隆晚年更是如此。從政治角度來看，皇權過度膨脹與督撫權勢過重是清朝中期以後出現隱憂的重要原因。明代的督撫沒有實權，總督實際上是一個臨時性的職位，清朝督撫變成地方大員之後慢慢坐大，和過度膨脹的皇權形成一種既依賴又鬥爭的博弈關係。而且乾隆晚年覺得盛世太平，提出「持盈保泰」的觀點，想要延續安穩的局勢，逐漸不思進取。

此外還有一些本來很有效率的制度逐漸顯露出運行上的弊端。比如密摺制度雖然加強了皇權與地方官的聯繫，但同時也成為監督官員使之相互揭發的告密手段，容易造成中層官員虛與委蛇、陽奉陰違、表裏不一的官場性格。下面舉三個例子對此現象略作說明。

第一個例子是叫魂案，美國漢學家孔飛力寫了一本《叫魂：1768 年中國妖術大恐慌》，研究的就是這個案例。一七六八年在江南地區曾經零星出現了一些剪辮的傳說，據說有人通過剪掉小孩的辮子借機偷走他的魂魄，然後把辮子壓到橋底下辟邪。這種江蘇個別地區發生的荒唐行妖騙術本來並不惹人注意，但在乾隆朝的《高宗實錄》裏居然有上百頁關於這個案子的各種討論，給人的印象是似乎這種妖術在此起彼伏地出現，影響如滾雪球般迅速擴大，範圍居然波及了十幾個省。實際上各地發生的所謂剪辮案，大多數案情都是由地方官員編造出來的。為什麼他們要故意製造出如此令人驚恐的案件呢？其實地方官僚一直在試圖和乾隆皇帝打心理戰。乾隆皇帝認為一定到處出現了叫魂事件，而地方官則認為完全是子虛烏有，但是為了迎合乾隆皇帝的偏執看法，這些官僚就被迫製造出很多類似的連環案，讓乾隆相信案情正在逐漸擴大，變成波及全國的造反陰謀。這說明到了晚年，乾隆在盛世之下很容易產生各種焦慮的想象，感到始終生活在一種不安全的氛圍之中，而那些地方官僚卻有意迎合了他的這種想象，才製造出了波及數省的「叫魂案」。這絕對不是什麼正常現象，反映出皇帝內心深處潛藏的心理危機。

第二個例子是王亶望案。王亶望是甘肅的一個地方官，甘肅當時是一個貧困省，經常鬧災，迫使朝廷不斷投入巨大財力實施救助，但持續的賑災救濟也給地方官貪污受賄提供了絕佳機會。哪怕當地不需要救濟，地方官也會向皇帝謊報災情嚴重，甚至下場大雨也要報成水災，藉此騙取皇帝撥下的大量賑濟款，這些賑濟款最後大多落入了官員的腰包。王亶望案說明地方官之間已經形成了一套官官相護的貪污關係網，他們先通過謊報災情向上行賄，然後從賑災款中大肆漁利，形成了內外勾結的貪贓連環鏈，總共貪污數額高達七八百萬兩銀子，相當於乾隆朝一年財政收入的六分之一。如此重大的案情在六七年的時間裏居然沒有被發現，可見當時官員貪墨瞞報的現象已到了何等積重難返的程度。

第三個例子是自請罰議罪銀、扣養廉銀和賠補公項。乾隆皇帝覺得既然已經無法控制貪贓枉法情況的蔓延，那乾脆就讓地方官員自請受罰，只是這些罰沒的錢財都紛紛裝進了乾隆自己的小金庫，成了自肥的手段。當時一些官員一看到乾隆懲罰貪污的目的不過是想借機充實自己的私人收入，往往跟風而上，即使沒犯什麼罪也要爭先恐後地主動申請自罰，以此作為變相奉獻的借口。

從經濟方面來看，乾隆末期也出現了很大問題，人口大量增加的負面影響日益嚴重。康雍乾時期用地區的比較優勢和政府的勸農政策來彌補缺口，在福建、廣東沿海實施了鼓勵海外貿易的政策，同時在內地鼓勵開礦，拓展多種商業經營渠道。但這些舉措都不屬於主體政策，而且沒有連續性的規劃和設計，基本上還是以傳統農業的思維來調控經濟運行模式。沒有新思維的結果，就是隨著人口增長的不可遏制，出現了物價上漲的現象。

在對外交往方面，乾隆晚年發生了馬戛爾尼使團訪華事件，英國代表要求開放港口與清廷做生意，乾隆卻認為天朝什麼都有，完全沒有這個需要。也有人認為正是因為馬戛爾尼拒絕磕頭，惹怒了皇帝，而被拒絕了通商要求，使得中國錯過了一次提前進入世界貿易體系的機會，但我認為這個觀點是有問題的。當時的中國是否需要進入英國所主導的全球貿易體系是值得討論的，所以有的學者從後殖民的角度提出一個觀點，認為英國和清朝的這次交往是兩大帝國之間的碰撞，清朝有自身的一套禮儀體系和看待世界的方法，難以用是否落伍的標準對之加以評判，當時的英國也沒有跟清朝討價還價的足夠實力。乾隆末期中國的 GDP 據說佔全球的四分之一，乾隆皇帝自然有足夠的底氣拒絕馬戛爾尼的通商貿易要求，所以並不存在「失去機會」的問題。

從文化方面來看，乾隆時期是否能稱為盛世也是頗有疑問的，理由如下：

其一，過度的思想控制遏制了文化發展的多樣性。康雍乾三帝都是有極高文化修養的帝王，乾隆一生寫了四萬三千多首詩，雖然大部分可能都是別人捉刀的；他對園林、繪畫和書法也有相當高的鑒賞造詣。但這也造成了一個致命缺陷，就是帝王的欣賞興趣往往會過多地干預和影響士林階層的精神世界和文化品質。一個突出例子是乾隆南巡時，一定要在揚州瘦西湖旁邊樹立一座白塔，他把北方藏傳佛教的建築十分生硬地安插進了江南園林的格局之中，不過是要表明自己擁有統攝文化的權力。類似對士人文化品位的支配例子是非常多的。

其二，「文字獄」頻發。最顯著的案例是康熙《明史》私修案中由於涉及對清朝歷史的違礙言論，整個案子株連一百多人，凌遲處死的就有十幾人。除了抑制輿論自由和扼殺私人撰述這個顯性後果外，我個人認為文字獄頻發的最大禍害是培養了地方官控制知識界和地方社會的敏感嗅覺，一些官員在制定文化政策時往往會過度揣摩皇上旨意，寧可使用最嚴厲的控制手段壓抑士林個性風氣的發揮。在啟動編纂《四庫全書》的時候，乾隆曾要求地方官員注意書裏有沒有對皇權不利的違礙言論，很多地方官最初無法理解乾隆的意圖，感到一頭霧水，大多聲稱沒有發覺任何不利於皇權的悖逆跡象，這些懈怠觀望的官員隨即遭到了乾隆的嚴詞斥責。幾經反覆之後，官員們終於慢慢培養出了自我審查的能力，大量本來並不屬於查禁範圍內的書籍因此難逃密織文網的追繳。文字獄頻發還會鼓勵告訐之風，為了讓對手倒霉，士林文人相互之間告密成風，知識界空氣被嚴重毒化。

其三，清朝學術文化的整體研究風格趨於繁冗瑣細，考據學成了餖飣之學，跟經世濟民的事業多不相關，明末清初形成的自由講學之風蕩然無存，集會論辯、研討學問往往被認定是朋黨習氣的表現，反覆遭到查禁，士人只好把精力集中在對前代文獻的考訂梳理之上，儘量迴避發表自己的獨特看法，以免遭到文字獄的牽連，故整個士林階層噤若寒蟬，極大影響了學術文化的多元化發展。

三　晚清變革

1. 晚清變革的幾條線索

康乾盛世之後清朝蓬勃發展的趨勢雖然仍勉強維持了一段時間，但隨著西方勢力的不斷入侵，舊有的政治體制逐漸顯現出了諸多弊端，要求變革的呼聲日趨高漲。到了晚清時期，從器技之道開始，一直到皇家制度與世道人心，都在醞釀著從未有過的巨變，這個變革過程是非常漫長複雜的，下面我想簡要歸納出幾條線索：

其一，我們可以把梁任公先生在《五十年中國進化概論》中對晚清改革階段的劃分作為討論的起點。任公認為晚清改革大致可劃分成三個時期，第一期是從器物上感覺不足，此一階段的改革主要集中在科技實業和軍事實力方面；第二期是從制度上感覺不足，晚清士人覺察到軍事實力屢遭挫敗實際上是受到了傳統制度的約束，於是政治體制改革隨之被提上了日程；第三期是從文化根本上感覺不足，因為制度是由人來操作的，沒有對自身文化傳統的徹底反省，任何制度改革都會停滯不前。

其二，緊隨洋務運動之後發生的戊戌維新運動，正對應於梁任公所說的第二個時期，即「制度上感覺不足」。上述三個階段是疊次遞進的，鴉片戰爭以後，中國被越打越慘，一些新派官僚開始考慮從引進西洋器械入手進行改革；甲午戰爭被日本擊敗對中國知識人的心理打擊可謂創身劇痛，他們深感僅限於器技之道的改良無法從根本上富國強兵，因為日本被看作中國名義上的藩屬國，大清居然被一個近鄰島國擊敗，真是前所未有的奇恥大辱，這一心理挫敗最後逼出了晚清的政治制度變革。

其三，傳統「大一統」的治理格局發生動搖。中國與日本的關係出現了一個從「夷夏之辨」到「華夷變態」的轉換過程，日本人通過「脫亞入歐」的國策掌握了東亞變革的主動權，試圖用「東亞論」（「大東亞共榮圈」）替代中華朝貢秩序。華夷身份從此倒轉，日本成為亞洲變革的中心，這是中國人難以忍受的大變局。

其四，政治制度變革的基礎是官員選拔，官員選拔的程序依託的是「科舉制」，所以晚清改革的首要任務就是把科舉制妖魔化，通過製造輿論把「科舉」的內涵縮窄為一種考試制度，而不是一種合理選拔官員的「身份制度」。後來學堂教育成為主體，其體系設計培養出的主要是以下幾類人才：一是科學技術人才，二是政法人才，三是軍事人才，四是留學海歸人才。這幾種人才基本上都是為以後的上層政局變革做準備。我認為通過製造輿論把科舉制度妖魔化是當時中國制度改革的起點，也是改革失敗的根源之所在。

如果回顧晚清政局變革的基本過程和內容，我們應該換個思考角度。現在通行的看法是，晚清新政是對戊戌維新的否定，辛亥革命又是對晚清新政的否定，但我覺得這幾個階段恰恰是一個連續發生的過程。我們應該把政局變革不僅僅看作對原有制度的斷裂式破壞，而且還應該看到其中蘊含的連續性，其基本路徑是從戊戌維新到清末新政，再到革命後的現代國家建設，這是一個前後相繼的鏈條，而不完全是相互替代的過程，它們都屬於梁任公所說的「制度變革」的某個特殊階段。過去的教科書總是把戊戌變法看作晚清改革的失敗案例，以後發生的變革好像是對它的一個否定。其實晚清新政基本上是戊戌變法的一個延續，辛亥革命以後的制度變革也是新政的某種延續。

2. 晚清新政為什麼是戊戌變革的延續？

那麼作為變革第二階段的戊戌維新與洋務運動的區別到底在哪裏呢？第一個核心區別就是立學校、廢科舉、改官制三條。梁任公曾經總結說：「吾今為一言以蔽之曰：變法之本，在育人才；人才之興，在開學校；學校之立，在變科舉。而一切要其大成，在變官制。」所以，變革的步驟是圍繞「廢科興學」而展開，其目的就是要最終改變官僚的選拔和任用方式。這與洋務運動只是引進西方科技以備強兵之用的短期行為不同，洋務官員吸收了一批翻譯人才，但沒有大規模系統建立學校為之儲備人才。

第二個區別是戊戌維新的輿論準備要比洋務運動時期遠為充分，比較著名的例子一個是嚴復翻譯的赫胥黎《天演論》；另一個是康有為的《孔子改制考》和《新學偽經考》。《天演論》的翻譯使中國人深刻領悟到了進化論的魅力，康著則提出了「三世説」，打破了傳統中國的歷史循環論邏輯，把中國歷史的發展置於一種具有過去、現在和未來的連續性邏輯鏈條之中。嚴復與康有為等人對「變」的理解與張之洞等舊派官僚的「中體西用論」明顯有了不同。張之洞等人認為，外在的知識結構可以通過吸收西學加以改變，藉此彌補傳統文化之「體」的不足；西學只能是「用」，是一種工具性的借鑒，儒教中的那些倫理道德作為「體」是需要加以維護延續的。因此，嚴復與康有為等人引入西方的進化思維，徹底改變了中國近代知識分子歷史觀的走向。

接下來我想約略談一談為什麼晚清新政是對戊戌維新構想的延續這個問題。我的基本看法是，晚清新政並不是對戊戌維新運動的徹底否定，在某些方面恰恰是對它的繼承。最著名的事例應該是一九〇一年兩江總督劉坤一和湖廣總督張之洞聯銜發出的「江楚會奏三疏」所造成的影響。第一疏的內容就是論育才興學。呼籲設文武學堂，州縣設小學及高等小學，府設中學，省城設高等學校。酌改文科以變通科舉，改變科舉考試的舊程式。

原來科舉考試第一場是考八股文，其目的是檢驗應試者對四書的掌握程度，這場考試內容被視為中國傳統倫理道德教育的根基。第二場是考經學，測驗應試者研習五經的程度。第三場考策問，相當於現在高考的議論文，主要是想測試考生對現實問題的解決能力。奏疏卻建議頭場考試以中國政治、史事為限，名曰博學；二場考各國政治、地理、農工、武備、算學，名曰通才；三場才輪到考四書五經，名曰純正。可以看出來，原來居於第一重要位置的八股經學被置於最後，地位完全被邊緣化了。

晚清新政還有三條改革方案與戊戌維新遙相呼應：首先是推行軍制改革，各省設立武備學堂後，編練新軍，更新裝備。北洋軍閥就是在這個改革過程中逐漸產生的。

其次是推行政治體制改革，裁汰簡化機構，設督辦政務處，設立商部、學部、巡警部、外交部。一九〇六年，清廷宣佈「籌備立憲」，開始改革官制，實施立法、行政、司法三權分立的設計方案，裁撤軍機處，設十一個部，用法部督察大理院審判。這就等於把原來的內閣改換成了相當於現代國務院的政治體制，把軍機處這個皇帝的秘書班子去掉了，皇權本身集權的特質被大大削弱。資政院、各省諮議局也相繼成立，基本實現了戊戌變法預設的政治變革目標。所以我認為戊戌六君子沒有白白犧牲，他們的死最終督促著清朝新政改革一步步往前推進。

第三是逐步推進法律制度的變革，在沈家本的主持下刪改《大清律例》，取消凌遲、刺字、戮屍等酷刑；實行政刑分離、司法獨立，並把民法、訴訟法及行政法等從刑法中剝離出來。此外，獎勵實業和最後廢除科舉制度也是沿著戊戌維新的思考路線逐步推進的。

3. 立憲派與革命黨的論爭真是水火不容的嗎？

以往討論到晚清變革時，爭議最大的一個焦點就是立憲派與革命黨之爭。比較主流的看法是，革命黨堅持推翻帝制，與主張君主立憲的維新派始終勢不兩立，維新派成為阻撓革命爆發的反動勢力，對此我不敢苟同。以下我將提出與學術主流觀點有所不同的四點看法。

其一，晚清圍繞著「國體」、「政體」出現了兩派不同意見：立憲派的意見是「國體」不變，從事民主政治變革與保存皇帝之位並不衝突。皇帝是代表中華民族傳統文化與政治體制的符號和象徵，廢黜皇帝有可能使中華民族失去凝聚力，民眾可能會變成一盤散沙，對此立憲派主張「皇帝無責任論」，在具體的政體運作上用首相制取代皇權。革命黨的意見則是，「國體」必須從根本上改變，皇帝不打倒則共和難以實現。

第二，立憲派主張延續清朝「大一統」的統治格局；革命黨則藉助反清復明的旗號，汲取宋明以來「夷夏之辨」的思想資源，作為推翻皇帝制度的歷史依據。從實際效果來看，革命黨的輿論大量藉助民族主義反滿旗號，其中隱含著非常大的危險：這種輿論把滿人排除在「中國」之外，以明朝十八行省的疆域格局作為革命黨未來建國的目標，那麼西藏、新疆和東北地區算不算中華民國的領土？如果不算，那麼清朝所建立起來的「大一統」框架將被徹底廢棄，革命黨有可能從此成為丟失大片國土的中華民族罪人。所以面對如此棘手的問題，革命黨在與立憲派的辯論中始終處於捉襟見肘、自相矛盾之中，難以自圓其說。

第三，立憲派與革命派的觀點貌似勢不兩立，實際上常常表現為「異中有同」。「國體」討論導致的關鍵分歧往往並非是否需要立憲共和的問題，而是在實施憲政的同時如何避免國家分裂的災難。有鑒於此，革命黨不得不調整論辯策略，把當年的「五族共和」提法調整為爭取實現以漢族為中心的準「大一統」治理格局，這樣一來就與立憲派的觀點逐漸趨向一致，雙方在不斷爭奪話語權的過程中找到了一個平衡點。

第四，革命的爆發具有相當大的偶然性。既然立憲、革命兩派在國體、政體問題上的爭議漸趨消弭，清朝政府實行改革的意志也日趨堅決，那麼為什麼革命卻突然爆發了呢？現有的說法都沒有足夠的說服力，因為從戊戌變法到晚清新政，清廷基本上吸納了戊戌維新有關政治、經濟、文化、社會改革的主張，逐步有序地推進憲政制度的建立。革命黨後來給出的革命爆發的唯一理由就是所謂「皇族內閣」名單的公佈成為清廷愚弄民眾、沒有改革誠意的罪證。內閣組織如何設計是改革方案的一個核心問題，革命黨堅持認為內閣中皇族和滿人的比例過高，覺得自己被欺騙了，所以在激起民眾的公憤後導致局面大壞，革命遂應時而起。但我認為以此作為革命發生的理由並不充分，因為在憲政改革的初始階段，這樣一個由皇族主導的內閣只不過具有過渡性質，過渡期一過，一旦經過民主改選的程序，數年以後內閣中漢人的比例很有可能逐步增加。皇族內閣的設計有可能延緩民主進程，但由此得出結論說清廷純粹是為了拖延立憲進程以欺騙民眾則顯得論據不足。但革命作為一個歷史事實確實發生了。革命黨以種族革命相號召，使得漸進的改革被當作反動落後的表現，激進反滿的言論一時甚囂塵上，鼓動民心風潮，革命幾乎是瞬間突然爆發。輿論的喧囂醞釀出了一閧而起的暴力行動，表現出了相當大的偶然性。

4. 晚清變革的幾點教訓

最後我想談談晚清政局變革造成的兩點歷史教訓。

第一個教訓是，政治變革選擇了「官制」改革作為關鍵切入點，官制改革的基礎是興辦新式學校，建立新式學校的前提是變通科舉，但科舉制未必應該為官制腐敗的所有困境負責，科舉制可以變通，但不應該廢除。科舉不僅僅是一種考試制度，也不完全是一種教育制度。我們總是認為科舉就等同於八股，其實科舉考試還有一些別的內容。比如說有一段時間，科舉考試的第二部分有「判」，就是給出幾個法律案例讓你去裁斷；有「誥」，就是模仿皇帝的語氣去寫一份類似文告的文字；有「表」，就是以臣民的身份給皇帝寫一篇陳述己見的議論文。第三部分是策問，考卷中有可能提出很多尖銳問題，要求你拿出具體

的解決方案。不少試題很難回答，裏面涉及制度安排和地方治理的高深學問。

例如有一個給我印象很深的考題是：為什麼宋代王安石實行保甲制度失敗了，而王陽明在江西卻取得了成功？保甲制度的最初設計儘管立意不錯，卻沒有考慮到在特殊地區實施時也許會遭遇到困難。比如保甲實行的前提條件是一個村莊的人口密度比較大，可是如果面對到處流動頻繁的船戶，到底應該怎樣實施才能有效？或者如果面對居住分散的山區百姓要怎麼設計才能更加合理？都是難以回答的問題。科舉考試中所測驗的內容並不一定都是迂腐可笑的，其中也有一些專為解決實際問題而設計，這就保證考上科舉的人縱使不是能人幹吏，也一般都具有一定的行政能力。

科舉更是一種身份分配制度，起著溝通上下層官員循環流動的作用，有利於對社會治理成員的分佈狀況進行合理調節。比如考中低級功名的秀才仍要留在自己的家鄉，考上中等功名的舉人可以離開故鄉出外擔任中層官員，獲得高級功名的進士則可以進入翰林院當大學士。整個官僚選拔的層級系統始終處於不斷流動之中，秀才不論年齡大

小在理論上都有機會向上升遷，中央官員退休了也要回到故鄉當名士紳，為地方民眾謀取福利，因為他的祖先和祠堂都在自己的家鄉，這是一個良性循環的合理運行機制，曾國藩歸鄉之後才達到了仕途成就的高峰即是證明。廢除科舉制使得學堂訓練日趨行政化，缺乏人文道德教育做基礎，容易養成唯利是圖的兩面派官員或者所謂精緻利己主義者。更嚴重的是，學堂教育阻滯人才形成上下循環的移動機制，只鼓勵他們向城市集中。科舉制崩潰的另一個後果是消滅了士紳階層，造成了鄉村管理的真空狀態，使鄉村教育、官員選拔、人才流動和基層治理都受到了極大的影響。

第二個教訓是，「革命黨」與「立憲派」誰對誰錯，不應該純從革命黨的單一視角加以評價，否則就會陷入成王敗寇的歷史邏輯。我們原來的教科書全然站在革命者立場上，認為立憲派就是舊秩序的頑固維護者，就是開歷史的倒車，只要作為革命的對立面，就理所應當遭到批判。歷史的事實卻是，革命雖然發生了，民國也建立起來了，但從革命的結果來看，政治體制改革的目標卻越來越趨同於立憲派的主張，這是評價晚清變革的一個關鍵點。不要把革命黨和立憲派的觀點完全對立起來，如果我們把兩派的思想爭論看作一種為了追求現代變革和延續傳統之間的平衡博弈關係，就有必要對這段歷史進行重新評價。最近有關清帝遜位的爭議就是個明顯例子，有人說清帝遜位是代表南方的革命黨與代表北方的北洋勢力實現了大妥協，由此避免了法國大革命式的流血暴力。這個觀點雖有爭議，但至少可以討論。在我看來，革命後的政權建設的確繼承了清朝遺留下來的某些政治文化和社會資源，所以現代中國的建立也許和清朝的統治存在著某種延續性，而不只是一種決然的斷裂。

四　回應「新清史」

最後我想用一點篇幅討論一下近年流行的「新清史」的主要觀點。「新清史」有四本代表著作，分別是羅友枝的《清代宮廷社會史》、柯嬌燕的《半透明之鏡》、路康樂的《滿與漢》和歐立德的《滿洲之道》。這幾位學者有立場分歧，也在不斷爭吵，但我們仍然可以從中總結出一些「新清史」的主要觀點：

其一，清朝不是「中國」，是有別於明朝的一種新型的「內亞帝國」，明朝代表的中國是以漢人為主建立起來的王朝，新疆、西藏、東北都不在它實際的控制範圍之內，明朝的十八行省之外都不是中國。清朝建立的是不同於明朝的橫跨內亞和中國內地的大型帝國，與前朝幾乎沒有連續性。

其二，清朝的建立是由所謂「滿洲特性」決定的，如滿洲皇帝提倡「滿語騎射」，用滿語而不是漢語來處理很多事情，其八旗制度也與內地漢人建立的政治制度完全不同，它具有北方「帝國」的性質。

其三，清朝對東北、西北、西南的擴張，尤其對西北準噶爾蒙古的長期作戰類似於近代西方資本主義的「殖民征服」。

以上三個論斷是「新清史」的核心觀點，其他一些零碎的看法在此就不展開敘述了。

「新清史」使我們加深了對清代邊疆民族歷史狀態的理解，也使我們覺察到僅以王朝的連續性來概括清朝歷史進程是有很大局限性的，清朝統治體系確實在很多方面與此前的唐宋明各朝代有所不同，但是「新清史」因為要強調與前朝相比清朝所擁有的特殊性，故有意誇大了以上三個因素的作用。在此我想對「新清史」的以上觀點進行一些評論和商榷。

第一，我認為，「新清史」顛倒了「體」「用」關係，切斷了清朝與前朝的關聯性，漠視數千年中國各朝代累積形成的「正統性」在塑造中國歷史中所起的關鍵作用，這正是「中國」得以形成的「魂」。我們不應該只把清朝看作一個獨特的王朝，也要注意清朝與前朝歷史的延續性，清朝是整個中國歷史大一統的最終完成形態。中國傳統典籍中所歸納出的「大一統」三要素在清朝統治中體現得非常充分，而對「大一統」三要素的闡揚正是延續前代才可能發生的結果。當然清朝也有八旗制度、軍機處、議政王大臣會議等特點，但是所有這些特點的指向都是為了建立政權的合法性與合理性，是為整個大一統體系服務的。我認為正統性是「體」，對邊疆少數民族的政策是「用」，「新清史」把清廷對邊疆實施治理的策略性考量即它的功能性特徵誤當成了主體性特徵，犯了「體」「用」不分的錯誤。

第二，「新清史」把西方人類學的「族群」理論簡單套用到對滿漢關係的解釋之中，沒有意識到古代的「夷夏」關係不是一種邊界固定的二元對立的種族關係，而是可以循環進退的相互滲透關係。「新清史」的一個基本結論是滿人有自身的特性，跟漢人相比是邊界分明的兩個不同族群。這是一個人類學的觀點，人類學往往把民族之間的界限劃分得十分清晰，族群之間的關係似乎水火不容。這一理論無法應用到對清朝族群關係的描述中，滿漢交往其實是相互協調、彼此滲透的關係，這恰恰是夷夏之辨原理的一種鮮活體現。傳統經書認為，只要夷人接受了文明的洗禮即可成為華夏中的一員，華夏族群如果失去文明也可能退化成夷狄，墮落回野蠻的狀態，二者之間有相互轉化的可能。如果雙方水火不容，彼此永遠界限分明，就不可能形成真正意義上的中華民族。

第三，「新清史」簡單運用西方資本主義針對非西方國家的殖民經驗，來比附清朝對邊疆少數族群的統治，這也是對清朝統治特性的一種誤解。清朝對準噶爾的征討與西方國家對殖民地統治的不同之處在於，準噶爾是準帝國形態的強大政權，否則何以花費了康雍乾三代的時間才徹底將之擊敗？噶爾丹三萬鐵騎曾從新疆一路打到離承德避暑山莊很近的地方，這樣一個對清朝構成強大威脅的政權，怎麼可能成為殖民的對象？與之作戰既不同於俄羅斯帝國對西伯利亞的征服，也不同於西方國家對拉美原始部民的入侵。清朝對準噶爾的征討不是以掠奪資源和佔領土地為目的，而是建立如何實現政權的「正統性」基礎，最終形成了涵蓋內地與藩部的真正大一統治理格局。

第四，所謂滿人政權建立在「滿洲特性」基礎之上的說法更沒有說服力，清朝比較集中地倡導「滿語騎射」基本上只發生在乾隆統治時期，而且多限於諭旨發佈的文字之中，對滿人的實際生活並無多少約束力。乾隆當時焦慮的是，清朝承平日久後，八旗子弟的軍事戰鬥力日益下降，對自身的民族語言滿語的使用越來越生疏。這恰恰說明滿人所依賴的那些文化傳統正在慢慢消失，漢語的重要性日益提高。晚清時期滿語的使用功能已經越來越趨於消退。清末以來多次鎮壓民眾起事，八旗軍的作用也是越來越小，主要依靠漢人組織的民間團練和漢軍綠營的力量，這也說明滿人入關前所依恃的強悍武力日趨衰落。所以說把「滿洲特性」作為清朝立國的基礎是不能成立的，更不能說明清朝是依賴滿人特性而建立起來的一個「內亞帝國」。

- 戴逸：《乾隆帝及其時代》，中國人民大學出版社，二〇〇八年
- 劉小萌：《清代北京旗人社會》，中國社會科學出版社，二〇〇八年
- 杜家驥：《八旗與清朝政治論稿》，人民出版社，二〇〇八年
- 楊念群：《何處是江南：清朝正統觀的確立與士林精神世界的變異》，生活．讀書．新知三聯書店，二〇一〇年
- 鄭振滿：《明清福建家族組織與社會變遷》，中國人民大學出版社，二〇〇九年
- 史景遷：《雍正王朝之大義覺迷》，廣西師範大學出版社，二〇一一年
- 孔飛力：《叫魂：一七六八年中國妖術大恐慌》，生活．讀書．新知三聯書店，二〇一二年
- 羅威廉：《中國最後的帝國：大清王朝》，台灣大學出版中心，二〇一六年
- 羅友枝：《清代宮廷社會史》，中國人民大學出版社，二〇〇九年
- 歐立德：《乾隆帝》，社會科學文獻出版社，二〇一四年

新雅中國史八講

主編　甘陽、侯旭東

出版　三聯書店（香港）有限公司
香港北角英皇道四九九號北角工業大廈二十樓
Joint Publishing (H.K.) Co., Ltd.
20/F., North Point Industrial Building,
499 King's Road, North Point, Hong Kong

香港發行　香港聯合書刊物流有限公司
香港新界荃灣德士古道二二〇至二四八號十六樓

印刷　美雅印刷製本有限公司
香港九龍觀塘榮業街六號四樓A室

版次　二〇二二年三月香港第一版第一次印刷

規格　十六開（170 × 240 mm）二八八面

國際書號　ISBN 978-962-04-4811-9

本書原由生活・讀書・新知三聯書店有限公司以書名《新雅中國史八講》出版，經由原出版者授權本公司在港澳台地區出版發行本書。

責任編輯　蘇健偉
書籍設計　道　轍
書籍排版　何秋雲